Guitar & Music Theory:

The Complete Guide On How To Play The Guitar. Includes Lessons, Chords, Tabs, Songwriting & Everything You Need To Fast Track & Master Your Skills.

Tommy Swindali

© **Copyright 2020 Tommy Swindali - All rights reserved.**

The contents of this book may not be reproduced, duplicated, or transmitted without direct written permission from the author.

Under no circumstances will any legal responsibility or blame be held against the publisher for any reparation, damages, or monetary loss due to the information herein, either directly or indirectly.

Legal Notice:

This book is copyright protected. This is only for personal use. You cannot amend, distribute, sell, use, quote, or paraphrase any part of the content within this book without the consent of the author.

Disclaimer Notice:

Please note the information contained within this document is for educational and entertainment purposes only. Every attempt has been made to provide accurate, up to date, and reliable information. No warranties of any kind are expressed or implied. Readers acknowledge that the author is not engaging in the rendering of legal, financial, medical, or professional advice. The content of this book has been derived from various sources. Please consult a licensed professional before attempting any techniques outlined in this book.

By reading this document, the reader agrees that under no circumstances is the author responsible for any losses, direct or indirect, which are incurred as a result of the use of the information contained within this document, including, but not limited to, —errors, omissions, or inaccuracies.

Discover "How to Find Your Sound"

http://musicprod.ontrapages.com/

Swindali music coaching/Skype lessons.

Email djswindali@gmail.com for info and pricing

Guitar for Beginners

Stop Struggling & Start Learning How to Play the Guitar Faster Than You Ever Thought Possible.

Includes, Songs, Scales, Chords

Tommy Swindali

Table of Contents

Introduction

Chapter 1: Getting Started
What's So Great About Learning to Play the Guitar?
Common Challenges When Learning to Play the Guitar
Other Chords

Chapter 2: Music Theory - Made Fun!
Pitch

Rhythm

Melody

Harmony

Timbre

Dynamics

Scales

Chapter 3: Types of Guitars
The Anatomy of a Guitar

Parts of an Acoustic Guitar

Parts of an Electric Guitar

String, Fret, and Finger Numbers

String Names and Numbers

Fret Numbers

Finger Numbers

How to Pick a Great Guitar for a Beginner

Guitar Accessories

Chapter 4: Tuning the Guitar

How to Tune a Guitar with an Electric Tuner

Tuning a Guitar by Ear

Guitar Tuning Tips

Chapter 5: Power Chords

Terminology

History of Power Chords

Techniques

Spider Chords

Fingering

Chapter 6: Open Chords: Major Scale

Terminology

History and Famous Uses

Techniques

Fingering

Chapter 7: Open Chords: Minor-Scale

Terminology

History and Famous Uses

Techniques

Fingering

Chapter 8: Barre Chords

Terminology

History and Famous Uses

Techniques

CAGED System
Partial Barre Chords
Diagonal Barre Chord
Fingering

Chapter 9: More Chords

Diminished Chords
Major Seventh Chord
Minor Seventh
Dominant Seventh
Suspended Chords (sus2 & sus4)
Augmented Chords

Chapter 10: The Right Hand and Strumming

Strumming Patterns

Chapter 11: Holding the Pick and the Left-Hand Technique

Choosing the Right Guitar Pick
Holding a Guitar Pick Correctly
Tapping and Slurs
Fingering Notation
Vibrato
Harmonics
Left Hand Technique

Chapter 12: Single Notes Patterns

Learning Guitar Scales

Scale Patterns

The Major Scale

The Minor Scale

The Harmonic Minor Scale

The Melodic Minor Scale

Major and Minor Pentatonic Scales

Chapter 13: Open Position Scales

Open Position C Major Scale

Open Position G Major Scale

Open Position D Major Scale

Open Position A Major Scale

Open Position E Major Scale

Chapter 14: Articulations

Legato

Hammer-Ons

Pull-Offs

Staccato

Palm-Muting

Chapter 15: Improvisation

Pentatonics / Blues Scale

Major Scale

Melodic Patterns

Random Notes

Triads

Arpeggios

Licks

Modes

Solos

Improvise

Chapter 16: Genres, Blues, World Scales, Rock, and So On

Blues

Rock

Classical

Jazz

Country Music

Pop Music

Reggae

World Scales

Chapter 17: Songs

Blues

Rock

Classical

Jazz

Country Music

Pop Music

Conclusion

Introduction

Learning to play the guitar is a highly rewarding hobby. Many guitar students who take up the challenge are overwhelmed by the knowledge and commitment that is required to learn to play the guitar successfully. As a result, most guitar students invest in guitar lessons. However, the problem with taking guitar lessons is that it comes with a number of risks. Although most guitar coaches may be experts at playing the guitar, their ability to pass on the knowledge and skills to guitar students can really vary. Therefore, finding a great guitar coach is a very difficult task, with most guitar students ending up being disappointed.

Most beginners turn to self-learning since taking up guitar lessons can be a highly time-consuming, overwhelming, and often a fruitless effort. There is a high chance of ending up with a guitar coach who is a wannabe rock star without having the ability to properly guide guitar students toward mastering the skills of playing the guitar. Many guitar coaches and students don't realize the fact that every good guitarist isn't a good guitar teacher.

Some guitar students try to learn the guitar by solely relying on YouTube videos. While it is true that YouTube videos are often helpful, solely relying on them to learn the guitar can be frustrating due to the sheer amount of videos that are on YouTube with incorrect or inadequate information and advice. Furthermore, most YouTube video tutorials are simply too fast for beginners to grasp the information and guitar students learning to play the guitar using poor techniques and without gaining enough knowledge.

It is highly likely that a guitar student is already frustrated with struggling to play the guitar. They may have tried different options such as guitar coaches, guitar learning websites, and YouTube tutorials without much success. They may have tried very hard to learn the guitar while investing their time and money without reaching their goals and expectations. Such students can benefit from an in-depth, easy-to-understand, and most importantly, fun guide to learning the guitar to help them finally achieve their dream of playing the guitar.

Therefore, guitar students must refer to an in-depth guide that contains everything that they need to know to learn to play the guitar successfully. A good guide to the guitar should help students focus on getting their mindset right and purchasing a good guitar before they get started. They must also be provided with a thorough understanding of music theory, including the anatomy of the guitar and how different frets, strings, and fingers are named and denoted in tablature.

Music theory can be very boring unless they are taught using simple and fun methods. Guitar exercises should also be quick and fun without painful, boring, and repetitive exercises. Learning the guitar should be a fun exercise so that guitar students look forward to training every day without despising it. Making guitar learning fun ensures that guitar students can sustain training long enough to gain the skills that they require to play the guitar well.

It's of utmost importance that a guitar guide a beginner refers to is written and taught by experts. They should be provided with a thorough understanding of music fundamentals and guitar knowledge so that they can start playing notes and chords. The duration that a guitar guide takes from providing fundamental knowledge to getting students to play the guitar needs to be short so that the student does not find the process too slow, boring, and disheartening.

Topics that are discussed in a guitar guide should also be structured in such a way that guitar students are able to learn and apply what they learn in incremental steps. A proper guitar guide should allow guitar students to learn and apply guitar skills step-by-step without providing too much information while encouraging them to apply what they learn with regular practice. Guitar lessons that are properly structured and focused on application make guitar learning a fun and more productive experience while reducing the chances of students becoming disheartened.

A great guitar guide for beginners should have clear diagrams working as visual aids to help students understand what is described. The lessons should be provided in steps with clear instructions on how to apply what students learn by following the guide. A great guide to the guitar should be a good reason for the reader to have a guitar nearby as they read it. It should also provide all the essential chords, scales, and guitar techniques that the student needs to learn to play the guitar well.

A guide to learning the guitar that is aimed toward beginners must be written by guitar experts who have a wealth of experience teaching their craft. Tommy Swindali is a best-selling music producer and publisher, with many of his publications helping thousands of students learn musical instruments. He understood the importance of creating a guitar guide with the knowledge of guitar experts. As a result, numerous guitarists and expert guitar coaches were enlisted to compile this guide.

This guide to playing the guitar for beginners offers them a range of benefits. It begins by providing thorough knowledge about music theory while helping guitar students to understand different types of guitars that exist so that they can purchase the right guitar. It then goes on to clearly describe the anatomy of the guitar and methods to tune a guitar with clear instructions.

This guide provides guitar students a wealth of knowledge when it comes to guitar chords, scales, and techniques. Upon reading, understanding, and applying the information and instructions provided, guitar students will gradually gain the skills that will open up millions of songs they can play on the guitar. Different types of chords, scales, and techniques are well-structured in this guide so that the reader can learn in simple and small incremental steps while ensuring the application of knowledge that they gain. After all, learning to play the guitar is a "hands-on" effort.

Most guitar guides provide good enough information but fail to realize that guitar students can develop bad habits and incorrect techniques as they are more focused on achieving fast results. This guitar guide focuses on providing clear instructions on good guitar habits and correct techniques so that guitar students become technically sound guitarists. Furthermore, the guide focuses more on providing clear and simple information and instructions with an emphasis on application and training instead of results. The thinking is that consistent application will bring forth the results that students aim to achieve.

The problem with most guitar guides is that students often don't find them enjoyable to read and apply. This guitar guide provides guitar students different songs belonging to various genres so that they can enjoy applying what they learn while increasing their confidence and gaining motivation as they are able to play popular songs that are fun to play and listen to.

There is no better way to achieve perfection than practice. Many guitar students are fixated on purchasing a good guitar and accessories, finding a great guitar coach, guitar guides, and other resources that they forget the most important ingredient of guitar learning, which is practice. How a guitar student practices and how often he or she practices will eventually decide how soon they are going to learn to play the guitar. Therefore, it's very important that guitar students commit to spending at least a few hours every day throughout the course of this book and beyond so that they can master the art of playing the guitar.

Different guitar students aspire to become great guitarists for different reasons. Some may be simply inspired by their favorite artists and bands, while some may want to experience the satisfaction of creating music. Some students may be inspired by social benefits. After all, a man or woman with a guitar is often the life of the party. Good guitarists are loved and valued by their families, friends, and colleagues because their ability to create music makes their presence fun, amusing, and sometimes very welcome.

Some guitar students set out to become a rock star. It's important to remember that almost every rock star guitarist out there started just like you are doing. However, it is unlikely that most such rock stars had a wealth of resources that are available to guitar students today. Therefore, it's safe to say that with proper guidance, a guitar student today has a better shot at becoming a great guitarist or a rock star than a guitar student decades ago.

The reasons and motivating factors behind wanting to play the guitar do not matter. What is important is to recognize those motivating factors and make a promise to give it the best shot. If a guitar student is able to maintain their commitment long enough, they are highly likely to learn the guitar soon enough.

There is no better time to pick up the guitar and play (or practice) than right now! It's time to take action. Make sure that you follow this guide with regular practice sessions. As a matter of fact, it is recommended that you read through this guide with your guitar next to you so that you can apply what you learn simultaneously.

So what are you waiting for? Get your guitar and start practicing and playing. You may not sound good in the beginning. You may face a few bumps along the way. Watch out for plateaus because there will be a few. It may seem like you are not making much progress until you suddenly realize that your fingers are responding faster. The difference between smoothly changing chords can be a day or a week. Therefore, giving up should not be an option.

So read this book while regularly applying what you learn along the way. Read important chapters a few times because what's more important is to learn things correctly rather than how fast you learn or how fast you can play. Get to work and embark on the journey to becoming the rock star you always dreamed of becoming!

Chapter 1: Getting Started

The ability to play a musical instrument is one of the most rewarding and self-satisfying skills that any individual can invest in. Almost every human being enjoys music. Being able to play an instrument gives people the ability to recreate the music they like by themselves. It is one of the most satisfying activities known to humankind.

The guitar is one of the most popular musical instruments on the planet. The music guitars make is highly appealing. It is also an instrument that is very popular thanks to its widespread use in most forms and genres of music. As a result, most individuals who are keen to learn to play a musical instrument turn to the guitar.

Learning to play the guitar can be a daunting task for a beginner, especially if that person does not have much theoretical knowledge of music. However, even individuals with no background and experience in music can successfully learn to play the guitar. While success awaits at the end of the road, it is certainly going to be a challenging journey.

Therefore, it is important to approach learning to play the guitar with the right mindset. It's important to understand that it takes time and practice to learn any musical instrument. Playing the guitar requires specific skills that involve the training of the mind, fingers, and even the entire body.

What's So Great About Learning to Play the Guitar?

Various factors encourage people to learn to play the guitar. These may be personal, social, or educational. One of the most common reasons that attract people toward the guitar is its social impact. The guitar has the unique ability to unite people and provide entertainment with an alluring touch of spontaneity. As a result, a person who knows how to play the guitar is often valued by their family, friends, and colleagues. Therefore, an individual may be inspired to learn to play the guitar due to its social benefits.

The guitar is a musical instrument that is widely used in popular music. It is safe to say that the majority of popular genres of music involve the guitar in one way or another. Therefore, individuals who enjoy popular music may be inspired by their favorite artists, bands, and musicians.

Being able to play the guitar brings so many personal benefits. A man or woman who knows how to play the guitar will hardly be bored. All they need to do is to pick up their guitar and play it. Learning to play the guitar and advancing toward more difficult techniques and playing difficult songs can be very self-satisfying.

Learning to play the guitar is a difficult task. Therefore, starting as a beginner and moving to the intermediate level can be considered as a great personal achievement. The skill of playing the guitar is a skill that sticks for life. It is similar to learning a language. Upon reaching the intermediate level, it is very difficult or, in most cases, almost impossible to forget how to learn the guitar, although regular training is always advised. An intermediate player is likely to lose touch but rarely lose their skill.

When a guitarist is playing, their mind is largely focused on the music they are creating and the movements of their fingers, hands, and feet. Therefore, playing the guitar is a hobby that offers many mental health benefits. Playing the guitar is highly recommended for those who are dealing with anxiety, stress, and depression as it helps them become more relaxed and provides them with a soothing escape.

Those who are starting to learn the guitar may be required to follow specific instructions at first. However, as they progress and reach the intermediate level, an entire world of creativity and experimentation opens up for them. As a result, intermediate guitar players often benefit from improvisation and creativity by playing the guitar.

Playing the guitar can be physically demanding. Perhaps not as much as playing a sport, but it does involve more pain than most people ever imagine. Beginners are likely to experience pain in their fingers, palms, and hands, although they will wear off as they improve. Playing the guitar requires the fingers, hands, and even feet to be in sync with the brain. As a result, playing the guitar is an activity that offers a lot more physical health benefits than it may at first appear.

Learning the guitar requires consistent training. It forces individuals to be more organized with their time. As a result, learning to play the guitar indirectly results in people being more organized and professional. They are highly likely to attend to their duties so that they have the time to play the guitar for an hour or so every day.

Make the Commitment

The first step to start learning the guitar is to make the commitment. It is going to take time. The fingers and hands are going to hurt, and there will be many obstacles to overcome, not to mention the research and experimentation involved. There will be many days where clear improvements may not be seen or heard. However, the trick is to be patient and keep at it.

Those are the most important ingredients of learning to play the guitar; patience and persistence.

It's important to have a good guitar to learn how to play it. Once the commitment is made towards learning the guitar, the best option is to go ahead and purchase a guitar instead of borrowing one. It will confirm the commitment made toward learning the guitar and act as a motivating factor to keep going, especially when things don't seem to be improving at all. No one likes to own a guitar and not know how to play it. Therefore, they are more likely to give it their best shot before they give up on it.

Guitars come in all sizes and shapes. They can also be bought for different price ranges. Beginners must purchase a guitar that isn't cheap but also not super expensive. Visiting the guitar store and going for a moderately priced guitar is the best option.

Cheap guitars may not require a huge initial investment. However, they may not sound great, or they might make it difficult for a beginner to learn to play the guitar. As a result, it is recommended that beginners invest in a good guitar without breaking the bank. Most guitar shops offer packages for beginners that include good guitars and essential accessories that they might need.

There are plenty of resources to utilize when learning to play the guitar. A wealth of online resources await you once you start learning. It's also easy to find guitar coaches and classes in any city. Furthermore, most people are likely to have a friend or two who know how to play the guitar. It is highly recommended to ask such a friend to tag along when visiting musical instrument shops for the purpose of buying a guitar so that they can provide the required guidance.

Common Challenges When Learning to Play the Guitar

New guitar players are often faced with a number of challenges that are both physical, psychological, and sometimes social. While it's important to be patient and persistent throughout the beginner stage, it's important to have an understanding of the challenges that await you down the road so that you can face and overcome those obstacles successfully.

The Urge to Give Up

It is impossible to learn to play the guitar in a few days. Some naturally talented and musically gifted individuals may indeed learn to play the guitar faster than others. However, there isn't an average time frame for someone to learn the guitar. The progress is usually determined by a number of factors such as the time invested for training and learning, the quality of learning and application, prior experience with musical instruments, music knowledge, the physical strength of hands and fingers, the mental strength to focus and learn, the environment, and the quality of the guitar and accessories that are used.

If there is anything certain, it is the fact that anyone who learns to play the guitar will think about giving up at some point. Therefore, it's important to remember that there will be bad days or even weeks, where no progress will be evident. However, the trick is to fight through such plateaus without constantly searching for quick progress.

The Lack of Natural Talent

Many guitar students are inspired by naturally gifted and talented musicians. Some such guitarists were indeed born with the gift of music and guitar playing skills. However, not every successful guitarist is naturally gifted. There many famous guitarists who have made up for the lack of natural talent with hard work. Therefore, guitar students need to understand that natural talent isn't a must to learn to play guitar.

Some beginner guitarists may find it difficult to identify notes and chords or when to play them. Some may find it difficult to strum to a rhythm, and some may have difficulties with identifying pitches. However, with practice, they are highly likely to improve. Therefore, even if a guitar student isn't naturally gifted, they can still go on to learn the guitar successfully.

The Lack of Practice and Focus

One of the main causes of failure when learning to play the guitar is due to the lack of practice and focus. Guitar students first need to allocate some time every day to progress their skills. Consistent practice is very important, especially during the beginner stages. Furthermore, it's important to keep guitar practice sessions to comfortable lengths as long sessions can become unproductive due to fatigue and reduced focus.

Therefore, guitar students are highly recommended to allocate some time for training every day. It can be a one-hour session or two 30-minute sessions. The objective is to maintain focus throughout each session so that they can improve their skills incrementally every day.

Failing or Trying Too Hard to Build Finger Callus

Calluses on the fingertips of guitarists take time to develop. They are important features of a guitarist as they protect the fingertips from hurting while pressing down notes and are a natural part of the learning process. Beginners will start their guitar learning journey without finger calluses. Therefore, it's important to pace their training slowly for the first two to three weeks until they develop finger calluses.

There are numerous myths regarding speeding up the development of finger calluses. Many beginners practice such methods and end up hurting their fingers, and that hampers their guitar training. Therefore, it's important to be patient until finger calluses are naturally developed without trying to speed up the natural process. Once developed, finger calluses can last for weeks or even months without playing the guitar. However, regular practice is highly prescribed to maintain finger calluses so that guitarists can play the guitar comfortably.

Impatience

Guitar students need to understand that the initial stages of learning to play the guitar will sometimes take much longer than they expect. Some students will find it difficult to move their fingers, and that makes changing chords very difficult. Therefore, it will take a long time, sometimes months, until they can properly play a song.

The trick is to be patient and stick to playing simple chords while switching between them. Students will indeed be itching to start playing songs. However, it is better to make sure that they can transition between chords quickly before doing so to avoid disappointment.

The process of changing chords requires muscle memory. A guitar student will not have muscle memory when they start playing the guitar. The trick is to make sure that they play each chord correctly while slowly changing chords. With practice, the time between chord transitions will slowly decrease. Soon enough, they will be able to smoothly and quickly change chords and move on to playing songs.

Wrong Technique

Being a technically correct guitarist from the beginner stage enables guitar students to progress in their guitar training quickly and comfortably. Therefore, it's important to pay close attention to learning about the correct techniques related to holding the guitar, posture, holding notes and chords, holding the pick, and correct strumming. When a guitar student becomes technically correct in the beginning, they will not only progress faster and easier but also avoid painful and time-consuming changes to their techniques down the road.

Poor Application

Guitar learning is all about learning notes and chords so that they can be applied to create music. However, some guitar students try to learn too much without applying what they learn. Some beginners try to learn dozens of chords before they progress to actually playing a song. What they don't realize is the fact that dozens of songs can be easily played with three or four chords.

Therefore, it's important to plan their learning so that they can learn a few chords, practice changing between those chords, apply them by playing a song, and finally proceed to learn a new chord or two. The process can be repeated where they apply the chords by playing new songs. The application makes the process of learning to play the guitar more enjoyable, satisfactory, and motivational. The lack of application takes the fun out of it, and that usually results in beginners giving up.

Being Limited to Certain Genres

Guitar students need to be open to playing songs that they may not love when starting to play the guitar. Some students may be into genres such as punk rock and death metal. If they limit themselves during the beginner stages to playing songs from such genres, their progress may be slow since there may not be that many song choices suitable for beginners. Furthermore, favoring one or a handful of genres may limit the skills that guitar students need to learn.

For example, a guitar student who only likes listening to punk rock will find it difficult to play most punk rock songs with open chords. As a result, they may learn power chords without properly learning open chords. Doing so will not only make their guitar learning incomplete but also avoid them gaining valuable skills that are essential for a guitarist.

Therefore, guitar students need to be open to listening to and playing songs belonging to genres that they may not like. It makes their guitar learning more complete. Once they master different chords and get closer to the intermediate level, they can focus on one or a few genres. However, until then, they need to be more open to different genres, such as country, classical, pop, blues, jazz, funk, progressive, punk rock, soft rock, etc.

Social Barriers

Various social factors can get in the way of guitar training. Some guitar students may not be able to practice properly due to their surroundings. A beginner does not sound great when learning to play the guitar. Therefore, the sound of them practicing the guitar may not be pleasant for his or her family members and neighbors. Guitar students must find a quiet place and times during the day that help them to practice without being interrupted while also ensuring that the people around them are also not affected.

The Lack of Confidence

Most guitar students lack confidence that results in their unwillingness to showcase their guitar playing skills to others. A beginner may only know how to play one or two songs. However, they need to remember that whatever the skills are that they may have gained, these are valuable no matter what. Therefore, it's important for guitar students to be proud of what they learn and confidently showcase their skills when the moment arises. If they face ridicule and criticism, they can positively ignore such negativity given the fact that they are still learning to play the guitar.

Learning Strategy

This guide to guitar-learning for beginners aims to take guitar students through a complete journey where they gain the knowledge, advice, and tips required to successfully learn to play the guitar and progress to the intermediate level. The first chapter was intended toward preparing guitar students for the memorable, enjoyable, and challenging journey ahead.

The guitar is a musical instrument. Therefore, a good understanding of music theory is essential to learn successfully and sustainably to play the guitar. The second chapter intends to provide the reader with a thorough knowledge of melodies, chords, rhythms, scales, majors and minors, and more. It's highly recommended that students pay close attention to music theory and have a good understanding before they proceed to the next chapter.

Most guitar students are likely to start learning with an acoustic guitar. However, it's important to remember that guitars come in all sizes and shapes while producing different sounds. Chapter three intends to educate the reader regarding different types of guitars categorized as acoustic guitars and electric guitars. Furthermore, the chapter discusses different parts of a guitar, especially names and numbers that are used to indicate different guitar strings and fingers.

Most guitar students often find themselves being clueless regarding the type of guitar they are going to purchase. Buying the first guitar must be done with careful consideration. Chapter three provides useful and important steps that guitar students need to keep in mind when purchasing their first guitar.

A guitar needs to be tuned correctly for it to create notes in the correct pitches and for chords to sound correct. However, most beginners often find it difficult to not only tune their guitars but also identify if a guitar is properly tuned or not. Chapter four provides simple tips to identify if a guitar is in tune or not and tune it using a variety of methods.

Open chords are some of the easiest chords to play on the guitar. Chapters five and six explains Major Open Chords and Minor Open Chords, respectively. Analysis, terminology, history, and famous uses, techniques, and fingering are explained so that the reader gains a thorough knowledge about open chords and finds learning to play open chords easier.

Power chords are a type of chords that are often used in popular music. Chapter six is dedicated to educating the reader regarding power chords, their terminology, history, and famous uses, techniques, and fingering. Upon completing chapter six, the reader should have a thorough understanding of power chords and use the tips provided to start playing them successfully.

Barre chords are considered to be the bridge that takes beginner guitar students to the intermediate level. Many guitar students find barre chords challenging as they not only involve all four fingers of the left hand but also put significant strain on the fingers and palm. Poor technique can also contribute to the difficulties experienced when playing barre chords.

Chapter eight discusses what barre chords are, their terminology, and history and famous uses to give the reader a good understanding of what barre chords are, where they originated, and their evolution in music. The chapter also discusses techniques and fingering in simple terms to enable the reader to play barre chords successfully.

Other Chords

Most guitar students are so focused on the left hand, which is used to hold notes and chords that they often pay little attention to the right hand that is used for strumming. Chapter 10 provides the reader with a good understanding of the correct techniques for the strumming hand and tips on how to strum correctly, including basic strumming, chord changing, finger strumming, and more.

Guitar pick is a tool that is used to assist strumming while creating a bright sound compared to the sound that fingertip strumming and plucking creates. Chapter 11 takes the reader through the basics of a guitar pick or plectrum, including the correct techniques to hold the pick and different types of picks out there. Chapter 11 also discusses the correct techniques and posture for the left hand. You will also find the following information in the next four chapters:

- Chapter 12: Single-Notes Patterns

- Chapter 13: Open Position Scales

- Chapter 14: Articulations

- Chapter 15: Improvisation

Guitar students can benefit from opening their minds to different genres of music. It not only makes their musical tastes more diverse but also makes them more complete guitarists. Chapter 16 takes the reader through different genres, including Blues, Rock, Country, Punk, Classical, Jazz, and World Scales.

Most beginners find it difficult to select songs that are ideal for their level. Some guitar students try to play difficult songs and become discouraged. Chapter 17 takes the reader through a number of songs belonging to different genres that the reader can play, starting from the very beginning until they reach the intermediate level.

Learning to play the guitar is a journey that is filled with many challenges. It also requires guitar students to be focused, organized, motivated, disciplined, and curious along the way. However, most importantly, guitar learning needs to be fun. This learning strategy aims to not only provide guitar students with the education they require to learn to play the guitar but also offers a lot of fun along the way.

Chapter 2: Music Theory - Made Fun!

Let's face it; music theory can be boring for many, especially guitar students who don't have a background in music. As a result, most guitar students tend to skip music theory lessons or simply skim through and proceed to "more interesting" guitar lessons. However, it's important to face the fact that music theory plays a vital role in a guitar student's success in learning to play the guitar.

Furthermore, theoretical knowledge in music will ultimately determine how far a guitar student will go. Therefore, any guitar student who is hoping to play the guitar well, play different songs, especially difficult ones, and get close to being an advanced guitarist needs to have a good understanding of music theory.

Music theory is also a very broad subject. As a result, comprehensively learning music theory can take a very long time. Therefore, it's important that beginners only learn what is essential for them to learn to play the guitar and reach the intermediate level. Any other more advanced music theory lessons can be learned down the road as the need arises.

Furthermore, some music theory lessons are more related to certain genres, such as classical, jazz, and world music. Guitar students are advised to be open about the genres that they play and practice during their learning stages. As such, specific music theory lessons can be left to be learned later when those students become more advanced, allowing them to focus on such genres.

The easiest way to make music theory fun is by only exploring music theory that is essential to learning the guitar and reaching the intermediate level. Doing so reduces the amount that a guitar student needs to learn to result in the lessons being short and sweet. Furthermore, music theory should be revisited every few months until a student can clearly remember and apply it to their playing.

The basis of music theory is made up of physics related to sound. Music is the art of creating sounds. Therefore, understanding the simple physics of sound can make learning music theory much easier.

Guitar students who do not have any or who have very little background in music will need to pay close attention to this chapter. Some students may have learned music a long time ago. Therefore, thoroughly reading this chapter is important to such students to refresh their memory. However, they are highly likely to remind themselves of their past lessons quickly. It's important to highlight that all guitar students read this chapter carefully irrespective of their knowledge and background in music theory.

Think of music theory as being similar to what grammar is to a language. A grammatically correct person sounds clear and is able to communicate well. Their use of language is fluid, smooth, and effortless. Similarly, a guitarist who has a clear and correct understanding of music theory will be able to create music that is of high quality. Furthermore, they will find understanding and feeling music much easier.

Pitch

The relative degree of how high or low a sound is known as its pitch. Theoretically, it is the rate of vibrations that a sound creates. Pitch is closely related to how accurate a particular note is. A particular note played on the guitar represents a specific scientific pitch that can be measured in Hertz.

For example, play the note "A" on the open fourth string. Then play the note "A" on the second fret by holding down the G string (3rd string) on the second fret. Comparing these two sounds will showcase how the sound created by playing the open string A note is lower than the sound created by playing the same note on the second fret.

When a guitar is out of tune, the notes that are played differ from their correct or natural pitch. As a result, a guitar can be tuned by listening to a correct note and comparing the sound of the same note with the sounds that the guitar creates. When both the sounds have the same pitch, the guitar is in tune.

Rhythm

The way sounds are organized in relation to time is known as the rhythm. Therefore, any proper organization of sounds consists of a rhythm. It can be a song that contains pitches such as the strumming of a guitar to the sounds consistently created by two sticks. Musicians use a beat to play to a rhythm, which is called a tempo. Tempo describes the number of beats per minute. A guitarist playing to a certain tempo only plays a rhythm that fits into that tempo.

For example, a guitarist may strum once per beat or once per two beats according to the tempo they are playing to. In music, beats are divided into equal parts so that musicians understand the sounds that need to be played according to the progression of beats.

Melody

A series of pitches higher than the rest of the sounds or music is known as a melody. Think of a melody as the plot of a drama. It is the main storyline. All musical sounds in a song are do not belong to the melody. Think of it as the characters of a drama and their relationships to the story or plot. Similarly, sounds that do not belong to the melody coexist with it and are important to it. They complement the melody but do not affect it.

The melody is usually the part that a singer sings in a song. It is the factor in music that makes a song memorable. It is easy to forget the lyrics and chords of a song. However, forgetting the melody of a good song is very difficult and rare. The melody is important to guitarists since they usually play to the melody of the song. Chords are arranged in such a way that the melody is played out while the singer sings. Therefore, understanding what a melody is made up of is important for any guitar student.

Harmony

A collection of pitches that ring together creates harmony. Such combinations of pitches contribute to creating sounds that have various moods. Take the example of major versus minor chords. In terms of sound, they may sound very similar. However, the moods they create are entirely different.

A harmony that contains more notes is considered a more complex one. Imagine three guitar players playing different notes. One plays the note C. Another plays the note E while the third guitarist plays the note G. In harmony, they create a C major chord.

Timbre

The quality that gives a sense of uniqueness and distinction to a note is known as Timbre, pronounced as TAM-ber. A guitarist may play the note C. Then a singer will sing a note C. Although both the sounds created were note C, one can easily distinguish between the sound that was played on the guitar and the one that was sung. This is due to Timbre that gives every musical sound a unique character.

Dynamics

The softness or loudness of music is described by Dynamics. A song may include a part that may sound as soft as a whisper followed by a loud chord. Dynamics add character to the music. Although variation in volume isn't often used in today's music, dynamics still play a major role in music when it comes to how it appeals to the listeners and the emotions it induces in them.

Scales

A set of tones that can be used to build melodies and harmonies are known as a Scale in music. The word scale is derived from the Latin word that translates to "Ladder." Scales can create different tonal flavors and moods. There are many different scales in music.

In music theory, a scale organizes a number of notes fundamentally using their pitch and frequency. An ascending scale organizes notes in such a way that the pitch of the notes increases. A descending scale organizes notes the opposite way. A melody or harmony is usually created using the notes belonging to the same scale.

A scale consists of seven notes in traditional Western music. Whole and half-step intervals usually separate the notes in a scale. The more stable and central note of a scale is known as the "tonic" of that scale. The notes of a particular scale can be denoted using the numbers in relation to the number of steps they are away from the tonic.

The C major scale consists of the notes C, D, E, F, G, A, and B. C is the tonic of the scale. The notes of the scale can be labeled as 1, 2, 3, 4, 5, 6, and 7 due to their positions in the scale in relation to the tonic, which is C.

Chapter 3: Types of Guitars

Guitars come in all sizes and shapes. The material that is used to make them also varies. Furthermore, different types of guitars create sound using different mechanisms. Guitars can be easily categorized into two groups as acoustic guitars and electric guitars. Acoustic guitars are hollow and create sounds using the air in their hollow body. Electric guitars, on the other hand, feature hollow or solid bodies but use electricity to amplify their sound.

Guitars have largely evolved over the centuries. Different types of guitars create sound with varying levels of richness and timbres. Some types of guitars are more suited to certain genres as a result. A guitar student may be attracted to a certain type of guitar as a result of their taste in music. For example, a person who loves classical or country music is likely to find acoustic guitars attractive while a person who prefers rock or punk rock may be attracted to electric guitars.

Acoustic Guitars

An acoustic guitar creates sound using its body and strings. Therefore, the sound that is created by acoustic guitars is unique from one guitar to another. Woods such as Mahogany and Rosewood and substitutes such as high-pressure laminate (HPL) are used to make guitars today. The tones that an acoustic guitar creates usually mature with age. However, acoustic guitars made using HPL does mature tonally as much as wooden ones.

It's important to have an idea about the tone that a guitar student prefers when purchasing an acoustic guitar since different acoustic guitars create slightly different tones. While it's advised for beginners to seek the help of a friend who plays the guitar or shop assistants who are knowledgeable, it's important that the student who is purchasing likes the sound a guitar creates.

Acoustic guitars are the most versatile types of guitars since they do not rely on external factors to create sound, such as electric guitars. They can be easily transported and played whenever required. The sound they create is also perfect for those learning to play the guitar.

Acoustic-Electric Guitar

An acoustic-electric guitar is actually an acoustic guitar that provides the option of plugging into an amplifier if required. Modern acoustic-electric guitars are equipped with systems that can help guitarists create more authentic-sounding acoustic tones using the amplifier. It is also common for acoustic-electric guitars to feature EQ controls and tuners. The body of most acoustic-electric guitars features a cutaway to provide easy access to the upper frets of the guitar.

Nylon-String Classical Guitar

Also known as Classical Guitars or Spanish Guitars, these acoustic guitars feature nylon strings. These guitars are ideal for beginners, especially children, since nylon strings create less tension making it easier on the fingertips as most guitar students struggle with steel strings until they develop finger callouses. Nylon-string classical guitars create a soothing and unique tone.

Resonator

These acoustic guitars are highly unique when it comes to their appearance, as well as the mechanism that is used to amplify sound. The vibrations of a resonator's strings are directed into one of three metal cones that result in the amplification of the sound that is created by the guitar. Resonators have wooden or metal bodies, round or square necks, and a single large cone or three smaller ones. Square-neck Resonators are played with the guitarist holding it face up on their lap or any other horizontal surface. Round-neck Resonators are held just like a conventional guitar.

Electric Guitars

Most guitarists would agree that the world of music could have been much less cool if it wasn't for electric guitars. Electric guitars changed the way musicians and the general public thought about guitars. They not only offered a unique and more attractive sound that inspired a range of new genres but also gave guitarists a world of technique and options that were unheard of before.

Hollow Body Guitars

All guitars were acoustic before the 1930s when the electrical amplification of guitars was introduced by Gibson guitars. Charlie Christian is considered the pioneer who introduced the use of amplification as well as the guitar solo. By the 1950s, guitars with pickups were common among jazz guitarists. The 1960s saw the birth of Thin-line Hollow body guitars that were made iconic by John Lennon of Beatles.

Semi-Acoustic or Semi-Hollow

One of the main setbacks of a Hollow body guitar is that they create electronic feedback. Unwanted feedback isn't considered ideal, although deliberate feedback sounds great. It soon became common for Hollow body guitarists to stuff their guitars with various materials such as cotton, wool, newspaper, and even packing peanuts to silence the unwanted feedback.

Ted McCarty of Gibson introduced a better solution in 1958 with the release of the ES-335 model, where a block was designed to run through the body giving birth to semi-hollow guitars. Semi-acoustic or semi-hollow guitars solved the unwanted feedback issue of Hollow body guitars to a great extent. Modern-day semi-hollow guitars are influenced by McCarty's solution.

Solid-Body

The solid-body guitar was one of the most influential and pivoting innovations in the history of guitars. They are tougher, easier to transport and play compared to Hollow body guitars. They also allow guitarists to tailor sounds using different effects. Solid-body electric guitars also look cooler compared to other types of guitars.

Different types of solid-body guitars exist. Therefore, it's important to try them out before purchasing one by carefully considering important factors such as the type of neck (thin, fat, or medium) and their sound. Solid-body guitars also vary in the length of their necks that result in varying string tensions.

The Anatomy of a Guitar

Guitar students must have a good understanding of the different parts of a guitar. The anatomy of guitars has some differences between acoustic and electric guitars since acoustic guitars do not feature amplification. Electric guitars, on the other hand, feature amplification, and as a result, they have unique parts that do not feature on acoustic guitars.

Body

The main part of a guitar that includes the bridge is known as the body of that guitar. In electric guitars, the body includes volume and tone knobs. The easiest way to remember what part the guitar body is to associate it as the part in contact with your body.

Neck

The arm of the guitar that pokes out of its body is known as its neck. Strings run along the neck while frets are located along the surface of the neck. The neck is one of the most fragile parts of a guitar. Therefore, it's important to treat the neck with special care.

Fingerboard

The flatter side of the neck where fingers are placed by guitarists to hold notes and chords is known as the fingerboard. Frets are located along the fingerboard of a guitar. As a result, it is also known as the fretboard.

Headstock

The headstock is located at the end of the guitar's necks. Tuners are usually located on the headstock, which is used to tighten and loosen strings while tuning.

Tuners (Machine Heads)

The knobs that can be turned to loosen or tighten the strings and change their pitch are known as tuners or machine heads. Most guitars feature tuners on the headstock.

Nut

A strip made out of bone, plastic, or metal that separates the fingerboard from the headstock is known as the nut. The area of the strings that can be held down to play notes and chords begin from the nut. In other words, the first fret begins from the nut.

Bridge

The opposite end of the nut is known as the bridge. It is usually made out of metal and lies on the body of the guitar. The balls that connect one end of the strings to the guitar sits on the bridge.

Frets

A fret is a space between two fret wires. Fret wires are the metal strips that divide the fingerboard into different frets. Sometimes, the word "fret" is used to refer to fret wires as well, although such use is technically incorrect.

Position Markers

These markers enable guitarists to quickly identify important locations on the fretboard such as the 3rd, 5th, 7th, and 9th frets. Dots are usually used for position markers, although some guitars feature different symbols for the same purpose. The 12th fret is marked with two dots.

Strap Pin

A button that the guitar strap fits to is known as the strap pin. Strap pins aren't always secure, and therefore, it is advised that a strap lock is used to secure the strap to the pin so that it won't come off, causing the guitar to fall.

Parts of an Acoustic Guitar

The parts described below are only seen on acoustic guitars.

Sound Hole

The opening where the sound comes out of an acoustic guitar is known as the soundhole. The sound that is first generated by the strings is reached into the hollow of the guitar and bounces back out through the soundhole. It's important to ensure that the soundhole isn't obstructed during strumming.

Rose

Most acoustic guitars feature decorations around the soundhole. Some acoustic guitars do not feature a rose.

String Peg

A peg that is usually made of plastic or metal used to hold the strings to the bridge is known as a string peg. Each string has a separate string peg. String pegs must be pressed firmly into the bridge since if they spring out, it can be dangerous for the guitarist.

Scratch Plate (Pick Guard)

A plate usually made using plastic or a similar material protects the body of the guitar from scratches that the fingernails or pick can inflict on the body of the guitar.

Bridge

The bridge of an acoustic guitar is made using wood. It is also bigger than the bridge of an electric guitar.

Saddle

The object provides a resting place for strings on the bridge. Saddles are usually made using bone or plastic.

Cutaway

The lower area of the body located close to the fingerboard is known as the cutaway. The design of the cutaway allows the guitarist to reach upper frets. However, beginners are unlikely to use frets that are that far up the fretboard.

Parts of an Electric Guitar

The parts described below are only seen on electric guitars.

Pick-up(s)

This device picks up the sound that is generated by an electric guitar. It is usually located under an electric guitar's strings. A pick-up contains magnets that allow it to identify the variations in the magnetic fields of the moving strings. Pick-ups come in two types that are single coil and humbucker. Humbuckers usually feature on Gibson guitars and create a fuller sound and less hum. Single coil pick-ups usually feature on Fender guitars.

Pickup Selector

Most electric guitars are equipped with multiple pick-ups. The pickup selector is the device that allows the guitarist to select, which pick-up is being used. It is possible to choose more than one pick-up at a time.

Output Jack Socket

Electric guitars are used with amplifiers. The output jack socket allows the guitarist to plug it into an amplifier. If the cable isn't properly pushed into the socket, it results in a loud static noise.

Volume Knob(s)

The volume of the sound that is generated by the guitar is controlled using volume knobs. If a guitar has multiple pick-ups, it is likely to feature multiple volume knobs.

Tone Knob(s)

These knobs allow the guitarist to control the amount of treble and bass that is created by the guitar. Most guitars feature one or two-tone knobs.

Scratchplate (Pick-plate or Pickguard)

While the scratchplate on an acoustic guitar protects it from scratches caused by the fingernails and pick, the scratchplate on an electric guitar holds all the electronics in place.

'Whammy' Bar

This part is a metal bar that is connected to the bridge of an electric guitar. It allows the guitarist to lower the pitch of notes that are being played by pushing it down. The Whammy bar is one of the most fun and expressive tools on an electric guitar, although its use can be complicated to beginners.

String Tree

The string tree is only seen on some guitars. Strings run under the string tree so that they don't jump off the nut.

Floating Tremolo

A bridge system that is designed to clamp down and lock strings so that they don't go out of tune. However, floating tremolos aren't recommended for beginners. It is usually favored by expert guitarists who perform Whammy bar tricks.

String, Fret, and Finger Numbers

Learning how to read guitar tablature is an important lesson for any guitar student as they will need to refer to diagrams that denote strings, frets, and fingers using numbers. Understanding, which strings, frets, and fingers are represented by specific numbers enables guitar students to play notes, chords, and songs using guitar tablature that is freely available on the Internet.

String Names and Numbers

A student who is learning to play the guitar needs to learn many new concepts, terms, and nomenclature to understand the basics of music and guitar playing. The assigning of numbers or names for different strings makes it easier for guitar students and guitarists to understand which strings they need to hold down and keep open when playing notes and chords.

Most guitars have six strings, especially the ones that are recommended for beginners. The six strings of the guitar are named after the notes they create when played while they are open with the guitar in tune. Their names from the thinnest or the highest-pitched are E, B, G, D, A, and E. Referring to strings using names can sometimes be confusing for beginners since there are two E strings. The thinner string, located at the bottom of the fingerboard when looking down, is the high E, also known as the E 1st. The other E string is the thicker one that is located nearest to the guitarist's eyes when looking down at the fingerboard. It is known as the E 6th. The E 1st creates a higher-pitched note E while the E 6th string creates a lower-pitched note E when played openly.

Referring to guitar strings, numerically, is clearer. The high E string, located at the bottom of the fingerboard is known as the first. Similarly, B string is the 2nd, the G string is the 3rd, the D string is the 4th, the A string is the 5th, and the low E string or the one that is the closest to the guitarist is the 6th.

Fret Numbers

Holding down different strings on different frets create different notes. A combination of such notes creates a chord. Therefore, understanding the numbers of frets is important when learning to play notes and chords. Fret numbers start from the fret that is at the outer edge of the guitar neck or the one that is the closest to the guitar's headstock. The area of the 1st fret is separated by the guitar's "nut" and the first fret wire.

The frets are assigned numbers in ascending order as they move towards the guitar body, such as 2nd, 3rd, 4th, and so on. Fret markers are markings on the fingerboard that enables guitarists to identify different areas of the fingerboard quickly. Fret markers are usually marked at the 3rd, 5th, 7th, 9th, and 12th frets.

When a student understands the numbers that are assigned to each string and fret, they can easily play notes and chords without having to know the name of notes. For example, a guitar student may be asked to play note C that they may not how to play. However, the same instruction can be given as to play the 3rd string on the 3rd fret that results in the guitars student playing the note C.

Finger Numbers

Some chords can indeed be played by using different fingers to hold down different notes. However, most chords can be played in a more organized and comfortable manner by correctly using different fingers to hold down different strings. As a result, fingers are numbered in guitar tablature to ensure that the guitarists, especially beginners, know exactly which finger they should use to hold down a specific note.

Number 1 is assigned for the forefinger, number 2 for the middle finger, number 3 for the ring finger, and number 4 for the pinky. Therefore, when a guitar student wants to play the C chord, they must hold down the 5th string on the 3rd fret with their 3rd finger, 4th string on the 2nd fret with their 2nd finger, the 2nd string on the 1st fret with the 1st finger, and play the chord while the 1st and 3rd strings are open.

The above instruction may look complicated while reading. However, applying it on the guitar will be much simpler and more straightforward. Chord diagrams that teach guitar students how to play different chords use the above numbering for strings, frets, and fingers. Therefore, understanding what these numbers represent helps guitar students to learn to play different notes and chords on the guitar.

How to Pick a Great Guitar for a Beginner

First of all, a guitar student needs to decide whether they want to buy an acoustic or electric guitar. It is true that electric guitars create a unique sound and looks much cooler. However, acoustic guitars are more recommended for beginners since the focus should be to be precise and clear with their playing, which is best accommodated by acoustic guitars. Furthermore, electric guitars feature various options that might make learning complex for beginners and confuse them.

The next step is to decide on the type of acoustic guitar that the student wants to buy. Nylon-stringed acoustic guitars are much easier to learn on since the strings have less tension. However, they are much quieter than acoustic guitars that feature steel strings. Steel rings guitars may sound louder than nylon-stringed guitars, but steel strings have more tension that can make things tough on the fingers of guitar students.

While nylon-string guitars may sound perfect for beginners, it isn't impossible to learn to play the guitar on a steel-string acoustic guitar or an electric guitar. It simply comes down to knowing the challenges associated with each of these types of guitars and committing to doing your best to overcome those obstacles with patience and persistence.

Shape and Size

The appearance of a guitar student's guitar is important. They must be proud of their guitar and want to spend more time with it. Therefore, they should purchase a guitar that they are attracted to. However, it's important to avoid picking a guitar merely based on its looks. Simply consider it as one important factor.

Pay attention to different shapes, sizes, and colors of guitars that are appealing. It's okay to check out some expensive guitars to find inspiration. There is a great chance of finding a moderately priced guitar with the same looks.

Guitars come in different sizes and shapes. As a result, they may sound different. The size and shape of a guitar also determine how easy it is to play it. Check out guitars of different body sizes and shapes. Try larger-bodied guitars create loud and thick sounds while smaller ones are less loud. Some guitars feature a body cutaway while others don't give less access to the upper frets.

It's important to sit down with a guitar and see how it feels. If it is too large and the student can't comfortably hold the fingerboard and strum, a smaller guitar is recommended.

The thickness of the guitar is also another important factor to look into. The thicker a guitar, the longer a guitarist's arms need to be to reach the strumming area and the fingerboard comfortably. Thinner bodied guitars are recommended for guitar students that practice while being seated.

Those who have compact bodies and children have the option of buying small-scale guitars. They have shorter fretboards, so there is no need to stretch to reach certain frets. The strumming hand can also be operated comfortably and naturally.

Decide a Budget

It's important to decide how much a guitar student is willing to spend on their first guitar. They must remember that it's their "first guitar," not their last. Therefore, buying a very expensive guitar is not required and recommended. However, that does not mean that beginners are better off purchasing a cheap guitar.

Cheap guitars do more harm to guitar students than good. They are likely to sound bad and make playing the guitar a painful experience for beginners. As a result, guitar students with cheap guitars are likelier to quit. Similarly, purchasing an expensive guitar may result in the student treating it as if it's made of glass. A guitar student should be able to explore the guitar. They may not know how to properly take care of a guitar while playing, storing, and transportation. Therefore, it is highly recommended that beginners pick a moderately priced guitar instead of cheap or expensive options.

Meet the Guitar in Person

Most beginners start with a low budget. As a result, many of them are encouraged to shop online as they can find guitars for cheaper prices compared to guitar shops. However, purchasing a guitar online or without personally seeing it involves many risks.

How a guitar feels is a very important part of picking the perfect guitar. Ordering online or asking someone else to purchase a guitar does not give beginners the luxury of feeling the guitar before they purchase it. It is highly recommended that guitar students take the time to meet and feel different guitars before they buy one. Doing so helps them avoid the disappointment of buying a guitar that simply doesn't feel right.

Guitar Accessories

Some guitars come with essential accessories. Others do not, and such accessories need to be purchased separately. Most guitar shops offer Starter Packs at very reasonable rates so that beginners have everything that they need to learn to play the guitar successfully.

Starter packs usually include extra strings, plectrums or picks, capos, guitar tuners, and guitar straps. Starter packs for electric guitars include amplifiers and cables. Some beginners may not have the budget to invest in a starter pack. If that's the case, they can only purchase the accessories that are essential for beginners. They include extra strings, guitar picks, and a guitar strap if they are planning to practice while standing.

Maintaining the guitar is an important activity that helps guitar students bond with their guitar and ensures that it is well and safe. Therefore, it is advised to invest in some cleaning fluid and cleaning cloths to keep their guitars clean and shiny. Accessories such as capos and slides can be purchased later, usually when they reach the intermediate level.

Chapter 4: Tuning the Guitar

One of the most important lessons of learning to play the guitar involves tuning the guitar. Guitars are stringed instruments that rely on the specific tensions of their strings to create sounds. The changes in the temperature cause guitar strings to slightly change their length, and that results in guitars falling out of tune. Guitars that are out of tune create notes and chords that are off-key.

Beginners may not realize that their guitar is out of tune and continue to practice. As a result, they may train their minds with off-key notes and chords that can hamper their growth. Therefore, it's very important to tune the guitar. It's recommended that guitar students tune their guitars before they start practicing and also store guitars in areas that do not expose them to significant variations of temperature.

How to Tune a Guitar with an Electric Tuner

Electric tuners are very straightforward to use. As a result, they are highly recommended for beginners. An electric tuner picks up the sound created by a string and displays the note that it identifies. They usually indicate whether the string is too high or too low. If the string is too high, it needs to be loosened. If it is too low, it needs to be tightened. As a string is loosened or tightened, it is played in intervals to check whether the string is in tune or getting closer to being in tune.

Electric guitar tuners come in many varieties. Some are small external devices that fit in a pocket. Some tuners can be clipped on to the guitar. Some guitars come with built-in tuners. In the digital era, a range of guitar tuning apps has also emerged. These devices may look different. However, they function in similar ways. Therefore, using these different types of tuners are very similar and straight forward.

Tuning a Guitar by Ear

This is the old-fashioned way of tuning that guitar without the use of any other external devices. It is a useful method to learn even for beginners as it does not require guitar students to have an electronic guitar tuner handy whenever they need to tune their guitars.

First, the low E string is tuned by ear. The 6th string is the thickest of strings and is highly likely to go out of tune significantly. Furthermore, most guitarists are familiar with the correct pitch of the 6th string. Beginners can get used to the correct pitch of the 6th string by practicing this method along with an electronic guitar tuner.

Once the low E string is in tune, it is fretted at the 5th fret and plucked with the right hand. It creates a note A. The 5th string, which creates an A note when plucked openly, can be tuned using the above tone. The A string or the 5th string is tightened or loosened until both the strings produce the same tone.

Once the A string (5th) is in tune, it is fretted at the fifth fret creating a note D. This tone can be used in the same way explained above to tune the 4th string or the D string. Once the D string is in tune, it is held down at the 5th fret creating a G note. This tone is used to tune the 3rd or G string.

Once the G string (3rd) is in tune, it is held at the fourth fret to create a B tone. The 2nd or B string can be tuned by using this tone as a guide. Once the B string is in tune, it is fretted at the 5th fret creating a high E tone. The high E string (1st) can be tuned using this tone as a guide.

Guitar Tuning Tips

It is natural for guitars to go out of tune. However, it can be minimized with the correct use of the guitar and the way it is handled and stored. Below are some essential guitar tuning tips for beginners. Learning to follow these tips makes guitar tuning easier and prevents guitar students from playing with a guitar that is out of tune.

Tune the Guitar Regularly

It is highly recommended that guitar students develop the habit of tuning their guitars before they start playing. Guitars can quickly go out of tune. Practicing with an out-of-tune guitar does a lot of harm in the musical sense of beginners. Therefore, guitar students must make it a habit to tune their guitars every time they play.

Store Guitars Away from Hot and Cold Places

Temperature affects the wooden body of the guitar and its strings. Therefore, storing a guitar in hot or cold places can result in it going out of tune. This can be avoided to a high degree by avoiding keeping the guitar exposed to the sun or leaving it inside hot cars. It's also important to keep guitars away from heat sources such as fireplaces and heaters. Cold wind can also cause guitars to go out of tune. Therefore, it's important to store them away from the cold wind in cold climes.

Loosen the Strings When Done

One of the best ways to enable a guitar to cope with the variations in temperature and humidity is by loosening its strings before storing or transporting it. Shaking the guitar can also make it go out of tune. Therefore, it's important to avoid bumps and falls when a guitar is being transported.

Replace Guitar Strings Regularly

Guitar strings age with time. They can get dirty, over-stretched, and corroded, making them more difficult to tune. Therefore, changing guitar strings regularly helps guitarists keep their guitars in tune. Newer strings also improve the sound that is made by a guitar. Therefore, make sure that the guitar strings are replaced as soon as they start to show signs of wear and tear.

Chapter 5: Power Chords

Anyone who has closely watched rock guitarists play may have noticed or at least gotten a glimpse of power chords at work. These chords are only made up of the root and the fifth of the particular chord. As a result, power chords do not have a major or minor quality to them. Power chords are popular in most genres. However, they are widely used by rock guitarists.

Power chords are also known as "Fifth Chords" since they use the fifth note of each chord along with its root. They have a more crunchy sound. Power chords only use three notes, making them easy to understand and play.

The wide use of power chords in rock music with guitarists playing electric guitars might mislead beginners to believe that power chords are only for electric guitars. However, power chords sound great on an acoustic guitar. Watching acoustic versions of most rock songs will help upcoming guitarists observe how they are played on acoustic guitars while sounding great.

The concept of root notes applies to almost everything that does not involve open strings on the guitar. Such scales and chords that do not use open strings can move up and down the neck of the guitar easily and play different scales and chords. The easiest way to identify and understand the chord being played along the neck of the guitar is to understand the root note of each chord.

Take the power chord C, for example. It's made of the notes C (the root) and G (the fifth) of the scale. Due to the use of these notes, the power chord is written as "C5" on tabs and chord charts. Similarly, the power chord G, written as G5, consists of the root note G and D (the fifth). It is possible to play power chords on different string groups. However, most guitarists prefer to use root 6 and 5 since the use of those strings for power chords add a powerful and deep sound.

Upon understanding how power chords are made, guitarists can easily maneuver the fretboard and play chords using different positioning. Power chords can be played throughout the neck of the guitar as well. However, playing power chords beyond the 8th fret becomes more difficult, especially for beginners, as frets are located very close to each other.

Terminology

There are divided opinions on whether power chords should be considered actual "chords" in a traditional sense. Some musicians argue that there should be at least three degrees of the scale to create a chord. Therefore, they argue that power chords are actually dyads since the same interval is found in them.

However, many musicians accept the term "power chord" as a rock and pop music term, especially when it comes to overdriven electric guitar styles that feature in punk rock, heavy metal, hard rock, and other similar genres. The term "power chord," as a result, has made its way to the vocabularies of synthesizer and keyboard players.

The most common notation used for power chords is either "5" or "(no 3). For example, a power chord with the root G is denoted as G5 or G(no 3). The first denotation simply means the root G and the fifth, while the second means that the root G without the presence of a third. "Ind" is another notation used for power chords that means "indeterminate." The term has been used to denote power chords since they are neither major nor minor.

History of Power Chords

The use of power chords by popular musicians dates back to the 1950s. Willie Johnson and Pat Hare, who played for Sun Records, are considered to be the guitarists by whom the use of power chords originated. "How Many More Years" by Howlin' Wolf with Johnson playing the guitar and "Cotton Crop Blues" by James Cotton with Hare on the guitar prove their use of power chords in the 1950s. Later in the same decade, Scotty Moore used power chords to open Jailhouse Rock by Elvis Presley with power chords.

When it comes to mainstream rock and roll artists, Link Wray is believed to be the first with his use of power chords in "Rumble" that was recorded in 1958. In 1964, The Kinks released "You Really Got Me,", which was a smash hit peaking to number seven on North American Billboard Charts. It is recognized as the first pop song to use power chords and the song that laid the foundation for power chords in mainstream and contemporary music.

The 1960s saw a counterculture in the music scene along with acid experimentation. It resulted in the expansion of sounds and textures that artists created as well as advancements in studio technology. Inspired by these changes, bands such as Pink Floyd started pushing the limits in recording while laying revolutionizing traditional music composition. The Who used power chords in their hit Baba O'Riley in 1971. It became an anthem for musical and cultural progressive ideologies.

Three years later, the Ramones pioneered the punk rock style along with performances emphasizing on aggression and raw emotion compared to technical ability and musical skill. Power chords made guitar music composing much easier, which resulted in many bands entering the music scene. Many credit the Ramones with the exponential growth of the number of bands consisting of amateur musicians. The new youth counterculture took a liking to hardcore punk due to its raw sound.

US artists such as Ozzy Osbourne and British bands such as The Who sounded more edgy and aggressive into the 1980s. This influenced the inception of heavy metal. Many heavy metal acts emerged throughout the 1980s, offering exemplary live performances and farcical off-stage antics.

The LA band NOFX was a band inspired by the Ramones with style and attitude being favored over musical ability. Their music featured simple harmonies and melodies, while the lyrical content featured humor and sarcasm that resulted in making their music highly contagious. The '90s saw the emerging of one of the most influential rock bands in the history of music: Nirvana. "Smells Like Teen Spirit" not only peaked at number one on the Billboards Charts but also inspired a new generation of youth filled with frustration and anger.

While a lot was going on in the punk scene in the 1990s, a new style was slowly emerging, spearheaded by artists such as Kid Rock. A new American genre was born inspired by the hip-hop culture and aggressive rock n' roll music. The dawning of the new millennia saw numerous indie bands striving to bring their styles into the mainstream audiences. Weezer was a band that succeeded in doing so with humorous lyrics and an iconic "nerdy" image.

Two decades into the new millennium, it is safe to say that the rebellious reputation of power chords is only going to improve and that it's definitely here to stay. Power chords are starting to push more and more into mainstream music, with many upcoming musicians being inspired by artists and bands who introduced power chords into mainstream music and revolutionized it.

Techniques

Power chords feature very close matching of overtones. This is because they are often played within a single octave. However, octave doubling is sometimes performed when playing power chords. Power chords often take a middle register pitch with their denotations, indicating the different voicing that is used. Guitarists mustn't confuse these letter names with chord names that are usually used in popular music such as C Major, G Major, B Minor, etc.

1-5 perfect fifth (A) is one such common voicing. A common octave is often added to it, creating 1-5-1 (B). Similarly, 5-1 (C) is a perfect fourth power chord and implies that the lower 1 pitch is "missing." One or both pitches can be doubled an octave below or above, which is 5-1-5-1 or is D. 5-1-5 is another common variation.

Spider Chords

This guitar technique became popular in the thrash metal scene in the '80s pioneered by the Megadeth guitarist, co-founder, and lead vocalist, Dave Mustaine. The name "Spider Chords" was given to the technique since it used four fingers of the fretting hand, giving the hand the appearance of the limbs of a spider.

Spider Chords are popular as they reduce string noise, especially when it comes to playing fast riffs with chords across multiple strings. Some good examples of the use of Spider Chords are "Holy Wars... The Punishment Due", "Wake Up Dead," and "Ride the Lightning."

Spider Chords simply enable guitarists to play two power chords without having to shift., which means they make code transition much easier and quicker. More importantly, they avoid string noise. Furthermore, the technique also provides guitarists access to a major 7th code without the 3rd. Guitarists find it easy to run up and down the neck using Spider Chords.

Beginner level guitarists may find it difficult to play Spider Chords at the beginning since all four fingers of the fretting hand may not move as equally fast in tandem. Most beginners start with playing open chords where the use of the fourth finger or "the pinky" is minimal and, at times, optional. Therefore, while they may later be able to move their first three fingers quickly, the fourth may be slower than the rest. This makes it difficult for beginners to play power chords.

However, that does not mean Spider Fingers are only for the pros. The fourth finger can be trained with constant practice. Beginner level guitarists can practice the fourth finger or the pinky by first playing open chords that use all four fingers even though the use of the fourth finger may be optional. Some good examples are the C Major and G Major chords. Once such a guitarist is confident about the movement of the four fingers of the fretting hand, they can easily learn and practice Spider Chords and experience their unique sound and mobility.

Fingering

It's safe to say that the most common implementation of power chords is the 1-5-1' form that features the root note, a fifth note above the root, and the note of the octave above the root. The lowest note is played on a particular fret on a particular string, and the other two higher notes are usually played two frets higher on the next two strings when the guitar is in standard tuning. Most guitarists play power chords using the low E string and A string for the root note. The remaining two notes are typically played using the third and fourth fingers.

Take the F power chord or F5, for example. The root note is played with the first finger on the first fret, and on the low E string. The third finger holds down the A string on the third fret, and the fourth finger is used to hold down the D string on the third fret. Sliding the same finger positioning to the third fret creates the G power chord or G5. The first finger holds down E string on the third fret. The third and fourth fingers hold down A and D strings respectively on the fifth fret.

It is important to understand that the note that is usually held by the first finger is the root note. It is the note that determines, which power chord that is being played. For example, the power chord D denoted as D5 features the root note D by holding down the A string with the first finger on the 5th fret while the third and fourth fingers hold down D and G strings on the seventh fret.

Power chords sound great when they are played correctly. Just like most other guitar chords, they take some time to perfect. Power chords require guitarists to use the fourth finger, which is often unused when playing open-string chords. Most such chords may have variations where the use of the fourth finger is optional. Therefore, some beginners may find playing power chords difficult at first since the fourth finger is likely to move slowly.

However, with practice, it will become as mobile and firm as the other three fingers. Therefore, it's important that beginners be patient when learning and playing power chords. Beginners can also avoid such difficulties by using the fourth finger from the early stages of guitar learning.

Palm-muting is another important aspect of playing power chords correctly. It's a technique that enables guitar players to mute strings as they wish. Since power chords involve strings that better not ring out for them to sound great, palm muting is an important skill a guitarist needs to develop. The absence or poor palm muting usually results in power chords sounding garbled and too loud.

Some guitarists, especially beginners, barre the second and third notes that helps them play power chords only with the use of first and third fingers. While this method may make it easier for guitarists to play power chords, using three fingers to play power chords is preferred and recommended since it provides a better finger position to change chords quickly.

Furthermore, power chords sound much better when played using three fingers instead of playing with two by barring. Therefore, it is strongly advised that beginners do not learn to play power chords using the above method. The middle finger or the second finger is usually kept idle when playing power chords unless the guitarist is playing Spider Chords.

Therefore, it's important to position the idle second finger in a comfortable position without it interfering with the position and movement of the other three fingers. Some players pull the second finger more towards the thin strings. However, it is recommended not to do so since it limits the movement of the remaining fingers and even holds down other strings without the guitarist being aware. The technique is usually used by guitar teachers merely so that the students have better visibility of the positioning of the other three fingers.

Chapter 6: Open Chords: Major Scale

Chords that include strings that are un-fretted or not held down are known as open chords. Since they include one or more open strings, they are the easiest chords that guitar students can learn to play the guitar. Some open chords include as few as two fretted strings. For example, the E Minor chord involves holding down two strings, while the remaining four strings are played open.

Learning a few open chords located on the first four frets (also known as the first position) is one of the simplest goals that guitar students can achieve. Doing so provides them the practice they require to train their fingers and be motivated by being able to play chords. The fact that many popular songs can be played using open strings also enables guitar students to start applying what they learn and become motivated from a very early stage in guitar learning.

Major Triad defines Major Chords. It is made of three notes that are spaced at different intervals in the ascending order, which is the root, major third, and perfect fifth. When these three notes are played in combination, they result in creating a happy sound. As a result, major chords feature upbeat, cheerful, and happy music.

Terminology

The open major chords are usually denoted by using the capital letters by themselves or the capital letters followed by the word "Major" although rare. When someone tells a guitarist to play an A chord, it is assumed that the chord is a major chord.

History and Famous Uses

Open position major chords have been in existence for centuries. Their exact origins are not known and may date back to the early days of the guitar. Open position major chords are used in many different genres due to the fuller and upbeat sound they create, especially in pop and other similar genres.

Techniques

Guitar students need to ensure that they develop a correct technique when playing open chords to ensure that they are not unintentionally holding down or muting any open strings. The hand needs to be arched and fingers curled to avoid such problems.

Furthermore, students are advised to make sure that they hold down the strings with their fingertips instead of the other areas of their fingers. This may be uncomfortable and at times painful for beginners who haven't developed finger callus yet. However, those discomforts will subdue with time.

Fingering

The open position (the first four frets) includes six common major chords, which are A, C, D, E, F, and G. Playing these chords on a standard-tuned guitar is easy. The most difficult of these six chords are G Major, C Major, and F Major. However, they can also be mastered with some extra practice.

E Major

The open E Major only requires a guitarist to hold down three strings while the remaining three strings are played while they are open. The chord can be played by holding down the fifth string on the second fret with the second finger, holding down the fourth string on the second fret with the third finger, and holding down the third string on the first fret with the first finger. All six strings should be strummed with them ringing out clearly.

If a muffled or dull sound is created when playing the E Major chord, guitarists must check their finger positioning to check if they are unintentionally muting any strings. Furthermore, it's important to make sure that all three strings that need to be held down are correctly and firmly held down in the right positions.

A Major

The open A Major chord is created by playing A, C#, and E notes in unison. It's important not to strum the low E (E 6th) string when playing the A Major as it affects the tone of the chord. The first variation of the A Major involves holding down the fourth, third, and second strings on the second fret with the first, second, and third fingers. Some students may find playing this version of the A Major chord difficult as it involves holding down three strings on the same fret, especially those who have thick fingers.

D Major

The open D Major chord can be played by holding down the third string on the second fret with the first finger, first string on the second fret with the second finger, and the second string on the third fret with the third finger. It's important not to strum the fifth and sixth strings when playing the D Major chord.

G Major

There are two main ways to play the open G Major chord. One of them involves three fingers, while the other involves four. The three-finger version can be played by holding down the sixth string on the third fret with the second finger, the fifth string on the second fret with the first finger, and the first string on the third fret with the fourth finger. This version is favored by many beginners as it makes it easier for them to change to the open C Major chord.

For those who are yet to develop dexterity on their fourth finger, the G Major chord can be played with the first three fingers of the left hand, with the third finger being used to hold down the first string on the third fret instead of the fourth finger. It's also a good technique to play the G Major chord on guitars with smaller necks or guitarists with smaller hands.

The four-finger version of the open G Major chord creates a more stable sound. It can be played by holding down the sixth string on the third fret with the second finger, the fifth string on the second fret with the first finger, the second and first strings on the third fret with the third and fourth fingers respectively.

C Major

The open C Major chord can be played in a few ways. However, two of those are preferred by most guitarists because they are easy to play, and because of the voicings they create. Furthermore, it's important to remember that the sixth string should not be rung when playing the C Major chord.

The open C Major chord can be played by holding down the second string on the first fret with the first finger, the fourth string on the second fret with the second finger, and the fifth string on the third fret with the third finger. The other variation additionally holds the first string on the third fret with the fourth finger.

F Major

The open F Major chord is one of the most challenging open chords for beginners. The first fingers need to be held down using the pad of the first finger creating a small barre. Both these strings must be held down firmly as failing to do so results in the strings not ringing out properly. Then the third string is held down on the second fret with the second finger, and the fourth string is held down on the third fret with the third finger. Remember not to play the fifth and sixth strings when playing the open F Major chord.

Chapter 7: Open Chords: Minor-Scale

Open position minor chords are usually played along with open position major chords when playing songs. Therefore, beginners must learn to play minor chords, especially while mixing them up with different major chords. A minor chord includes a root note, a minor third, and a fifth. The word "minor" is used to describe minor chords as they sound "lesser" compared to major chords. However, it's important to highlight the fact that their importance when playing the guitar isn't any "less" compared to other chords.

Open position minor chords, along with open position major chords, make up two of the most important guitar lessons for guitar students. They often feature songs making them highly important for beginners so that they can progress to playing more difficult chords.

Terminology

Minor chords are defined by Minor Triad. A minor triad consists of a root note, a minor third, and a perfect fifth. For example, the C minor triad consists of the notes C, Eb (E Flat), and G. Minor triads are usually represented by integer notation.

Intervals can also be used to describe a minor triad. A minor triad has a minor 3rd interval on the bottom and a major 3rd on top that acts as the root note. When comparing minor triads and major triads, minor triads feature a minor third on top, and major triads feature a major third on the bottom.

Minor chords are easy to build. First, start by holding a major chord. Doing so requires the guitarist to identify the 1st, 3rd, and 5th notes. Then, a minor chord can be built by moving the

3rd note further down the fretboard by one fret, which is equal to a half step.

For example, the C, E, and G are the 1st, 3rd, and 5th notes in the C major scale. Holding these notes create an open position C major chord. Then, move the third note, which is note E a half a step or one fret down, which is a flat or lowered third. As a result, the E note becomes an Eb (E flat).

Minor chords are usually denoted by writing the capital letter of the chord they represent, followed by a simple "m." For example, the E minor chord is denoted as "Em." Some diagrams may use the word "minor" after the capital letter of the chord. For example, the E minor chord is denoted as "E minor." Such notation is usually used for minor seventh, minor ninth, minor eleventh, and minor thirteenth categories. For example, an E minor seventh chord is denoted by "E minor 7th".

History and Famous Uses

Major chords were played as triads in Western classical music between 1600 and 1820. Later the same method was followed in pop, rock, and folk music. The minor triad is a basic tonal music building block along with the major triad. Minor chords are commonly used along with major chords, with the minor chords creating a darker sound than major chords. However, they are considered to be highly stable consonants and do not require resolution.

Techniques

Learning to play open position minor chords comfortably and correctly puts guitar students on the verge of playing simple songs on the guitar. Just like major chords, minor chords are usually easier to learn and play compared to most other chords. However, it's very important to develop the correct technique when learning to play open position minor chords.

Just like with major chords, minor chords include open strings that should not be held down when playing those chords. However, there is a chance of beginners unintentionally holding down strings that are supposed to be open when playing minor chords. Such problems can be avoided by training themselves to play with a technique that involves arched hands and curled fingers.

Some beginners hold down strings using the face of their fingers instead of fingertips, which is a technique that must be avoided at all times. Most such incorrect techniques are developed due to the discomfort experienced by beginners as their finger calluses take time to develop. However, it's important to stick to the correct technique, which is by holding down strings using the fingertips, although it may be painful in the early stages.

Fingering

The number of minor chords that can be played in the open position is limited. Open position minor chords are E minor, A minor, and D minor. If a guitar student wants to learn to play songs that include other minor chords such as F minor, G minor, and C minor, they should first learn to play barre chords.

E Minor

The open position E minor chord is one of the easiest minor chords. All strings are strummed when playing an E minor chord. An open position E minor chord can be played by simply holding down the 5th string on the 2nd fret with the 2nd finger and the 4th string on the 3rd fret with the 3rd finger.

A Minor

The open position A minor chord is also fairly simple, although it requires the guitarist to hold down three strings. It's also important to remember not to ring the 6th string when playing the chord. An open position A minor chord can be played by holding down the 2nd string on the 1st fret using your 1st finger, the 4th string on the 2nd fret using your 2nd finger, and the 3rd string on 2nd fret using your 3rd finger.

D Minor

The open position D minor chord is another essential minor chord that beginners should invest in learning. Remember not to play the 5th and 6th strings when playing the chord. The three-finger variation of the D minor chord can be made by holding down the 1st string on the first fret with the 1st finger, the 3rd string on the 2nd fret with the 2nd finger, and the second string on the 3rd fret using your 3rd finger.

B Minor

The open position B minor chord is slightly difficult compared to other open position minor chords since it requires four fingers. Just like with the D minor chord, the 5th and 6th strings are not played when playing the chord. An open position B minor chord can be played by holding down the first string on the second fret using the 1st finger, the 2nd string on the third fret with the 2nd finger, 4th string on the 4th fret with the 3rd finger, and the 3rd string on the 4th fret with the last finger.

Chapter 8: Barre Chords

A type of guitar (or other string instruments) chords is known as barre chords. They are also known as "Bar Chords" or "Barr Chords." Barre chords are played with one or more fingers pressing down multiple strings across a particular fret of the fingerboard as if the strings are being held down by a bar. It is a technique that is popular among many guitarists for a number of reasons.

One of the main reasons why guitarists use barre chords is the fact that they pave the way for chords that aren't restricted by the tones that the open strings create. For example, when a guitar is tuned to regular pitch, the open strings are E, A, D, G, B, and E. Therefore, the guitarist needs to play chords that are based on one or many of those notes if he or she plays open chords. However, barre chords do not require that. A guitarist can easily play an F# chord by barring strings, although it may not be based on any notes of the strings.

Barre chords are also "moveable,"which means the same finger positioning can be slid up and down the fretboard to play different chords. As a result, many guitarists find barre chords to be highly convenient, especially when playing riffs featuring fast chord transitions. Barre chords are heavily used in both classical and popular music as a result.

It is common to see barre chords being used alongside open chords, although there are clear differences in their tone quality. Open chords have better tone quality, while barre chords have slightly poorer tone quality in comparison. Nevertheless, the unique sounds of barre chords are frequent in pop and rock music.

Barre chords often do the job that a capo does without much fuss. A guitarist can play and open chord and then proceed to play a chord that is a number of steps higher by using barre chords. For example, if a guitarist plays an E major chord, they can easily proceed to play an F# Major by sliding the same finger positioning while barring with the first finger two frets down.

Most beginners find playing barre chords difficult. Playing barre chords require guitarists to press down multiple strings with a single finger, which is usually the first finger. Doing so can be fairly difficult for many beginner-level guitarists for a number of reasons. Therefore, mastering barre chords and playing them for prolonged periods of time takes a lot of practice.

Terminology

Barre chords are usually denoted with the use of either of the two English letters "B" or "C" followed by an Arabic or Roman numeral that indicates the position of the barre chord. For example, barre chord B that is played on the third fret is denoted by BIII or B3. Similarly, the barre chord C played on the seventh fret is denoted by either CVII or C7.

The two English letters that are used to denote barre chords stand for "barre" or "bar" and "cejillo" or "capotasto." The latter Spanish and Italian terms stand for "capo." The choice of these denotations is purely up to the editor. However, Roman numerals are preferred to denote barre chords as the use of Arabic numerals can lead to confusion between barre chords and other common chord symbols.

Partial barres are also indicated in a few ways. One of the most common methods of denoting a partial barre is by using a vertical strike through the English letter "C." However, the method does not dictate the number of strings that should be barred. Therefore, it is up to the guitarist to determine how many strings he or she is going to barre when following such denotations.

Other styles use fractions to indicate the number of strings that need to be barred, such as 1/2 and 4/6, as well as the letters B or C. The letters are completely omitted in some denotations such as classical staff notation. For example, VI4 indicates the guitarist to barre on the sixth fret over the highest four strings, which are D, G, B, and E.

History and Famous Uses

There is no clear evidence about when exactly barre chords were invented. Guitarists have been playing barre chords for centuries and using the full length of the fretboard to play different chords at different pitches. Barre chords are more prominent in rock music, although they are used by guitarists of other genres as well.

Techniques

Barre chords are often utilized to play chords that are higher in terms of position on the guitar. The choice of key is usually the primary reason that requires the use of barre chords as the particular key may not enable the guitarist to play certain open-string chords that are usually played on a standard-tuned guitar.

The most common barred fingering shapes are the ones that are used to play the open chords A and E. An A-type barre chord consists of A chord finger positioning (X02220) that can be moved up and down the fretboard while the first finger is used to barre. The positioning is also known as a "double bar" since it can be played with two fingers barring high E and A strings (first finger) and the other barring B, G, and D (third or fourth finger) while the low E string is deadened with the first finger. Second, third, and fourth fingers can also be used to hold down B, G, and D strings.

When the A chord finger positioning is barred on the second fret (X24442), it produces a B chord. It involves the first finger barring the high E (1st) and A strings while deadening the low E (6th) string on the second fret. The B, G, and D strings can be either barred on the fourth fret using the third or fourth finger or the second, third, and fourth fingers can be used to hold down the same strings. A-type positioning creates Bb, B, C, C#, D, Eb, E, F, F#, G, and Ab from fret one to eleven. The twelfth fret creates an A chord that is an octave up.

In addition to the above two common shapes, barre chords can be played using other chord fingerings. However, the player must be able to finger the chord in such a way that the first finger is idle for barring, and the chord does not need the fingers to be positioned across more than four frets.

CAGED System

The acronym CAGED stands for C, A, G, E, and D chords. It is often used to describe the use of barre chords that are free to be played anywhere on the fretboard. The acronym is used by guitar teachers and students to teach and remind the open chords that can be played as barre chords along the fretboard. Therefore, using the first finger to barre, chord shapes C, A, G, E, and D chords can be used to create barre chords anywhere on the fretboard as a guitarist wishes to play different chords in any key.

Partial Barre Chords

A complete barre chord is known as a "Great Barre," or a "Grand Barre" chord and incomplete or partial barre chords are known as "Small Barre" chords. Guitarists do find playing the F chord using the small barre chord much easier. However, doing so does not contribute to developing the technique and skill to play Great Barre chord formations. Partial or simplified barre chord versions can usually be played with the use of the first three fingers. Most guitarists find them useful when playing guitar solos.

Diagonal Barre Chord

These barre chords are very rare. They require the guitarist to barre multiple strings with the first finger on different frets. Therefore, the first finger is placed at an angle giving the impression of a diagonal. Playing diagonal barre chords require a lot of practice playing barre chords. Furthermore, most guitarists may not need to use diagonal barre chords most of the time.

Fingering

Almost every guitar student finds playing barre chords difficult. They put significant strain on the fingers and palm making them painful for beginners. However, just like every other type of guitar chords, barre chords can be mastered eventually with regular practice. What is important is to keep practicing while taking quick breaks to rest the fingers and palm. Soon enough, barre chords will start sounding great and correct.

One Finger Barre

A great exercise that is highly recommended for students learning to play barre chords is One Finger Barre. The method involves barring all the six strings with the first finger. The other fingers are kept idle. Start playing each string separately while making sure that each string is barred properly.

Then, start playing all the strings at once by strumming. Use single downward strums first. Then proceed to play upward strums and finally both to a beat. When a guitar student is able to barre correctly using the first finger, they can proceed to the next level of exercises.

Two Finger Barre

One of the factors that make barre chords difficult for beginners is the effort it requires the guitar player to put on the finger that is used to barre, which is usually the first finger. The finger needs to be held firm enough to barre the required strings. Beginners may not have enough strength on their first finger when starting to play barre chords. Therefore, they can support the first finger by barring with two fingers.

The second finger is placed on top of the first finger to barre strings when playing barre chords. Due to the extra support provided by the second finger, many beginners find this method helpful. However, a two-finger barre leaves only two more fingers for fretting. Therefore, it limits students from playing some barre chord patterns. Therefore, the technique is only prescribed when beginners are practicing barre chords. They should ideally be able to barre with just one finger eventually.

Thumb Support

What most beginners fail to do is to provide enough support for the first finger to barre by using the thumb. The thumb can be placed firmly behind the guitar's neck. It results in the first finger having more support that helps it barre strings more comfortably.

Hand Strength

How easy a beginner overcomes the obstacle of playing barre chords also depends on their hand strength. Guitar students with stronger hands usually master barre chords easily. Therefore, it's important to do some hand strengthening exercises on the guitar every day.

Hold the Guitar Correctly

Most guitar students are largely focused on their fingers and palms when playing barre chords that they forget to pay enough attention to posture and holding the guitar properly. The way that a guitarist holds the guitar determines how much support the fretting hand is going to receive from their posture. Holding the guitar correctly pushes the fretboard towards the fingers, instead of the guitarist having to push his or her fingers hard on to the fretboard.

Prioritize the Strings that Need to Ring Out

It's important to understand the strings that need to be barred when playing chords. Some strings may be held down by other fingers higher up the fretboard. Therefore, they do not need to be held down as hard. However, some strings need to be barred. Focusing on those strings by focusing pressure on barring them is often a successful approach.

For example, when holding an Am shape barre chord, the first finger barres the first five strings. However, the B, G, and D strings are held down further up the fretboard. Therefore, there is no need to barre those strings. Only E and D strings need to be prioritized. Since the E first is a thin string, it's very easy to barre it. Therefore, the player can put more pressure to barre the D string to correctly play the barre chord.

Play Lots of Power Chords

Power chords are great when it comes to strengthening the wrists of guitarists. However, they aren't as difficult as barre chords. Therefore, playing more power chords can be used as a stepping stone to playing barre chords. When a guitar student can comfortably hold power chords for five to ten minutes continuously, they are considered ready to progress to learning barre chords.

Get a Better Guitar

If a guitar student continuous to find playing barre chords difficult even after weeks of focused practice, they should take a good look at their guitar. The best option is to take the guitar to someone who knows how to play the guitar well. Some cheap guitars make playing barre chords extremely difficult. Therefore, the problem may be with the guitar instead of the guitarist.

Lower the Action

The action of a guitar is the distance between the strings and the fretboard. If the action is low, it makes it easy to hold down strings. If it's high, holding down strings and playing barre chords are difficult. The action can be lowered by adjusting the height of fret wires and the saddle. If a guitar student continuous to find playing barre chords difficult, they should take their guitar to a good guitar shop that does maintenance and repair to check if the action is low enough.

Use Lighter Strings

Some brands of guitar strings are lighter than others. Lighter strings make it easier to play barre chords. Therefore, if a guitar student is finding barre chords extremely painful and difficult, they should consider purchasing a set of lighter strings.

Detune the Guitar

A cheap trick that most beginners use when they are practicing barre chords is to detune their guitars a half-step or even a full step. Doing so usually does not alter the sound dramatically. However, the trick makes it easier to play barre chords, and it can be successfully used by beginners until they develop the correct technique and hand strength to play barre chords when their guitar is in standard tune.

Practice at Fret X

The tension of the strings varies along the fingerboard. Their tension is at the highest on fret one, and it decreases as you go higher up the fretboard. Beginners can start practicing barre chords at fret X or the middle of the guitar. As they slowly improve, they can move back towards the first fret, where playing barre chords is more challenging.

Chapter 9: More Chords

Various types of chords can be played on the guitar other than open position major and minor chords, power chords, and barre chords. Although these might not be included in many songs, some songs do include chord varieties to create better-sounding music. Beginners often skip such chords while skipping to the chords they know how to play. However, reaching the intermediate level requires guitarists to comfortably play different types of guitar chords, especially those mentioned below.

Diminished Chords

This group of chords creates a tense and unpleasant sound. A diminished chord is made up of a root note, which is the 1st, a minor third, which is three semitones higher, and a flat or diminished fifth, which is six semitones higher. They serve an important purpose in music, although they aren't used very often.

For example, the C Diminished chord can be built with a C note acting as the root note. Then three semitones can be counted to find the minor 3rd, which is an Eb or D#. Six semitones need to be counted from C to locate the diminished fifth. In this case, it is Gb or F#. The C diminished chord can be played using these three notes, which are C, Eb, and Gb.

Major Seventh Chord

This group of chords creates a soft and thoughtful sound. Major seventh chords are commonly used in Jazz music. They consist of a root note, which is the 1st, a major third, which is four semitones higher, a perfect 5th, which is seven semitones higher, and a major 7th, which is eleven semitones higher. Major seventh chords are similar to major triads, with the only difference being the major 7th on top.

For example, the C major seventh chord can be built with a C note acting as the root note. Then four semitones are counted to located the major third, which is an E, and a further three semitones from there or seven semitones from the root are counted to locate the 5th. Finally, the major 7th is located by counting 11 semitones from the root C. This gives the notes C, E, G, and B, which can be played in unison to create the C major seventh chord.

Minor Seventh

This group of chords helps create a contemplative or moody sound. Major chords create a happy sound, while minor chords create a sad sound. Minor seventh chords create a sound that is somewhere in between these two moods. Minor seventh chords consist of a root note, which is the 1st, a minor 3rd located three semitones higher, a perfect 5th located seven semitones higher from the root, and a minor 7th, located ten semitones higher from the root. Similar to major seventh chords, minor seventh chords are minor triads with a minor 7th on top.

For example, building a C minor seventh chord is started by locating the root note, which is C. The minor 3rd can be located by counting three semitones from the root, which is an Eb. The perfect 5th can be located by counting seven semitones from the root, which is a G. The minor 7th can be located by counting ten semitones from the root, which is a Bb. The C minor seventh chord can be played by playing C, Eb, G, and Bb together.

Dominant Seventh

This group of chords creates a restless and strong sound. Dominant seventh chords are commonly in Blues, Jazz, Hip Hop, RnB, and EDM genres. A dominant seventh chord is built using a root note, which is the 1st, a major 3rd located four semitones higher, a perfect 5 located seven semitones higher, and a minor 7th located 10 semitones higher from the root note.

For example, it is started by locating the root note, which is C. The major 3rd can be located by counting four semitones, which gives an E note. The perfect 5th can be located by counting seven semitones from the root, which should give a G, and the minor 7th can be located by counting 10 semitones from the root, which is a Bb note. The C dominant seventh can be played by playing the C, E, G, and Bb notes together.

Suspended Chords

All different types of chords discussed in this chapter consisted of a root note, a 3rd, and a 5th. However, not all chords are made using this foundation. Suspended chords are a good example. This group of chords sounds nervous and bright. Suspended chords are denoted with the use of the term "sus."

A suspended chord is built using a root note, which is the 1st, a major 2nd, which is two semitones higher, and a perfect 5th, which is seven semitones from the root. It's also safe to say that sus2 chords are major chords with a major second in the place of the usual major third.

For example, the Csus2 chord can be built by first locating the root note, which is C, and then counting two semitones to locate the major second, which is a D note. Finally, seven semitones are counted from the root note to locate the perfect fifth, which is a G note. The Csus2 chord can be now played using the notes C, D, and G.

Sus4 chords are quite similar to sus2 chords as they also create a nervous and bright mood. A sus4 chord can be built using a root note, which is the 1st, a major four, which is five semitones higher, and a perfect fifth, which is seven semitones above the root note. It's easy to think of sus4 chords as major chords with a perfect fourth in the place of the usual major third.

For example, the Csus4 chord can be built by first locating the root note, which is C, and then counting five semitones to locate the perfect 4th, which is an F note. Finally, seven semitones are counted from the root to locate the perfect fifth, which is a G note. The Csus4 chord can now be played using the notes C, F, and G.

Augmented Chords

This group of chords creates a suspenseful and anxious mood. An augmented chord can be built using a root note, which is the first, a major third, which is four semitones higher, and an augmented 5th, which is located eight semitones higher from the root note. It's easy to think of augmented chords as major chords with the top note one semitone above than usual.

For example, the C aug can be built by first locating the root note, which is C, and then counting four semitones to locate the major third, which is E. Finally the augmented fifth is located by counting eight semitones from the root note, which in this case is a G# note. The C aug chord can now be played using the notes C, F, and G#.

Chapter 10: The Right Hand and Strumming

Guitarists should be able to strum effortlessly, and it should feel very natural to them. However, most beginners find strumming difficult, and it takes some practice until it becomes a natural motion to them. Different songs require different strumming patterns. Therefore, guitar students need to learn and practice the most common strumming patterns so that they can comfortably play different songs.

Guitar students must play actual songs to learn strumming patterns instead of doing simple exercises. It makes guitar learning more fun and efficient. Furthermore, listening to a particular strum pattern makes it easier for guitar students to learn it as it gives them an idea of how it should sound when played correctly. Developing a good technique for strumming is very important for beginners as it makes strumming effortless and comfortable for them. Furthermore, it's highly recommended that this chapter is followed with the regular application, just like most other chapters in this guide.

Getting the Rhythm into Your Head

Strumming is all about creating the correct rhythm for the particular song and maintaining it. Therefore, it's important not to focus too much on the strumming pattern. Start by listening to the particular song first and remember its rhythm. That groove needs to be maintained with strumming. It's also a good exercise to imagine how the strumming for that particular song should sound like. One of the best ways to achieve these goals is by actually singing the song. Singing the song out loud helps a guitar student to remember the rhythm that they need to create with strumming.

The Wrist Should be Relaxed

Most beginners tend to maintain very tense strumming hands as they are highly focused on maintaining the correct strumming patterns throughout a song. However, strumming should be a motion that feels very natural, and maintaining a relaxed wrist is an integral part of achieving such a natural motion.

It's important to remember that most of the motion when strumming should come from the guitarist's wrist. However, some beginners make the mistake of making a lot of movement with their arm instead of the wrist. While it's true that there will be some movement in their arms, it should be kept to a minimum with the wrist doing the bulk of the work.

Keep Things Moving

It's important to keep the strumming hand on the move when practicing strumming. It's an important exercise since it eliminates the need to make an effort to restart strumming after pausing during a song. So keep the strumming hand moving throughout a song so that it's easier to focus on maintaining the rhythm.

Don't Hit All the Chords!

Another common mistake that many beginners make is hitting all the strings while strumming. However, only three or four strings are hit with most chords. It may be difficult to remember, which strings to avoid different chords. Therefore, a good trick is to focus on the lower strings for the first and third beats and higher strings for the second and fourth beats.

Strumming Patterns

Beginners need to practice strumming with the most basic patterns and slowly progress to more difficult ones as they grow their strumming skills. As recommended earlier, it's better to practice strumming by playing different songs instead of doing boring strumming exercises.

However, if a guitar student isn't comfortable with changing chords, they may have no option other than to practice strumming while holding the chords that they know. Trying to practice with songs is not advised for students who are not comfortable playing and changing different chords yet. Furthermore, it's highly recommended that students master those skills before progressing into this chapter.

Only Down-Strums

Down-strums require the strumming hand to move downward. The beat that is the easiest to practice strumming is 4/4 that divides the music into four-beat sections. 4/4 beats are easy to understand and maintain. Practice by playing a down-strum for every beat.

Adding Up-Strums

Playing down-strums for a 4/4 beat should give a beginner some idea about what strumming requires and how it should sound like. Now it's time to add up-strums into the lesson. There are many simple songs that beginners can choose when learning to strum. However, this early in the process, they are highly recommended to play to a song that only features a single chord.

"Coconut" by Harry Nilsson and "Papa Was a Rolling Stone" by The Temptations are some good examples. Playing a simple one-chord song eliminates the need to focus on changing chords when learning to strum. Therefore, the student can solely focus on strumming.

Start adding by adding up-strums into the basic down-strum-only pattern that was suggested earlier. Focus on the difference in sounds up-strums, and down-strums create. It's an important exercise so that a guitar student knows when to play an up-strum and when to play a down-strum while playing a song. "Straight and Narrow" by Teenage Fanclub is a good song to practice this pattern.

Skipping Down-Strums

Once playing down-strums and up-strums is practiced, guitar students should learn to skip down-strums as needed to end up with a basic and correct strumming technique. At this stage, a student should be able to maintain strumming without any pauses. They must understand when to play down-strums and up-strums in a song, depending on whether it's a downbeat or an upbeat.

Start by playing different patterns that skip down-strums instead of ones that alternate between down-strums and up-strums. A simple exercise is to play a pattern that includes two back-to-back up-strums followed by a single down-strum and a single up-strum. Repeating this pattern requires the guitarist to skip a down-strum continuously. "Hey Ya!" by Outcast is a good song to practice this technique.

Keep in mind that skipping down-strums create a pause where beginners may be tempted to stop moving their strumming hand. However, as advised earlier, it's important to keep the strumming hand moving without hitting any strings.

Chapter 11: Holding the Pick and the Left-Hand Technique

The correct technique related to holding the guitar and the positioning of the left hand is very important to beginners. Holding the plectrum correctly enables guitarists to effortlessly strum while the correct left-hand technique paves the way for quick and smooth changing of chords while utilizing different areas of the fretboard.

Choosing the Right Guitar Pick

Picking the right guitar plectrum can be a confusing task for beginners. Guitar picks come in varying weights and thicknesses. There are many options when it comes to guitar picks, and beginners can get easily overwhelmed as a result. Lightweight picks are generally recommended for beginners. However, playing basic riffs and scales require a moderately weighed plectrum. Heavy picks are usually suited when playing guitar solos or when playing electric guitars.

Beginners need to start with a few lightweight picks and get a feel of them before settling to a thickness and weight that suits them the most. Transitioning to a medium weight pick should also be done with a few different options. There is no need to try heavy picks until a guitar student starts playing guitar solos. However, it does not hurt to buy a heavy pick and have a feel.

Guitar picks have the tendency to disappear. Therefore, a guitar student must invest in a few picks. Buying guitar picks in bulk is also a good option as they are quite inexpensive. So a beginner can easily start with ten or so bright-colored guitar picks that are easy to spot.

Holding a Guitar Pick Correctly

It's important to hold the guitar pick the correct way to be able to strum with it easily and in a natural motion. Relax the right hand by shaking and stretching it before picking up the plectrum. Then place the thumb on the outer surface of the index finger to form a loose fist. Hold the pick between the thumb and index finger with the thumb facing the guitar.

Approximately half an inch of the pick should be sticking out of the thumb. That's the area that is used to ring the strings when playing the guitar. It's okay to leave a larger area exposed when strumming and a lesser area exposed when picking notes. There is no need to exert a lot of pressure on the plectrum. Simply exert enough pressure to ensure that the pick does not fall during strumming or picking with the right hand as relaxed as possible.

Tapping and Slurs

This is a guitar technique that is used in many genres of music. It is simply using hammer-ons and hammer-offs (or pull-offs) with the left hand when playing notes. Hammer-ons and hammer-offs were discussed in Chapter 14. Slurs are used to denote tapping.

Fingering Notation

Learning to play the guitar requires guitar students to understand guitar-specific notation. However, it is very simple and straightforward. Fingering notation helps guitarists understand, which fingers to use to hold down strings when playing notes and chords. The most common fingering notation describes fingers using numbers. The index finger is assigned number 1, the middle finger is assigned number 2, the ring finger is assigned number 3, and the little finger is assigned number four.

Sometimes, letters are used to describe different fingers of the left hand in flamenco style and special percussive techniques. These styles and techniques also use the thumb without the use of the little finger. The letter "p," which stands for "pulgar" describes the thumb, the letter "i," which stands for "indice" describes the index finger, the letter "m," which stands for "medio" describes the middle finger, and the letter "a," which stands for "anular" describes the ring finger.

Vibrato

Vibrato is a beautiful effect that is often used by guitarists. Both fast and slow vibrato is used to create agitated, sweet, or sad moods to give music more character. Vibrato lengthens how long a note can be sustained. As a result, it adds personality and depth to a note. It is achieved by either lengthens or shortens a string with the use of a left-hand finger. Various vibrato techniques are used by guitarists.

The Radius/Ulna Vibrato

This technique is preferred by most guitarists as it allows more flexibility and freedom for the wrist and joints in the left hand. The Radius and Ulna bones of the forearm. The technique uses these bones in the motion that is similar to turning a doorknob to achieve vibrato. It is quite a difficult technique, but it can be mastered with enough practice.

The Push-Pull Vibrato

Most classical guitarists use this method to achieve vibrato. It involves pushing the string into the fret and then pulling it back from the fret. The hand also slightly moves back and forth when applying this technique. The push-pull method enables guitarists to achieve a wider vibrato that is more defined than the sound created with the radius/ulna vibrato technique.

The Rocker Vibrato

This vibrato technique is very common among steel-string and electric guitarists. It involves moving the string towards and away from the neighboring strings. The high tension of steel strings and electric guitar strings create a bending effect of the pitch. This technique may not be very practical on classical and nylon-stringed guitars as there isn't enough tension to create a significant vibrato.

Harmonics

When an open E string is played by a guitarist, it creates a sound that includes not only the fundamental note E but also a cluster of other notes due to the variations created by the string. These clusters can be dampened by lightly touching the string so that the fundamental E note is isolated. This technique is known as harmonics. They result in a purer and clearer ringing sound when an open or fretted string is played.

Harmonics are widely used by bands such as The Beatles, Led Zeppelin, U2, Metallica, and Yes. Harmonics can be categorized into two groups as natural harmonics and artificial harmonics. Natural harmonics are played on open strings while artificial harmonics are played on fretted strings. Harmonics can be created using numerous techniques.

One such common technique is the artificial harmonics technique. A fretted note is played between the first and tenth frets. Then the guitarist places the right-hand index finger lightly on the same string twelve frets higher. It's important to place the finger very lightly on the string without touching the fretboard. Then the string is plucked using the right-hand thumb with both the fingers in place. This results in the generation of a harmonic an octave higher than the note held by the left hand. Tap harmonics is another common method where a note is held with the left hand followed by the tapping of the same string with the right-hand fingers 12 frets higher up the fretboard.

Left Hand Technique

Guitar students should develop a strong and correct left-hand technique so that they find moving the fingers on the fretboard freely and comfortably. More importantly, it helps them to play the guitar more accurately. Using the right technique makes learning the guitar much easier and enjoyable for guitar students.

Start by keeping the wrist as straight as possible. Maintaining a straight wrist allows a guitarist to move their fingers along the fretboard freely. Bending the wrist limits the movement of fingers and, at times, damage the hand as it squeezes nerves and tendons. Numbness, pain, and tingling are signs of incorrect wrist positioning.

It may not be able to maintain a perfectly straight wrist, especially when playing certain chords. Therefore, it's important to highlight the fact that the wrist should be held straight "as much as possible" and not "at all times." Bending the wrist momentarily when playing is okay when playing the guitar.

The thumb should be firmly placed behind the neck. Many beginners try to place the entire padded area of the thumb on the neck. However, there is no need to do so, as playing different chords may require the thumb positioning to change slightly. The side of the thumb is preferred by many guitarists as the point of contact.

Remember to maintain a small gap between the left hand and the guitar neck. It allows easy movement of the fingers. Maintaining such a gap also allows the guitarist to make adjustments to reach the strings if required. The arm and elbow of the left hand should be focused on supporting the hand. Therefore, they should not be in a fixed position. They should be relaxed to avoid tension.

It's important to direct the pressure on the fretboard instead of other parts of the guitar. It enables guitarists to be more efficient and free when playing the guitar. Guitarists should learn to be as economical as possible when playing the guitar. Doing so allows them to change the position of the left hand effortlessly.

Chapter 12: Single Notes Patterns

Power chords indeed help guitarists create some amazingly fast and heavy riffs. However, single-note patterns are also used to play even better-sounding guitar riffs. Some great and popular uses of single-note riffs are Megadeth, Metallica, At the Gates, Children of Bodom, and In Flames. Single-note riffs utilize a variety of tonalities and scales to play the music that creates varying impressions and moods.

Playing such riffs and guitar solos require guitar students to learn guitar scales. It can be a daunting task for many beginners. However, just like anything else that is related to learning to play the guitar, scales can also be mastered with the right approach, resources, and practice. Various note patterns exist throughout the fretboard. Scales are similar patterns, and the basis behind scales is quite simple.

The concept of learning patterns involves, which fret positions, on, which strings are in the key to the accompanying chord, and which frets that need to be avoided. Playing patterns help guitar students to develop correct techniques when it comes to playing scales, especially related to the use of the correct fingers for particular frets.

Learning Guitar Scales

Most beginners don't pay attention to learning guitar scales as they are more focused on learning chords. However, it's important to remember that learning scales opens them up to playing single-note riffs. Any beginners who are hoping to play lead guitar at some point down the road should pay extra attention to learning guitar scales. Doing so will eventually enable them to play single-note melodies and solos.

Understanding music theory is also important when learning to play single-note patterns. It not only makes a student a better guitarist but also makes learning much efficient. The great thing about learning scales is the fact that it's neither too early nor too late to learn them. Therefore, beginners can focus on learning chords and then later learn to play scales and single-note patterns. However, if scales and single-note patterns appeal to a beginner more, they shouldn't think twice about starting to learn play scales.

A scale simply consists of a sequence of steps that are fixed between musical points. The two fixed points are the same note, although they are in different octaves. They are called the "root notes" of that particular scale. The steps of the scale simply create notes starting from the lower root note to the higher root note. There are numerous scale patterns. However, most guitarists only need to learn a few of them, and they should be sufficient even for intermediate guitarists.

Scale Patterns

A full octave consists of 12 notes that can be played in sequence between the lower and higher root notes. While the 1st and 12th notes are fixed, the pattern of the remaining 10 notes can be different. For example, think of an octave as a ladder. The 1st and last (12th) steps of the ladder are fixed to ensure its structural integrity. However, the middle steps can be changed.

The sequence that the middle steps are arranged in the ladder represents different scale patterns. Since there are 12 notes in an octave, there are many different permutations or scale patterns that guitarists can create. Some beginners may be overwhelmed thinking about a large number of patterns that exist in an octave. However, figuring them out is quite simple.

One of the most important attributes of scale patterns is that they are movable. A guitarist can play the same pattern on the 1st string or the 5th string. However, where the scale begins dictates its tonality. If a guitarist starts playing a scale on the 5th fret, they will be playing an A major scale. If the same pattern is played on the 7th fret, it will be a B major scale.

Every scale consists of a root note, and a particular scale is named after the root note. The root note of a B major scale is B, and the root note of an E major scale is E. The root note is also known as the "hero note." The hero note usually sounds great, and most guitar solos and single-note riffs include the hero note abundantly.

The Major Scale

The major scale acts as a yardstick to, which every other chord and scale is compared to. Therefore, the best place to start learning guitar scales is the Major Scale. The Major Scale creates sounds that a happy, uplifting, and sweet.

The Minor Scale

The Minor Scale acts as a counterpoint to the major scale. Understanding the guitar has a lot to do with the moods its music creates. The Minor Scale sounds melancholy and sad, which is the opposite of the mood created by the major scale. However, that doesn't make the Minor Scale any less important.

Although the Minor Scale sounds sad and melancholy, it is considered to be more interesting at the same time. It also forms the foundation for the Blues Scale and Minor Pentatonic Scale, which are some of the most fun scales to learn. There are three types of Minor Scales, which are the Natural Minor Scale, the Harmonic Minor Scale, and the Melodic Minor Scale.

Guitar students must learn the Natural Minor Scale. The Harmonic Minor Scale and Melodic Minor Scale, on the other hand, are optional.

The Harmonic Minor Scale

There is only a very slight difference between the Natural Minor Scale and the Harmonic Minor Scale. The Harmonic Minor Scale sharpens the penultimate note so that the root note sounds stronger, creating a three-step interval that sounds exotic.

The Melodic Minor Scale

The three-step interval that was mentioned above isn't welcome in traditional music. Therefore, an extra note is added to smoothen the ascension creating the Melodic Minor Scale. It's also known as the Jazz Melodic Minor Scale.

Major and Minor Pentatonic Scales

The Major and Minor Scales can be considered as the pillar of music scales. Guitar students need to learn these two scales. The Major Pentatonic Scale is the abridged form of the Major Scale. Therefore, there isn't a big difference between the two scales. As a matter of fact, the Major Pentatonic Scale is a simpler form of the Major Scale. The Minor Pentatonic Scale is highly advised for beginners, especially those who aspire to play guitar solos.

Chapter 13: Open Position Scales

Learning to play Major Scales in an open position is valuable for guitars students who are either aspiring to play rhythm, lead, or try both. These guitar scales can be very useful for rhythm guitarists as understanding and knowing how to play open position major scales allow them to play single-note riffs, create new chords, and add notes to different chord voicings. Similarly, lead guitarists also benefit from learning open position major scales as it helps them improvise successfully.

Most beginners are likely to start playing the guitar as rhythm players, although they might aspire to become a lead guitarist down the road. Learning open position major scales is considered as a great way to switch from playing rhythm guitar to lead guitar.

One of the simplest methods to practice Major Scales in an open position is by starting from the low root, ascending through to the highest note and descending to the lowest root passing the original root, and finally ascending to finish on the original root. It's important to start and end on the root since it helps remember the key or the scale in the guitarist's ear.

The C Major Scale (Open Position)

The key of C major includes notes from low C to high C without any flat or sharp notes. The C Major Scale, therefore, includes C, D, E, F, G, A, B, and C notes. Start by playing the low C, which is played by holding down the fifth string on the third fret. Then, descend to the last note, which is E, by playing the sixth string open. Now, ascend to the high position, the G, located at the first string of the third fret. Finally, descend back to the low C by playing a fifth string of the third fret.

The G Major Scale (Open Position)

The key of G major includes the notes starting at G low to G high along with an F#. The G Major Scale, therefore, consists of G, A, B, C, D, E, F#, and G notes.

The D Major Scale (Open Position)

The key of D major includes notes starting at D low to D high along with F# and C#. The D Major Scale, therefore, consists of D, E, F#, G, A, B, C#, and D notes.

The open position D Major Scale has two versions. The first uses the fingers 2, 2, and 4 on the frets 2, 3, and 4, while the second version uses fingers 1, 2, and 3 on the frets 2, 3, and 4. It is a common practice to move up a position if playing a scale requires not to use the first finger on two or extra strings.

The A Major Scale (Open Position)

The key of A major includes the notes starting at A low to A hgih along with F#, C#, and G#. The A Major Scale, therefore, consists of A, B, C#, D, E, F#, G#, and A notes.

Similar to the key of D, the open position A Major Scale has two versions. The first uses the 1, 2, 3, and 4 fingers on frets 1, 2, 3, and 4. The second version shifts up a position using fingers 1, 2, and 3 on frets 2, 3, and 4. It also involves quickly shifting back to the G# note on the 3rd string at the first fret that requires the guitarist to play two back to back notes with the first finger.

The E Major Scale (Open Position)

The key of E major includes notes starting at E low to E high along with F#, C#, G#, and D#. The E Major Scale, therefore, consists of E, F#, G#, A, B, C#, D#, and E notes.

Similar to the key of D and A, the open position E Major Scale has two versions. The first one uses the 1, 2, 3, and 4 fingers at fret 1, 2, 3, and 4. The second version, on the other hand, shifts to the second position and uses fingers 1, 2, and 3 at frets 2, 3, and 4.

It also involves two shifts to the first position where the D# note is played on the 4th string at fret 1 , and the G# note is played on the 3rd string at fret 1 that requires the guitarist to play two back-to-back notes with the finger 1 on two different strings. It may feel a little difficult at the start, but it should become familiar with the practice.

Chapter 14: Articulations

Changes in rhythm, tempo, and the character of the sound can be studied when listening to music. For example, a musician may play a sequence of notes loudly, followed by some softer notes to build up to louder ones. The sense of knowing when to make such changes in sound is known as articulation in music.

Think of an actor reading lines from a script. He or she may change the tone depending on the context of the lines. In a cheerful scene, the actor will use loud and enthusiastic tones with the lines being spoken quickly. In a sad scene, he or she may read out the lines slowly in a sorrowful voice with long pauses between sentences.

When it comes to playing the guitar, the manner that a series of notes is played is known as articulation. Various marks are used to denote articulation, such as dot. It's a sign that describes a note being played as short as possible. Smoothly playing of a pitch is marked by a curved line either above or below the notes. These signs that are known as slurs are used in not only stringed instruments such as guitars but also vocal music.

Legato

The word "Legato" means "bound." It is a type of articulation that leaves almost no gap between two notes. The slur sign is used to denote Legato that calls for an unobstructed and smooth transition to the second note. Guitarists use various techniques to achieve Legato, such as pull-offs and hammer-ons, so that the second note gets a smoother start.

Hammer-Ons

One of the best ways to play Legatos is by using hammer-ons. Hammer-ons and pull-offs go hand in hand when playing the guitar. Therefore, it's important to master both techniques. The great news is that they are both very straightforward and easy techniques.

Start by holding a note down on any fret and string with the index finger. Then, pluck the note. Now the string vibrates and rings. Now, use the middle finger to sharply hold down the same string one or two frets up from where the first note was played. Doing so results in the sounding of a second note. However, the string is only plucked once. This technique is known as a hammer-on.

Any finger can be used to hammer-on depending on, which finger is used to play the first note. Furthermore, it does not matter how many frets up or down the second note is played in relation to the fret where the first note was played at. However, most hammer-ons are just a few frets apart since the reach of the fingers is limited.

Pull-Offs

A pull-off is the opposite of a hammer-on. Start by doing a hammer-on. The hammer on should leave one of the fingers on a different fret. Now, pull the finger off that fret, while making sure that the string is slightly pulled as the finger is removed. Doing so results in the string starting to ring the note that was held at the end of the hammer-on.

Hammer-ons and pull-offs do not need to be learned separately. Mastering one technique usually means that the other is already mastered. In other words, a hammer-on is naturally followed by a pull-off.

Staccato

The word "Staccato" describes a type of articulation where a note is cut short. A Staccato is indicated using a dot either above or below the notes. Sometimes the word "stacc" is used to denote a Staccato.

When a note is played on a guitar, it usually rings or continues. However, to achieve Staccatos, such as ringing or the continuation of the sound of a note needs to be dampened. Guitarists achieve this by removing the left hand unless the note is played on an open string. Some guitarists touch the vibrating string with their left hand soon after the note is played. However, it is a difficult technique, especially if other notes are to follow soon.

The most common method used by guitarists to achieve Staccatos features the right hand. The note is played, and the right hand is used to touch the string so that it stops ringing. This technique frees the left hand so that the next notes can be played without delay.

Palm-Muting

Staccato can be performed on chords using palm-muting. It is a technique that is commonly used by guitarists across various genres. Listening to palm-muting and understanding what it sounds is an important exercise for guitar students as it enables them to ensure that they palm-mute correctly. Many punk rock and metal guitarists use palm-muting with Blink 182 and Metallica being some good examples.

Palm-muting involves placing the heel of the guitarists strumming hand on the strings just as they start to ring. The hand is usually placed on the string close to the bridge of the guitar, making it easy for strumming to continue. Palm-muting can be achieved further away from the bridge as well. Therefore, it's advised that beginners try different positions of palm-muting and settle for an area that they are comfortable with.

The trickiest part of palm-muting is learning how hard or soft the hand needs to be momentarily rested on the strings when palm-muting. Palm-muting does not require the guitarist to hold down their palm on the string very hard. Only a slight or soft push on the strings is enough to mute them. Pushing too hard results in the sound completely deadening, which isn't the desired effect of palm-muting.

Chapter 15: Improvisation

Most guitar students lose focus on growing as guitarists as they become comfortable playing chords and notes. Many beginners often reach a level where they can comfortably play songs and do not work on growing as guitarists from that point on. Improvisation is one of the most important aspects of a guitarist's growth.

However, it's important to remember that growth as a guitarist is important even after reaching the intermediate level. Practicing melodic patterns, arpeggios, triads, and licks are great when it comes to sharpening a guitarist's improvisation skills. It's one of the most fulfilling aspects of playing the guitar.

When a guitar student reaches the level where he or she starts thinking about improvisation, they should know a thing or two about hard work and dedication. Improvisation requires those ingredients in abundance. It's also important for guitar students to be curious about improvisation so that they can explore, learn, and grow as guitarists.

Pentatonics / Blues Scale

The Pentatonic and Blues scale lays the foundation for playing blues, rock, pop, metal, and country solos. Therefore, guitar students must learn to play all five shapes of the Pentatonic / Blues scale. Learning this scale is a difficult task. However, it can be achieved with regular practice and hard work.

Major Scale

Learning to play the Major Scale is one of the most important lessons upon mastering the Pentatonic Scale. Guitar students must make sure that they can play the Major Scale in every position throughout the fingerboard, starting from the root note. Just like learning the Pentatonic or Blues Scale, mastering the Major Scale takes hard work and time.

Once a guitar student masters the Major Scale, they can start connecting different positions and scales. For example, a student can start by playing a part of the scale in the first position and then continue in the second position, followed by moving on to the third position. Guitar students must experiment with such different combinations so that they know the Major Scale well.

Melodic Patterns

Another type of pattern that is very useful when improvising is Melodic Patterns. These sequences and patterns help guitar students to showcase their skills with scales and give them more freedom and possibilities with their playing. Some important lessons are learning the 3rds, 4ths, 5ths, 6ths, three in a line, and 4 in a line scales.

Major Scale = 1 2 3 4 5 6 7 8 9 10 11 12 13 14 15

C Major Scale = C D E F G A B C D E F G A B C

3rds = 1 3, 2 4, 3 5, 4 6, 5 7, 6 8, 7 9, 8 10, 9 11, and so on...

C major scale = C E, D F, E G, F A, G B, A C, B D, C E, D F, and so on...

4ths = 1 4, 2 5, 3 6, 4 7, 5 8, 6 9, 7 10, 8 11, 9 12, and so on...

5ths = 1 5, 2 6, 3 7, 4 8, 5 9, 6 10, 7 11, 8 12, 9 13, and so on...

6ths = 1 6, 2 7, 3 8, 4 9, 5 10, 6 11, 7 12, 8 13, 9 14, and so on...

3 in a line = 123, 234, 345, 456, 567, 678, 789, and so on...

4 in a line = 1234, 2345, 3456, 4567, 5678, 6789, and so on...

Random Notes

Guitars students do not always need to play different scales. They should play random notes so that they learn the scales well and become more flexible and creative while enjoying a lot of freedom while improvising.

Major scale = 1 2 3 4 5 6 7 8 9 10 11 12 13 14 15

Pick out notes randomly: 1 6 3 2 12 15 3 5 11 7 etc.

Triads

Diatonic and Pentatonic Scales are great for improvisation. However, guitar students should not stop there. Learning to play triads helps guitar students grow further from playing Diatonic and Pentatonic Scales. Triads are chords that consist of three notes. There are four types of triads, which are major, minor, diminished, and augmented.

Major Scale = 1 2 3 4 5 6 7 8, C Major Scale = C D E F G A B C

Major Triad = 1 3 5, C Major Triad = C E G (= C)

Minor Triad = 1 b3 5, C Minor Triad = C Eb G (= Cm)

Augmented Triad = 1 3 #5, C Aug Triad = C E G# (= C+)

Diminished Triad = 1 b3 b5, C Dim Triad = C Eb Gb (= Co)

Students need to master all the triads in the major scale. For example, the C Major Scale consists of the following triads: C

Major Triad, D Minor Triad, E Minor Triad, F Major Triad, G Major Triad, A Minor Triad, and B Dim Triad.

Arpeggios

Guitar students can progress another step in improvisation by learning arpeggios and using that knowledge when improvising. Similar to triads, arpeggios provide more flexibility to guitarists while adding more variety to their improvisational skills. If a triad is played note by note, it is an arpeggio. However, arpeggios can be expanded while triads only contain three notes. Arpeggios can be played with maj7, b7, 9th, 11th, and more, which gives guitarists endless possibilities.

Licks

A short series of notes that can be used for improvisation to create a melodic sound is known as a lick. Guitar students should consider learning and practicing licks as an ongoing process that will grow their improvisational skills.

Modes

There are seven modes of the Major Scale. Learning to play these seven modes is a great way to improve a guitarist's improvisational skills. Below are the seven modes of the Major Scale:

Ionian = 1 2 3 4 5 6 7 8

Phrygian = 1 b2 b3 4 5 b6 b7 8

Dorian = 1 2 b3 4 5 6 b7 8

Lydian = 1 2 3 #4 5 6 7 8

Aeolian = 1 2 b3 4 5 b6 b7 8

Mixolydian = 1 2 3 4 5 6 b7 8

Locrian = 1 b2 b3 4 b5 b6 b7 8

Solos

Most beginners are inspired to learn to play the guitar by their favorite bands and artists. Therefore, it is highly likely that a guitar student has at least a few favorite guitarists. Solos are appreciated by guitar enthusiasts, and most guitar students have their favorite solos.

Learning guitar solos of a guitar student's favorite songs can help them be inspired to improvise down the road. Furthermore, the exercise helps guitar students sharpen their improvisational skills so that they can create their own guitar solos as they reach the intermediate or expert levels.

Improvise

There is no better way to learn to improvise on the guitar than to do it. A foundation indeed needs to be laid by practicing different scales and patterns so that a guitar student has the skills required to improvise. However, once a guitar student gains enough skills, he or she should be encouraged to improvise.

They may not sound great in the beginning. They may make mistakes. However, the trick is to correct those mistakes, persist, and experiment so that they can finally improvise well.

Chapter 16: Genres, Blues, World Scales, Rock, and So On

Different styles of music can be categorized into music genres. A music genre includes music that aligns with a shared tradition and sound. An artist or band belonging to a certain music genre can be distinguished by their form of music and style. Some artists and bands might belong to one music genre, while others may belong to multiple genres.

For example, some artists and bands belong to the sub-genre pop-rock, where the genres pop and rock are used interchangeably, creating a subcategory of sorts. There are tens of music genres in the world. However, the number of popular music genres is limited, with most musicians and music students having a very good understanding of what they are and how to distinguish them and their differences.

Blues

This genre of music originated in the Deep South of the United States in the 1870s. Blues genre has its roots in the traditions of African music having been originated in the African-American communities in America. Blues include spirituals and work songs, including various field hollers, chants, shouts, and simple ballads.

The term "Blues" may have been originated from "Blue Devils," which is a term used in George Colman's Search Blue Devils: A Farce, in One Act, referring to sadness and melancholy. As time passed, the phrase may have lost its reference to "Devils," which referred to depression and agitation. Blues is a genre that sounds sad, melancholy, depression, lonesome, and pity.

Rock

Originated in the United States in the 1950s, "Rock & Roll" music has become one of the most famous and influential music genres in the world. String instruments such as guitars pioneered Rock and Roll music, although other modern instruments have also contributed to its definition.

Rock and Roll music features strong and loud beats making it highly popular among the youth. Many Rock and Roll stars and star bands have gained popularity throughout the world, including Billy Haley, Little Richard, Chuck Berry, Pink Floyd, Metallica, The Doors, Megadeth, and Nirvana. Many bands have also influenced different Rock subcategories such as Punk Rock, Metal, Indie Rock, Pop Rock, and Emo.

Classical

The classical genre encompasses a variety of sub-genres. It mainly refers to orchestral styles of music between 1750 and 1820. Baroque music that prevailed rules and restrictions resulted in the emergence of classical music that somewhat differed from those rules and restrictions. Classical music is highly popular among musicians and fans due to its mesmerizing range of categories and styles.

Jazz

With origins in West African and European music identifies largely with Blues and Swing notes. It is considered one of the most original American art forms boasting a distinctive combination of interactivity and creativity. Jazz originated in the late 19th century and early 20th century, playing an important role in music when it comes to the representation of women. A range of female artists such as Betty Carter, Ella Fitzgerald, Ethel Waters, and Abbey Lincoln made the spotlight thanks to Jazz.

Country Music

Another popular genre that originated in the 1920s America is Country Music. It has its roots in Western Music and American Folk Music with the use of a range of musical instruments in use from drums and mandolin to electric guitar and mouth organ. Shania Twain, John Denver, Johnny Cash, Kenny Rogers, and Taylor Swift are some of the world's most popular country music stars.

Pop Music

Derived from the word "Popular," Pop Music is a music genre that refers to popular music. Pop music has its roots in Rock & Roll while also including a range of music forms such as country, Latin, dance to rock, and urban. Electric guitars, bass, pianos and keyboards, and synthesizer drums are largely used in Pop Music. Madonna, Michael Jackson, The Beatles, David Bowie, Elton John, Britney Spears, Beyonce, Rihanna, Justin Bieber, Lady Gaga, Taylor Swift, and Katy Perry are some of the world's most renowned Popstars.

Reggae

This genre of music originated in Jamaica in the 1960s. Bob Marley pioneered Reggae with his work and took the world by storm. Reggae music has its roots set in Jazz, RnB, and Jamaican Folk Music. Staccato Chords and offbeat rhythms largely feature in Reggae music. It also has very close links to

Afrocentric religion and Rastafarianism. In addition to Bob Marley, Peter Tosh, Gregory Isaacs, Jimmy Cliff, Bunny Wailer, and Ziggy Marley are some of the most famous Reggae musicians.

World Scales

Harmonies are melodies in music that are built using scales that are groups of musical notes that are arranged in the order of pitch or frequency. There are many different scales in the world, with the Western Music scales being the most popular and widely used in modern-day music.

Scales in Western Music are sequenced with tones and semitones with equal temperaments. As a result, there are 12 intervals in every octave, with each interval separating two tones. However, other scales in the world of music include different intervals, with most scales being based on the harmonic overtones series.

Some scales in the world consist of a different number of pitches. The Pentatonic Scale in Eastern Music only consists of five notes spanning an octave. Some scales only span a partial octave, with some of them being combined to span a full octave. Some Middle Eastern scales consist of one scales steps that span over 14 intervals, such as the Hejaz Scale. The Saba Scale consists of three consecutive steps that are separated by one semitone.

Indian music is based on a seven-note scale that is movable. Intervals are usually smaller than a semitone in Indian Rāgas. Maqamat from Arab uses quarter-tone intervals. The distance between a note and the inflection of that same note is usually less than a semitone in both Rāgas and Maqamat.

Chapter 17: Songs

Learning to play the guitar is a highly rewarding skill that revolves around practice. Therefore, guitar students must apply the chords that they learn to play songs. Many songs require a limited number of chords that are easy to play. Therefore, it should not take a long time for a guitar student to start playing songs. It can be achieved as soon as they can play and change chords fluently and correctly.

It's also that beginners keep an open mind about the songs that they learn to play on the guitar while they learn. They may not personally prefer certain genres. However, it is still important to learn easy songs and practice them as it lays the foundation for learning more difficult codes and playing more difficult songs that they like down the road.

The internet is a great resource for guitar students as they can easily find guitar tablature that is required to play songs. Many websites are dedicated to providing guitarists chord diagrams. Therefore, even if a guitar student wishes to play songs that they personally like, they can easily search the internet and find chord diagrams to play those songs.

Blues

When it comes to tradition and emotion, most other genres fail to compare to Blues. Playing Blues songs also not only enjoyable but also lays a strong foundation for many guitar skills. Here are some of the best Blues songs for beginners:

Buddy Guy -"Damn Right I've Got the Blues"

John Lee Hooker - "Boogie Chillen"

Robert Johnson - "Kindhearted Woman Blues"

Willie Dixon - "I Can't Quit You Baby"

Robert Cray - "Phone Booth"

Carl Perkins - "Matchbox"

Elmore James - "It Hurts Me Too"

Muddy Waters - "Mannish Boy"

Guitar Slim - "Things That I Used to Do"

B. B. King - "Rock Me Baby"

T Bone Walker - "T Bone Shuffle"

Eric Clapton - "Alberta"

Manish Boy - "Muddy Waters"

Robert Johnson - "Sweet Home Chicago"

B. B. King - "Sweet Little Angel"

Howlin' Wolf - "Smokestack Lightnin'"

Delmore Brothers - "Blues Stay Away from Me"

Keb Mo - "Suitcase"

Stevie Ray Vaughan - "Life by the Drop"

Howlin' Wolf - "Little Red Rooster"

Jimmy Reed - "Take Out Some Insurance"

Hank Ballard - "Look at Little Sister"

John Lee Hooker - "Boom"

Bo Didley - "Before You Accuse Me"

Rock

When it comes to music genres, Rock is one of the most loved by guitar students and music fans around the globe. It is a fairly young genre compared to some others. However, it has made a huge mark in the world of music and inspired many different sub-genres in the progress. Most guitar students are highly likely to be fans of rock music. Therefore, the following songs that are great for beginners will be very useful:

Jimmy Eat World - "The Middle"

Bob Dylan - "Knockin' On Heaven's Door"

Ritchie Valens - "La Bamba"

Tom Petty - "I Won't Back Down"

Muse - "Knights of Cydonia"

Steve Miller Band - "The Joker"

ZZ Top - "Tush"

America - "Lonely People"

The Rolling Stones - "(I Can't Get No) Satisfaction"

Creedence Clearwater Revival - "Have You Ever Seen the Rain"

The Smashing Pumpkins - "Cherub Rock"

The Animals - "House of the Rising Sun"

The Strokes - "Last Nite"

The Eagles - "Take it Easy"

The Smithereens - "Blood & Roses"

Deep Purple - "Smoke On the Water"

Buddy Holly - "Not Fade Away"

Audioslave - "Like a Stone"

Eric Clapton - "Layla"

Classical

Another great way to laying a strong foundation for a guitar student is by playing classical songs as they learn to play the guitar. They sound amazing on the guitar and can make them fall in love with the genre. Here are some of the best classical songs for beginners:

Fransisco Tárrega - "Lágrima"

Fernando Sor - "Op. 60, No. 1"

Romanza (Anonymous)

Ferdinando Carulli - "Waltz" in E Minor

Ferdinando Carulli - "Andantino" in G Major

Georg Leopold Fuhrman - "Tanz"

Ferdinando Carulli - "Andante – Opus 241"

Gaspar Sanz - "Españoleta"

Sting - "Shape of My Heart"

Ferdinando Carulli - "Country Dance"

Pink Floyd - "Is There Anybody Out There"

Bach Buree in E Minor

Peer Gynt - "In the Hall of the Mountain King"

Jazz

Many genres in music have been influenced by Jazz in some way. Therefore, learning to play some Jazz songs as beginners makes guitar players well-rounded and complete. Here are some of the best Jazz songs to play on the guitar for beginners:

Nat King Cole - "Autumn Leaves"

Duke Ellington - "Take the A Train"

Frank Sinatra - "All of Me"

Billy Holiday - "Summertime"

Sinatra & Antônio Carlos Jobim - "The Girl from Ipanema"

Nat King Cole - "There Will Never be Another You"

Billy Holiday - "Body and Soul"

Ella Fitzgerald - "Stella by Starlight"

Ella Fitzgerald - "All the Things You Are"

Frank Sinatra - "I Get a Kick Out of You"

Frank Sinatra - "Fly Me to the Moon"

Louis Armstrong - "Sweet Georgia Brown"

Ella Fitzgerald - "Have You Met Miss Jones"

Ella Fitzgerald - "Satin Doll"

Dean Martin - "Georgia on My Mind"

Ella Fitzgerald & Joe Pass - "On Green Dolphin Street"

Frank Sinatra - "They Can't Take That Away From Me"

Frank Sinatra - "Night and Day"

Dean Martin - "Bye Bye Blackbird"

Peggy Lee - "Black Coffee"

Country Music

Most guitar students are highly likely to start learning with an acoustic guitar. Country Music is a music genre that perfectly suits acoustic guitars. Here are some of the best Country songs to play on the guitar for beginners:

Carrie Underwood - "Blown Away"

Johnny Cash - "A Boy Named Sue"

Brad Paisley - "He Didn't Have to Be"

Marty Robbins - "El Paso"

Hank Williams - "Jambalaya (On the Bayou)"

Traditional - "Pay Me My Money Down"

Willie Nelson - "On the Road Again"

Tennessee Ernie Ford - "Sixteen Tons"

Steven Goodwin - "City of New Orleans"

Buck Owens - "Act Naturally"

Hank Williams - "I'm So Lonesome I Could Cry"

Willie Nelson - "Don't Fence Me In"

Merle Haggard - "The Fightin' Side of Me"

Buck Owens - "Together Again"

John Denver - "Thank God I'm a Country Boy"

Traditional - "I Shall Not Be Moved"

Pop Music

Most individuals are highly likely to appreciate Pop Music. Therefore, learning to play pop songs is a great way for guitar students to showcase their skills and find motivation. Furthermore, most guitar students are highly likely to be fans of pop music. Below are some great songs for beginners to play on the guitar:

The Beatles - "Let It Be"

Jason Mraz - "I'm Yours"

U2 - "With or Without You"

Lukas Graham - "7 Years"

Katy Perry - "Firework"

Oasis - "Wonderwall"

MGMT - "Kids"

Twenty-One Pilots - "Ride"

John Legend - "All of Me"

Taylor Swift - "You Need To Calm Down"

Wilson Pickett - "Land of a Thousand Dances"

The National - "I Need My Girl"

Andra Day - "Rise Up"

Camila Cabello - "Havana"

Thompson Twins - "Hold Me Now"

Ben Kweller - "Thirteen"

Taylor Swift - "Wildest Dreams"

Maren Morris - "My Church"

Jamie Lawson - "I Wasn't Expecting That"

The Zombies - "Time of the Season"

Van Morrison - "Brown Eyed Girl"

Anna Kendrick - "When I'm Gone"

Fleetwood Mac - "Don't Stop"

Buffalo Springfield - "For What It's Worth"

Bruno Mars - "The Lazy Song"

Ed Sheeran - "Give Me Love"

Justin Bieber - "Love Yourself"

George Ezra - "Listen To the Man"

Conclusion

Reaching the conclusion of this book suggests that the reader is highly likely to have already mastered all the essential skills that are required to reach the intermediate level after starting out as a beginner. Therefore, it is highly likely to be apparent that this book kept its promise of helping guitar students learn how to play the guitar with clear instructions and tips while ensuring that they receive a well-rounded knowledge about the guitar and music in general.

The importance of making a real commitment to learning to play the guitar was highlighted at the very beginning of this book. It's impossible to master the guitar without making a real commitment even for the naturally gifted beginners. Many other factors, such as discipline, knowledge, patience, and persistence, were similarly highlighted, and they may have contributed to the reader's success in learning to play the guitar.

Purchasing a guitar is one of the most important early steps that beginners take to learn to play the guitar. Borrowing someone else's guitar usually indicates a lack of commitment and confidence. Therefore, it should be avoided unless a guitar student does not have the budget to purchase a good guitar. It must also be reminded that cheap guitars do more bad than good for beginners. Therefore, the reader may now understand how the money invested in buying a good guitar and the essential accessories contributed to their success.

Reaching the intermediate level may require guitar students to consider going for an upgrade depending on the quality of the guitar that they purchased as a beginner. Most of the instructions and tips for those who are looking to buy a guitar can be followed when purchasing the second guitar.

Furthermore, the reader is highly likely to make a better choice the second time around since they understand more about guitars and understand more about the "feel" of a guitar.

Music Theory is a topic that most guitar students and even some guitar coaches prefer to skip. Music theory can indeed be somewhat boring for most students. However, it's difficult and ineffective to try to learn the guitar without a good understanding of music theory. As a result, the lesson was covered at the very beginning of the book, while explaining the theory in the simplest and most fun way possible for the reader.

Learning to play the guitar requires guitar students to have a good understanding of guitars out there without being limited to their own guitars. The reader was taken through different types of guitars and the type of sound they create so that they understand, which guitars to add to their collection down the road.

Another highly important lesson regarding tuning the guitar was covered early in the guide to ensure that students do not practice with guitars that are out of tune. Different tuning methods from very basic to intermediate were discussed using simple steps. It's highly advised that guitar students learn a combination of tuning methods, especially given the fact that they have now reached the intermediate level.

Power chords are some of the coolest sounding guitar chords. A chapter was dedicated to this book to educate the reader about power chords, their history, famous uses, terminology, techniques, and fingering. Mastering power chords was also identified as a stepping stone to learning and playing barre chords that most guitar students find highly challenging. The reader was provided with a well-rounded lesson on Barre Chords, just like Power Chords, to ensure that they are able to learn them assisted by correct technique and tricks as well as the magic ingredients, patience, and persistence.

Open chords sound fuller and unique when played. Furthermore, a large number of songs can be played with open chords, although a few other types of chords may exist here and there. The reader was provided with a complete overview of the Major Scale and Minor Scale open chords to ensure that they are able to play songs using open chords freely.

There are many other types of guitar chords in addition to Power Chords, Major Chords, Minor Chords, and Barre Chords that guitar students must learn to be able to play different songs and progress to the intermediate level. These types of chords were comprehensively discussed in the book paving the way for students to learn and apply those chords.

Some guitar students put a lot of emphasis on learning chords when learning to play the guitar that they neglect training their strumming hands. Correct strumming is an integral part of becoming a good guitarist. Different right-hand strumming techniques were discussed in-depth with many tips to ensure that the reader is able to master different strumming techniques.

Although it is possible to strum with fingertips, plectrums are important as they help guitarists create louder and clearer sounds when playing the guitar. Playing notes is also made easy when using picks. The book discusses plectrums in detail while providing the reader with a wealth of knowledge regarding plectrums, including different types of plectrums and how they affect the sound that the guitar creates and how to hold a pick correctly.

Developing a correct left-hand technique is another very important lesson for beginners as it enables them to play notes and chords freely, comfortably, and smoothly. The correct left-hand technique was discussed in the book while providing the reader with a number of valuable tips to ensure that their left-hand technique is correct.

Many beginners put a lot of focus on learning chords as it enables them to play their favorite songs. However, learning to play the guitar includes smoothly playing different notes that open doors to guitar students developing to become lead guitarists as they reach the intermediate level. Furthermore, playing notes and note patterns improve the movement of fingers on the fingerboard that significantly contributes to the overall progress of guitar students.

Different single-note patterns and scales are discussed in the book to ensure that guitar students develop a great understanding of notes and patterns on the guitar. Practicing scales and note patterns make creates well-rounded guitarists and open them the option of progressing to play lead guitar.

The character of the sound is a big part of the music. Articulations enable musicians to add character to the sound they create. Articulations are discussed in length so that guitar students can become better guitarists while comfortably applying different techniques related to articulations in their playing.

Similarly, improvisation is a skill that most guitar guides and lessons skip since it requires certain levels of skill and knowledge and involves hard work. A chapter is dedicated to improvisation to ensure that the reader starts improvising with the guitar that leads to the birth of a more complete guitarist.

As guitar students grow, they are highly encouraged to improvise to reach higher levels of guitar playing.

Most guitar students likely have a limited understanding of different music genres. They may prefer certain genres over others and prefer to play songs belonging to certain genres and avoid others. However, it is highly recommended that guitar students are open-minded regarding genres when learning to play the guitar. Listening to different genres and learning to play songs belonging to various genres makes them more versatile guitarists with defined taste in music.

Guitar students often don't know the types of songs that are more suitable for beginners. The book provides a list of over 100 songs that are perfect for beginners while making sure that songs from the most popular genres are included so that the reader can practice using songs belonging to different genres.

This guide to learning the guitar is focused on providing guitar students the knowledge that they required to master the art of playing the guitar. The lessons are structured in such a way that guitar students are able to apply the knowledge they gain and practice before progressing to the lessons that follow. Therefore, it is highly recommended that guitar students practice and develop different skills as they progress reading the book. If a reader goes through this guide in one go without application, it is highly recommended that they re-read the guide while focusing on application to be more successful.

Being able to play the guitar has many benefits. It's one of the most satisfying skills that a man or woman can develop. It is a highly rewarding activity as a lot of hard work and time goes into it. Becoming a guitarist requires a lot of hard work, time, patience, and persistence. Therefore, it is important to remind the reader to continue with their work ethic on to the intermediate level so that they continue to grow to become a great guitarist one day.

Guitar Music Theory

Fast Track Your Guitar Skills With This Essential Guide to Music Theory & Songwriting For The Guitar. Includes, Songs, Scales, Chords and Much More

Tommy Swindal

Table of Contents

Introduction

Chapter 1: The Musical Alphabet

From A to Z

Musical Notes

Understanding Key Signatures

Chapter 2: The Guitar

The Neck

Mastering the Neck

Chapter 3: Reading Rhythm Charts

Rhythm 101

Rhythm Patterns

Chapter 4: Triads, Tones, and Semitones

The Triads

Tones and Semitones

Chapter 5: Scales and Keys

Understanding Scales

Creating Scales

Chapter 6: The Final Stop

Chords and Higher

Songwriting with Modes

Conclusion

References

Introduction

It's natural for a beginner to experience many stops and starts when it comes to learning music theory. I know how intimidating the tables, numbers, and patterns can be, especially if you have never studied music. I never had the chance to study music in highschool or college and had to rely on my dedication to gain this knowledge. Which means I wrote down everything I could find online or in text that I knew would come in handy; this obsessive habit proved helpful. This is why I am confident that what you read here will jump start your creative brain.

My name is Tommy Swindal. I am an experienced composer. I have created music for many years, for many musicians, and as with any story, it has its ups and downs. But I am happy to report that my journey has been successful. I have helped musicians learn to read, understand, and better use music theory to further their career. Although the results were promising, my approach, I felt, was limiting my exposure. It was only after writing books did I realize that this was the best way to reach a wider audience. I may not be able to teach you in person, but I can certainly provide you with everything I know, put down in words.

All of these theories and techniques are applicable regardless of the music you wish to pursue, because they are the very rudimentary basics. Once you understand the concepts of scales, chords, and the other concepts, you can venture on to learn more complex structures and theories on your own with confidence and fluency.

The biggest hurdle any guitarist faces at the start of their career is understanding what they are seeing. Music theory is vast, complex, and truly a language of its own. To fully harness your talents, whether it's a hobby or profession, you must allow yourself to learn the fundamentals. Build upon this base and you will soon be reading music sheets as if written in everyday language.

I find most of the books available today on this topic to be far too bulky and leave the reader no better than where they started. Around 90% of text is long-winded filler, serving no purpose and the remaining 10% is filled with poorly explained concepts, incorrect assumptions, and graphs or charts too difficult to apply to any practice. It's natural as a beginner for music sheets to make your head spin. The solution isn't to avoid, but to learn and face the challenge head on. These concepts are not hard to understand, it just takes time to fully grasp what they mean. If you want to read like a professional and go beyond phone games to play a real guitar, set aside time for yourself and let me teach you.

Here you will be provided with the information you need to get started and take your guitar skills to the next level. I will be focusing only on theories, skills, and techniques essential to learning. You will find clear charts, and tips on how to start writing down tabs and notes in a unique way. This book is ideal for absolute beginners to guitar, as well as those familiar with the basics. I will not leave anything on assumption, meaning if you come across something you think is too complicated to progress, have no fear it will be explained in time.

With that being said, all that remains is to begin our journey through the powerful world of guitar. Let's get riffing!

Chapter 1: The Musical Alphabet

Our journey starts with learning how to read. It is only after having the ability to read can we proceed to write, or in our case, to play the notes and visualize them.

When it comes to learning a language, one must begin with the alphabet. Music, unsurprisingly, is a language that has its own. It is easy to read, memorize, and use later on. In fact, you may already know some of it as it is derived from the English alphabet. The only difference is that instead of 'A' being a character of language, for musicians, 'A' is a note you can play.

Maybe you are someone who knows a few basic chords or strumming patterns while having no idea what notes you are playing, or how you can play a music notation from a sheet with no knowledge of it. The problem is that many of us are in a rush, and we overlook the importance of learning essential theories. By doing so, we arrive at a stage where things start to get too complex, and we are now unable to fully grasp what comes next. Prolong that confusion, and you will likely want to set your guitar aside, thinking it is too much to decipher without help. Sound familiar? Don't worry that is about to change.

From A to Z

Music theory centers around notes, musical notes tuned, and playable on any instrument. From pianos to guitars, clarinet to the violin, all of these musical instruments have notes which they go on to play to create a tune. All of them follow the same universal structure of musical notes.

While it is relatively easy to find notes on a piano because of the differentiating black and white keys, it is a completely different concept when playing the same notes on the guitar. Unlike the piano, where the notes are in a horizontal arrangement, these are all over the place on the guitar's neck.

Musical Notes

A, B, C, D, E, F, G

These are known as natural musical notes. You may be wondering "Did I just read the beginning of the alphabet?" Well yes, but remember they are derived from the English language. This will make things a little easier. Each letter represents a specific note that is played on an instrument with a definitive sound once engaged.

Each note coincides with a flat and a sharp. Sharps are a half-step up whereas the flats are a half-step down and change the note completely. Sharps are denoted by the octothorpe (or number) sign '#' and the flats are denoted by the stylised lowercase 'b' sign. While reading a music sheet, these are made clear. To help with any confusion I have included the seven notes below with their flats and sharps.

A, A#, B, C, C#, D, D#, E, F, F#, G, G#

A few things to notice here:

1. I have never used flats in the above sequence of notes. Why? Because that is only used when you are half-stepping down, or in the case of a guitar, backward. Since we are only going forward, I used the above.

2.   There isn't any 'sharp' for B and E. That is a special case; keep this in mind.

Now, let us write this backward, starting from G#, all the way to A.

Ab, G, Gb, F, E, Eb, D, Db, C, B, Bb, A

The notes B, and E, both have natural sounds that if you use a half-step, they would immediately change to the next one. Similarly, if you wish to switch to a half-step down, the other notes will no longer have flats. Now that we have that sorted, it is time to learn how to read notations.

Understanding Key Signatures

To begin with, let's look at a music sheet sample with a typical arrangement. From there, we will learn what some of these symbols mean, and how to read the notes. Do not worry about playing them yet, I will take you through that in the next chapter.

First things first. The staff is where music is written. The staff consists of five lines with four spaces in between.

See the symbol? That is a treble clef. What makes this unique is the position of the circle that overlaps the vertical line. For guitars, this is supposed to be at this position, because it is at this position that the note 'G' is played.

How do you know what note to play? Start with the bottom line, or 'E.' Moving up to the first space, that is the note 'F.' Then 'G' comes in on the second line. This is the same line where a circle is placed within the symbol. Next space is 'A', and you get the idea. Of course, it can be hard to remember where to begin and where to end. To make things a little easier to remember, use this trick:

- **For spaces** - In the correct order, the word 'FACE' should appear. Always remember that the gaps are reserved for F, A, C, E.
- **For lines** - The sentence "**E**very **G**ood **B**oy **D**oes **F**ine" is a perfect way to remember that the notes, highlighted in bold characters, are what appear on the line.

Now, you might be wondering where the sharp and flat symbols are? When a piece requires the note to sound sharp, you will see the '#' sign before the letter This means, if your piece includes a C# note, the symbol on the position of C will have a sharp sign before it.

For flats, it is the same. The symbol, which is identical to the lowercase letter 'b' will be displayed before the note. This would indicate that you would need to step half-down from your current note to execute the sound properly.

Finally, both of these signs are in effect, until a natural note sign is used. This would return the notes to normal. Here is an image to show these three symbols in action.

You will not be seeing the natural tone much, but it is important to know going forward and reading music.

The staff is divided into sections called measures. You will be able to spot these easily as they are the only vertical lines or bar lines.

Notice that at the end of the staff, there is a thicker bar line. This is a double bar line, and it is meant to indicate the end of a piece.

There will be times where you may come across two dots at the start and the end of a measure or a piece. These dots indicate this section is meant to repeat. Everything in the middle of these dots will be played again, and this is common in songs and melodies.

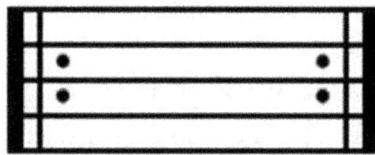

While most professional musicians have sheets representing the music in a standard staff, there is one more version you may encounter. You can work with either of these, or if you wish to mix things up, use both at the same time.

The image below shows a typical sheet using the standard staff method, and another version called tablature. It is meant to be used when notes are fingered, and commonly used for stringed instruments.

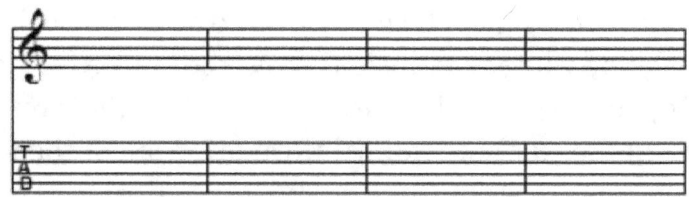

A few things you should note here:

1. Just as we use the treble clef for staff notations, we use the word 'TAB' for tablature.
2. The staff has five lines, and it uses the spaces. The tab version only uses the lines, and each line represents a single string on a guitar.
3. Unlike the staff, where notes are represented using symbols, the tablature uses numbers to indicate the fret position of a specific string on the neck. This takes away the guesswork.

I will show you more about how to use tabs in the next chapter. In the meantime, let's familiarize ourselves with symbols, what they mean, and how to play them.

Symbols

Each symbol on the staff, after the initial treble clef, provides information about the note that is to be played. Each of these symbols holds different meanings, providing more details about how you must play the note. It is ideal for getting familiar with these symbols as they will help you develop more understanding about music composition and you will perform better.

All of these symbols represent individual notes. Every note that is played comes with a head, stem, and flag.

Head

If you come across a note head, which is oval in shape, it will be either black or white. In music theory, they are referred to as filled or open, respectively. These heads sit on their respective positions on the staff, providing information about the note. So when you come across the note, look for the position of the head. If the head is on 'A' the corresponding note must be played.

Stem

The stem is a thin line that stretches from the note head vertically upwards or downwards, depending on the note's position. Do not be confused by these two as they do not affect the way you play these notes. These just provide you with references.

The lines that go upwards start from the right side of the head, and the ones that go down begin from the left. Once again, this does not affect anything. Any note that falls at or above the 'B' line will have a downward-facing stem.

Flag

The flag is just like it sounds. It is a curved line that extends from the tip of the stem to the right. The purpose of the flag, however, is very important. The flags indicate how long the note must be held. A single flag shortens the duration while multiple flags shorten these further.

Values

Note values are essentially the duration of the note itself. Let us refer back to the filled and open notes to understand this better. The key below shows some of these values.

♩ ♩ ♩ ♩ = ◐ ◐ = 𝐨

4 Quarter Notes   **2 Half Notes**   **1 Whole Note**

In the image above, we have four quarter notes. These are represented using filled notes with stems. If you were to tap your foot four times in a loop, every tap would require you to a single quarter note.

Next, we have the half notes. These are represented with open heads with stems. One half note takes two beats, meaning that you can play this note twice on a beat of four.

Finally, we have the whole note. This, as the name suggests, must be played and held throughout the loop of the beat. You do not need to play it again unless required afterward.

Dots

You might often come across notes which have dots placed next to them. These can be a bit tricky to understand at first, but easy to execute if you practice. The dot that follows the note head adds half of that specific note's duration to the playtime. So, if you come across a half note with a dot, you would play that note for three beats instead of two.

Tie

There will be times when you need to hold a note you played as the last note of the previous measure. When switching to the new measure, the same note must be held in place. To represent this, a tie is used. This is simply a curved line above the notes, and generally between the measure bars, to show that the two notes are tied together.

The chart below shows how a tie looks like:

Tied notes: Holding the first note until the duration of both is complete

While the above are mostly methods to prolong the notes or extend duration, the opposite is also possible. Flags or beams are generally used to signify shortened durations of the notes that are to be played. To give you an idea of what you can expect to see in music sheets to know when you need to play notes shorter, or faster, look at the image below:

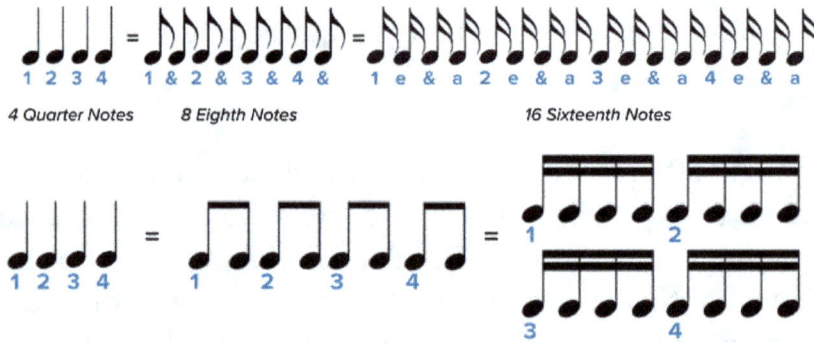

In both the examples above, notes have been shortened from their regular durations. In the first instance, the quarter notes have been shortened in duration to play twice as much within the same time limit. You would normally play a single quarter note per beat, but now you would play it twice per beat if the flag shows one curved line. If it shows two, you will need to shorten the duration further so you can play four notes within a single beat, which is easier said than done.

Similarly, in the next image, you see beams being used. These function the same way as the flags. The above illustration shows exactly the same pace as before. Just remember:

Single beams or single flags halve the time value of a note. Double beams or double flags make it one-fourth of the time value of a note.

Rests

There will be times where you may not have any notes to play, or that you deliberately introduce some rest. These occurrences are denoted with appropriate rest symbols. Shown below are the types of rests you can encounter during your musical performance.

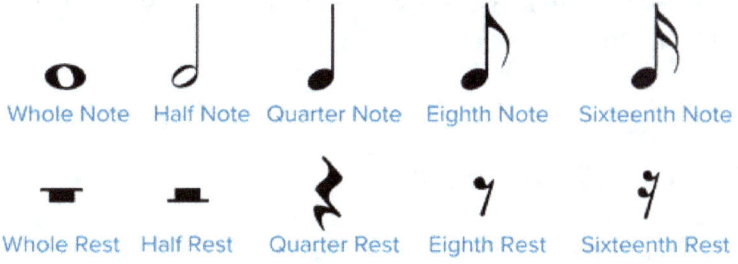

Time Signature

Every staff comes with a time signature. This is to set the beat of the song or piece in question. Immediately after the treble clef symbol, you will come across two numbers. Generally, these are four and four, but in some cases, they can vary.

The number above shows how many beats you need to complete a measure. The number below shows the performer the exact note value for every beat. This is the pulse of your foot tapping along the rhythm as you listen.

Remember the metronome I mentioned? This is where it comes in. To give you every idea of how these beats are to be managed, how you need to play your notes, and when, you use a metronome to guide you throughout pieces you intend to play.

Key Signatures

Finally, it is time to learn the all-important key signatures. Without these, you may end up playing the entire piece wrong.

The key signatures are extremely important details that are to be taken into account before you start playing. A key signature is vital information placed right after the treble clef, which can either be a sharp or a flat. This denotes that the entire piece, you will need to use either sharp or flat for specific notes. Here is a list of flats and sharp key signatures you will often find to give you a better idea:

Sharps

G major - One sharp symbol

D major - Two sharp symbols

A major - Three sharp symbols

E major - Four

B major - Five

F# major - Six

C# major - Seven

Flats

F major - One flat symbol

Bb major - Two flat symbols

Eb major - Three flat symbols

Ab major - Four

Db major - Five

Gb major - Six

Cb major - Seven

Easy to forget, so I would suggest you write these down. Before I go on, here are some other names worth mentioning as you might come across, and they can be difficult to remember.

- Semibreve - whole note
- Minim - half note
- Crotchet - quarter note
- Quaver - eighth note
- Semiquaver - sixteenth note
- Time - beat information

That wasn't so bad, was it? A pat on the back for you for making it this far. In the next chapter, we will be diving right into guitar. Flex your muscles, stretch a little if you like, because we are about to start playing some music.

Chapter 2: The Guitar

Ah, how I love my guitars. I still remember when I bought my first one, I had no idea what to look for. Luckily, I had help from someone who knew about guitars, allowing me to save money and buy a good one worthy of my time.

Even though the instrument looks sleek, sounds beautiful and crisp, there are still quite a few things you need to know to make full use of the guitar, and play it the way it is meant to be.

Just strumming a chord or two is not enough, nor is shredding a mindless solo piece worth the effort. If you do not understand the delicacies involved, you will never learn to appreciate music's real nature. This is why many musicians fail, despite having incredible skill. They do not bother to learn theory or technique, which enhances the experiences for the performer and listener. They may know what note to play by sound, but they don't know which note they are playing, why a specific chord is shaped the way it is, or what an octave is, and that can be a problem.

In this chapter, we aren't looking to learn the anatomy of a guitar, we will focus our attention on the most vital part: the neck. It is on the neck where we find each note, right and wrong. It is the neck that contains the fretboard.

The Neck

I am sure you know what frets are at this point, but just in case you are starting from the beginning, let us refresh our memory a bit.

The standard guitar, acoustic or otherwise, has six strings. All of these strings run from the top, through the neck and the fretboard, and right into the bridge, where they are held together. These strings have a name assigned to them, and that is something every guitarist must know.

Starting from the fattest string often referred to as the sixth string, we have the 'E' string. Moving forward, we have 'A,' 'D,' 'G,' 'B,' and 'e.' Notice the last one is denoted with a small 'e' and that is to signify that you are using the thinnest string on the guitar.

You will soon be able to remember them easily if you tune your guitar using tuners. These names are essentially the notes they play when they are plucked without pressing a fret position. Playing a string with any fretted note plays an open note. This means each string should play their respective notes on an open position. If any of these sounds slightly off, use a tuner. Now comes the interesting part. If you recall, I mentioned you could use the tablature form to play your tunes. As a practice, here is your first look at how a typical tablature would work.

In the table below, you will find both the tab form and the standard staff arrangement. Try and play the sequence below.

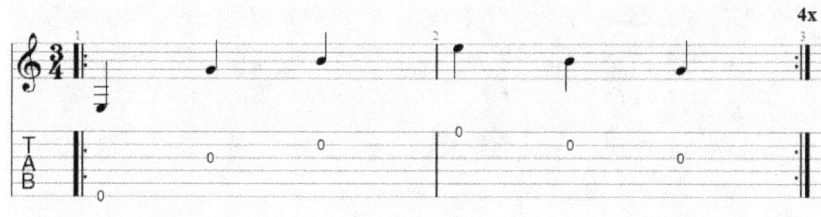

Whether you play it using the staff or the tabs, the result is exactly the same. Notice that this piece uses a repeat, and the number of times you need to play these two measures is indicated as '4x' which means you will need to play these measures four times.

Go ahead, give it a go.

Recognize the song you are playing? That is the intro for Metallica's song *Nothing Else Matters*. Coming from a band that is known for some of the craziest rhythms and solos, this one is rather simple.

All of the notes shown above are on open strings. The lowest line on the tab is your 'E' string, the thickest one. Similarly, to indicate the exact octave and position of this note, additional lines are drawn in the staff to match the note.

The notes you just played above are:

E, G, B, e, B, G - Four times

It helps if you memorize the chart below that shows all the notes and their corresponding positions on the fretboard. It would also allow you to clarify some other concepts, such as octave, scales, chords, etc.

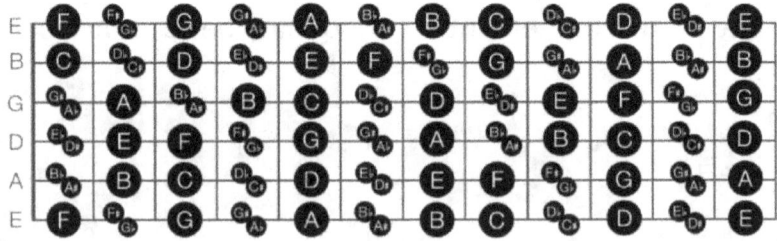

The above starts from the left and stretches to the right. These are 12 fret positions for each string on a guitar. Although the guitar has more than 12 frets, we will be limiting ourselves to just 12 for now, making it simple.

After every 12 notes, the octave ends, and the notes start all over again. Take the 'A' string, as shown above, as a good way to learn. The zero position or the open position of this string will play the note 'A.' With every fret you press, the note changes. This continues until you arrive at the 12th fret, where you find 'A' once again. The only difference here would be the octave.

Memorizing the fretboard will also help figure out where your notes are when performing, or writing songs. You can play solos, make chords, find entry and exit points for leads, and so much more.

Mastering the Neck

A good way to get a good command on the neck and visualize where these notes are, let's do a note finding exercise.

I will provide you with three tasks or notes. Your job is to find these notes on the map and play them with a metronome. You can set the tempo to as low as 40 beats per minute (bpm). The idea is to familiarize yourself with all the positions of the same note before the 12th fret.

Task 1: Starting from the sixth E string (the thickest one), find and play all the 'F' notes on all strings, one by one. Make sure you do not cross the 12th fret.

Task 2: Similar to the above, find and play all the C# notes.

Task 3: Find and play all the G notes.

A quick tip: For beginners, an easy way to identify the 12th fret is to look at the edge of your guitar's neck. Where you spot two dots, that fret is your 12th fret.

From here, you can start mixing some notes or choose your own to practice on. You would know that you are comfortable once you can play the notes without looking at the guitar. Once that happens, add in a note to make it a pair. For example, finding both G and A, and playing them one after the other.

These tips and exercises are great to familiarize yourself with notes on the neck and to figure out if you are playing the correct note by visualizing the sound and position without actually looking.

This brings us to the end of this chapter. It may have been shorter, but we have done the hard part. What follows may also seem hard, but with enough practice it will be a piece of cake, and soon you'll be writing your own songs like a professional.

Chapter 3: Reading Rhythm Charts

Rhythm is elegant, harmonious, and necessary. Without rhythm, a song isn't a song. Even the most powerful lyrics and complimentary music would not feel right if there was no rhythm to make it flow.

Since we are more interested in learning about guitar rhythms, they serve this purpose. You can play a song without a drum, metronome, or even a beat, as long as you can maintain a rhythmic chord progression. This is the beauty that can only be seen in guitars. Unlike any other instrument, the guitar alone can create incredible chord progressions and provide rhythms at the same time. It also allows singers and performers to match the tempo and sing accordingly.

Reading rhythms does not necessarily mean you will be studying chords, but you may, at times, be required to continue or maintain a rhythm while playing a solo. In either case, a guitarist needs to know how to read rhythm. Fortunately, it is a lot easier than it sounds.

Rhythm 101

On the staff, we need two essential pieces of information.

1. Pitch
2. Rhythm

Luckily, we know both of them. The first one can be found by locating the head of the note on the staff. This would provide us with the note, or pitch, that needs to be played.

The rhythm comes in the form of the time value of these notes. The stems and flags are where we get rhythm. If your piece has a time of 4/4, and you are presented with four quarter notes, you will play it accordingly. If you are given eighth notes instead, you will need to speed up your playing to match the rhythm.

A good way to start working on rhythm is to first understand the time signature for the piece you are about to play. If your piece has 4/4, count the beat, tap your foot, or use a metronome to help you out. I personally find that counting helps a lot of beginners.

"1, 2, 3, 4" can be used when you are playing whole notes, half notes, or even the quarter notes. The lower value in a time signature shows how many quarter notes can be played in a measure. Since our example piece uses the value of four, we will only use four quarter notes.

"1, and 2, and 3, and 4" tends to work best when playing eighth notes. These are half as short as quarter note durations. This means you will have a rhythm where you play two notes in a single beat. The result would see you play a total of eight, but more on that later. Just remember, you do not need to play all the eight notes in a measure as it all depends on the rhythm you are trying to achieve.

"1, e, &, a, 2, e, &, a, 3, e &, a, 4, e &, a" is a popular way many guitarists use to count the notes or beats within a measure when playing the sixteenth notes. By the end of this sentence, you would have played 16 notes, at most.

The idea behind these silly ways of "say as you play" is to count. The sooner you get into this habit, the easier it would be for you to play complex rhythms.

Just a few lines ago, I mentioned that the rhythm does not mean that you will play all the notes in a measure, to meet the time signature. There may be places where you need to sustain notes or take a rest. This deliberate pause/stop and play is what creates a more lively rhythm.

We spoke a little about rests earlier as well. However, when it comes to rhythm, it is essential to identify the type of rest symbol you are looking at when performing or composing music pieces.

Just like the type of notes, you also have various types of rests. Below is an illustration of these rests and their respective types.

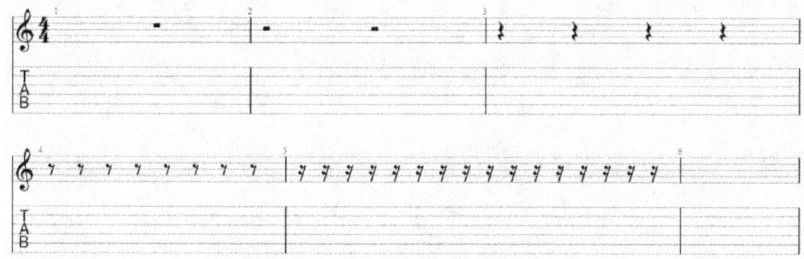

Rests used for rhythms

Starting from the first measure, we have the whole note rest. A dash indicates this under a corresponding line. The rest duration for this would be the whole measure, or all four beats.

Next, we have the half-note rest. This sits right on top of its corresponding line. Unlike the above, this rests above, not below its line.

Tip: To remember which rest means what, think of, "A whole gentleman takes his hat off (downwards), while the half-gentleman keeps his hat on (upwards).

Moving forward, we have the quarter rests. Each rest symbol means resting for a quarter of the measure, or one beat only.

Following the quarter rest is the eighth note rest. Finally, we have the sixteenth note rest, and both of these serve the same duration as the notes.

Here is another exercise for you. Try and play the piece shown in the image below. You can then go on to change the notes and rests to your preferred time values. Remember that you will need to use the corresponding rest symbols, to ensure that you do not end up breaking the rhythm.

In the above exercise, you will see that I have used chords. While it is one thing to read chords in tablature form, it is slightly tricky to read these in staff notations. Luckily, you will be able to see the names of these chords either above or below their first occurrences and sometimes in each one.

Practice playing the above, and use any tempo of your choice. Start slowly, and then start picking up pace. You can later change these from quarter notes and rests to whole notes, half notes, and eighths, or if you fancy a bit of a challenge, go for the sixteenth notes.

Rhythm Patterns

When performing a rhythm, you will often come across symbols which further indicate what type of stroke you need to use, or any special technique that you may need that applies to rhythms. Generally, there are three which are used widely. The chart below shows these three types, along with their designated symbols.

⊓ = Downstroke

V = Upstroke

✕ = Mute

If you come across these in a music sheet, you can easily carry out the desired action. While the first two are simple, the third one takes a bit of practice. Use your palm to mute notes or chords while strumming to give your rhythm a more enhanced feel.

Varying between downstrokes and upstrokes is referred to as alternate picking, and this technique will come in great use, especially when you are pulling off solos, or trying to play scales. You can also use alternate picking for rhythmic effects. In the exercise above, try and apply varying strokes and alternate picking to see how that changes the sound of your rhythm.

The muted strum is generally a strum of chords or picking notes that are deliberately muted to create a percussive sound that further complements the rhythm. You can try this technique in place of the rest stops we saw earlier.

We have the rhythms sorted, neck memorized, and most of the music sheet jargon out of the way. Now it's time to kick things up a notch and get into the technical aspects of music theory.

Chapter 4: Triads, Tones, and Semitones

Right away, I am not referring to the notoriously infamous triads you see in movies. We are focusing on the type of triads used in the world of music theory.

These are important, worth knowing, and can certainly add in multiple layers of flavor, feel, and experience to the song you are writing. The triad is relatively easy to understand, learn, and practice, and the results are compelling. We will look into various forms of triads, and we will also discover the power of arpeggios within this chapter.

The Triads

A chord is a combination of three or more notes that are played simultaneously. Certain chords use only three notes, arranged as thirds called triads.

Since there are three notes, set as thirds, each of them bears an identification. The note at the bottom is called root, the one in the middle is the third, and the top is the fifth. Triads come in many forms. Some good ones to know are:

- Major
- Minor
- Augmented
- Diminished
- Inversion

Learning these five alone would greatly improve your guitar skills, and the overall music you will play. Let us look into each one of these to better understand how they work.

Major

The major triad is where the chord is created using a root note (1), combining it with a major third (3), and a perfect fifth (5) of a major scale. To give you a better idea, have a look at the example below:

G A B C D E

Using the notes above, we can start constructing a major triad. The root would be 'G' followed by the third and the perfect fifth. This means the complete major triad would be:

G B D

You can use the same rule to create other major triads of your own.

Minor

The rule is pretty much the same here, except for two changes.

1. We use a minor scale.
2. The middle note, the thirds, is flat or half step down (b3).

To create a minor triad, follow the same pattern:

A B C D E F

Since we need to take the root (1), the minor third (b3) and the perfect fifth (5), the result should be:

A C E

That would be your minor triad. You can use the same rule to create other minor triads as you please.

Diminished

The diminished triad is slightly different from the ones we saw above. The diminished triad consists of the root, a minor third (b3), and a diminished fifth (b5). In simpler terms, it is a minor triad with a lower fifth note.

Now, using the above rule, let us create a diminished triad using the notes below:

B C D E F G A

Try and see if you can create this one. I am sure you would be able to figure this out easily now.

The answer is:

B D F

Augmented

The augmented triad uses root note (1), a major third (3), and an augmented fifth (#5). You may have noticed the sharp sign, and you would be correct to assume that this note is played with a sharp tone. The fifth note must be played half a step above, or one fret higher.

C D E F G A

Using these notes, if we were to create an augmented triad, we would end up with:

C E G#

Using the same rule, you can use any root note throughout the neck and create an augmented triad.

Inversion

This is where things get a little tricky. Generally, the root note serves as the bass note as well. However, some chords allow us to change the root note's position from the bottom to the middle or even the top note. Such triads are called inversion triads.

Let us look at an example of the C major triad. The root is C, of course, followed by E and then G. Here, the bass is the root note.

If you switch the place of the bass note to the top, the bass note now becomes the third note, which is E. This inverted chord is then named C/E. You can carry on with another inversion, and to do that, you will replace the E to the top now, which was acting as the bass note, leaving G as your new bass note. Now, the chord becomes C/G.

The beauty of triads is that you can construct all kinds of triads using any note as the root throughout the guitar's neck. To get into practice, try and make at least five different triads. Use variations of major, minor, diminished, and inversion, wherever you can. This would further strengthen the concepts and allow you to find better ways to play the guitar, compose songs, and get better as you go along.

You can incorporate your rhythms with triads. Choose a selection of triads of your choice, and redo the exercise we went through in the last chapter. However, instead of using the Em and the D chords, use triads instead. Who knows, you may just come across something new and exciting.

Apart from rhythms, you can also use triads for leads. Depending on the scale of your song, you can use the root, the thirds, and the fifths accordingly to quickly navigate and produce some pleasing and moving leads. Let your creativity flow, and let your music speak to you.

Triad Arpeggios

Surely, there will be times where you may need to improvise, adjust, or modify the piece slightly to make it sound even better. It could be a song you are practicing, and you may feel like it could use something a little better. That is where arpeggios come in.

Arpeggios are your best friends if you wish to carry out improvisation. Every great jazz player loves and uses these every single time. Arpeggios are extensively used, and the reason behind that is that arpeggios only use notes from the chord being played. When that happens, you create a more harmonized sound, making the entire piece different.

Triad arpeggios can be used with all forms of triads we came across earlier. Below you will find triad arpeggio shapes for major, augmented, and diminished triads. The thing to note here is that the root note is shown as 'R' while the third note is '3' and the fifth as '5'.

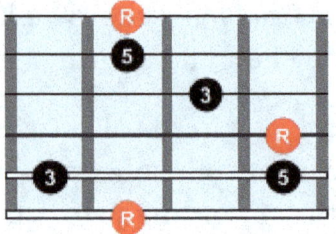

Major Triad Arpeggio

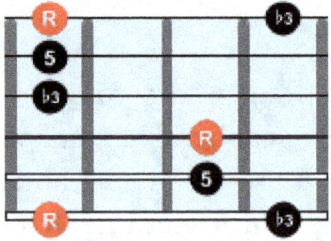

Minor Triad Arpeggio

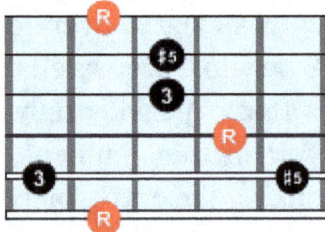

Augmented Triad Arpeggio

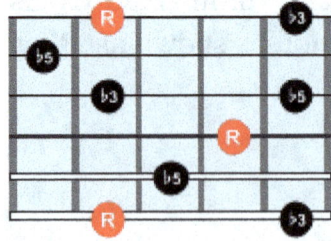

Diminished Triad Arpeggio

Since we are talking about arpeggios and improvisation, you do not need to play these in a specific order. Normally, beginners play the sequence as they create it, as shown below:

1 - 3 - 5

When it comes to using arpeggios, you can alter the sequence, as per your needs. The outcome can be:

1 - 5- 3

3 - 1- 5

3- 5 - 1

5 - 1 - 3

5 - 3 - 1

In any of these cases, you are still playing the same triad, but in a different sequence. That is the beauty of arpeggios. You can play notes using any sequence you like, as long as it does not alter the scale or shift into a different triad.

Tones and Semitones

When you play a note on a guitar, and then move up a single fret, or half-note, it is called a semitone. When you move up two frets or a full step, it is called tone. I bring this up because you may come across certain pieces that use tones and semitones as opposed to half-step or whole-step. The latter are generally used within the US.

It is also good to know that as you execute a whole-step, you are skipping a fret. That, in music theory, is referred to as an interval. Simply put, an interval equals two semitones, which results in a tone.

There will be times when you may practice songs or pieces composed elsewhere. It is good to know the difference so you do not get lost during a performance. With that said, it is time to learn about the all-important scales. You need them, you want them, and above all, you cannot make great music without them.

Chapter 5: Scales and Keys

Scales are essentially a sequence of various notes ordered by pitch. That is the easiest explanation I can come up with. However, as you dive deeper into the world of scales, you will discover immense possibilities and complexities, all of which will push you forward to become a better musician and guitarist.

Understanding Scales

The best part now is we no longer need to learn complex theories. All that remains is to glide through some terminology, and play to understand how they work. You already know about symbols, notes, rests, and even rhythm. The rest should be about practice, and nothing more.

Key

A key is the root note of a scale, as it sounds. In the previous chapter about triads, the key serves the same purpose. It acts as the root for the entire scale that is being played.

If you play C, D, and G on your guitar, you are essentially playing the C scale, and you can say that these notes have been derived from the key of C.

Keys play an important role when it comes to scales. It is through these keys that scales are derived. A key can be one of the seven pitches or notes we learned about at the beginning. The scale notes are "taken directly out of that key" (Guitar Chalk Magazine, 2017).

The scales go on to use the root note, also known as 'tonic,' of the scale sequence. Once you have identified the scale and the key, you can then move a segment or the scale to any position on the fretboard. This would effectively change the key as well.

Major and Minor Scales

Remember "Do, re, mi, fa, so, la, ti, do" you would sometimes sing in school? That is a major scale. That is how you learn to hear a major scale, and it couldn't be more useful here.

Major scales and minor scales are easy to remember. If you learn the basic rule and the five natural positions of both major and minor scales, you should be able to play these with ease, as long as you know what root key you are targeting.

A major scale contains seven notes, and it starts with the root note (1). It goes on in the order given below:

1 2 3 4 5 6 7 + 8

The eighth note is the octave, meaning you will be playing the root note on every eighth note. Minor scales, on the other hand, follow a slightly different pattern. They start the same way, with the root note, but then things change as shown under:

1 2 b3 4 5 b6 b7

This means the scale would have a minor third, minor sixth, and a minor seventh note. Once again, nothing that sounds too complicated. Let us now look at the five natural positions for major scales first, and see how the rule above takes shape.

For illustration, we will be using G major scales. You can change the root note, or move around the fretboard freely, as long as you maintain the same pattern. It is also referred to as the

CAGED shape. It is derived from C, A, G, E, and D chord shapes, which can then be moved to play at all the 12 fret positions of the neck. This is done by taking the open chord shapes and closing them, ensuring that no open string is used in the chord. It takes practice, but once you get the hang of these shapes, you should switch between positions freely.

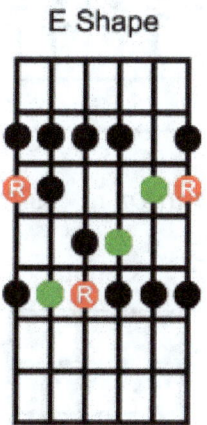

G major scale in E Shape (Klaus Crow, 2014a)

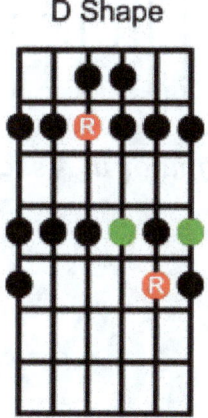

G major in D shape

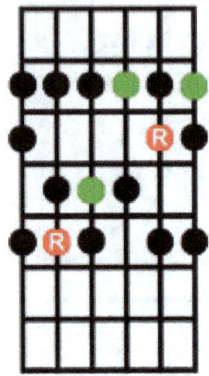

G major in C shape

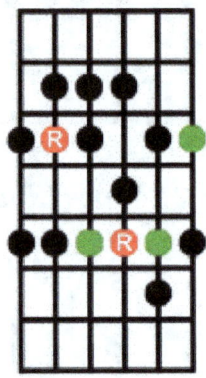

G major in A shape

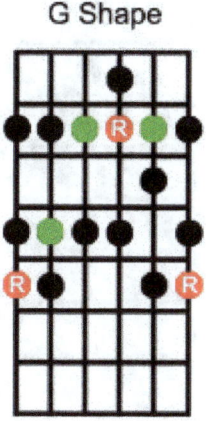

G major in G Shape

Here is a bit of a challenge. Try and change the root key to C, and play at least three positions using the new key.

Remember not to rush through these positions. It is time-consuming and will test your patience. Play these slowly until you have fully memorized these patterns and can play these fluently.

Now comes the interesting bit, shaping the minor scales. The minor scales do not follow the CAGED shapes, which is why they are a bit different. Once again, we will be using five natural minor shapes. If you wish to have a bit of a challenge, try and figure out the position on your own using the rule mentioned above. Do not worry if you get it wrong, as I will be sharing these now.

For the illustration below we will be using A minor as our key.

Position 1

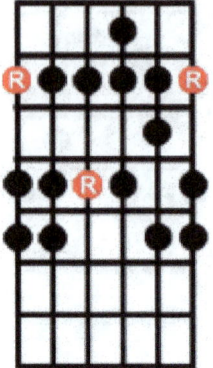

Position 2

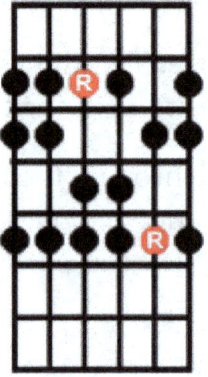

Position 3

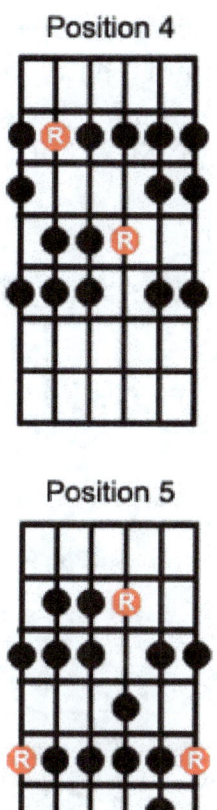

The five positions of A minor scales (Klaus Crow, 2014b)

Using these, you can move around on the scales, whether pursuing a major or a minor scale. Your skills will significantly improve if you can execute these to perfection. The patterns remain the same; all that changes is the key.

Pentatonic Scales

These are perhaps one of the most commonly used and easiest to remember. You can use these for any note, at any position of the neck with ease.

As the name suggests, it contains five notes. There are major pentatonic scales and minor pentatonic scales. Both of them include the same note intervals, which means the pattern remains the same for both. All you need is to learn a new root note.

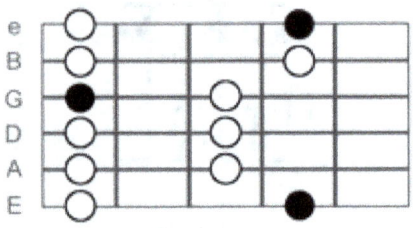

G Major Pentatonic Box Pattern

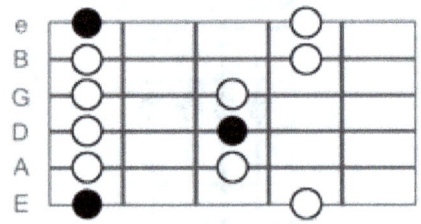

E minor pentatonic box pattern

The black notes represent the root notes. The pattern remains the same. The above is what you call a box pattern, and it derives its root from the CAGED chords. There are other variants of pentatonic in existence, such as:

- Single octave box patterns
- Diagonal major pentatonic scale
- Diagonal minor pentatonic scale

You can always learn these after you have mastered the basic pentatonic scales. They help in playing, and they can be incredibly fun to execute.

Creating Scales

If you wish to create major scales on specific strings, you can use the formula given below, and you will soon be playing your favorite major scale on any chord without hesitation.

W-W-H-W-W-W-H

In the above rule, the 'W' stands for a whole-step (two frets) or one interval. So if you wish to create a G major scale on the E string (sixth string), the notes should be:

G A B C D E F# G (1, 2, 3, 4, 5, 6, 7, 8 or 1)

To construct minor scales on any string, you will need to follow the rule shown below:

W-H-W-W-H-W-W

Try and play a C minor scale on a string of your choice. You can follow the same rule on any string you choose, as long as you start with the root note or the key of the scale.

Intervals

When it comes to scales, intervals do play a role that every musician must understand. While we know intervals are the spaces between the frets, there are instances where intervals are formed by using different combinations.

Before we look at the major and minor scale intervals, it is important to familiarize ourselves with the basics, and that is where the chromatic scale intervals come in. The chart below shows the intervals on a guitar fretboard for a chromatic scale. We will be using 'F' as the root note.

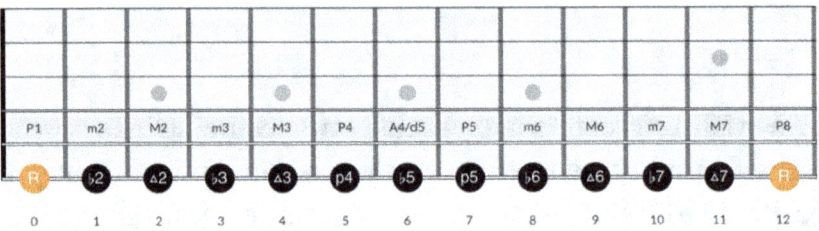

The P1 stands for unison, the lowercase 'm' for minor, and uppercase 'M' for major. The perfect fourth is represented by the P4, augmented fourth or diminished fifth by A4/d5. P8 represents the octave.

Major scales only use major intervals, and those are the second, third, sixth, and seventh, and perfect intervals, which are unison, fourth, fifth, and the octave. The interval names correspond to the scale degree number. Slightly confusing? I know. Let us look at the table below to get a better understanding of how these intervals work.

Note Names:	C to C	C to D	C to E	C to F	C to G	C to A	C to B	C to C
Scale Degree Names:	Tonic	Tonic to Supertonic	Tonic to Mediant	Tonic to Subdominant	Tonic to Dominant	Tonic to Submediant	Tonic to Leading Tone	Tonic to Tonic
Scale Degree Numbers:	1 to 1	1 to 2	1 to 3	1 to 4	1 to 5	1 to 6	1 to 7	1 to 1 (8)
Interval Name:	Unison	Major 2nd	Major 3rd	Perfect 4th	Perfect 5th	Major 6th	Major 7th	Octave
Abbreviation:	-	M2	M3	P4	P5	M6	M7	Oct, 8ve
Half Steps:	0	2	4	5	7	9	11	12

For minor scales, the chart varies just a little.

Note Names:	A to A	A to B	A to C	A to D	A to E	A to F	A to G	A to high A
Scale Degree Names:	Tonic	Tonic to Supertonic	Tonic to Mediant	Tonic to Subdominant	Tonic to Dominant	Tonic to Submediant	Tonic to Subtonic	Tonic to Tonic
Scale Degree Numbers:	1 to 1	1 to 2	1 to 3	1 to 4	1 to 5	1 to 6	1 to 7	1 to 1 (8)
Interval Name:	Unison	Major 2nd	Minor 3rd	Perfect 4th	Perfect 5th	Minor 6th	Minor 7th	Octave
Abbreviation:	-	M2	m3	P4	P5	m6	m7	Oct, 8ve
Half Steps:	0	2	3	5	7	8	10	12

There are multiple scale variations in existence, and we will be looking at some in the next chapter as well as:

- Chord charts
- Useful chord shapes
- Pentatonic scales
- Harmony
- Circle of fourth/fifth

Keep practicing and remember, these rules allow you to explore your potential and creativity fully. The more you practice, the better you get over time.

Chapter 6: The Final Stop

You have made it so far! It fills me with confidence about your practice knowing you can keep up the pace and follow along. This also means that now I can dive into some higher-level components, all of which are designed to make your playing better. Without further ado, let's dive straight into the practical aspects of guitar music theory.

Chords and Higher

We already know what chords are, but just knowing them is not enough. You should also be able to read the chord charts. These are easy to read as they provide almost all the information you need, in terms of position and fret numbers. You need to know a little about how to read these and know which finger presses which fret. Getting the position right is important as doing it any other way would make it very hard to play chords and often give you an aching arm and wrist.

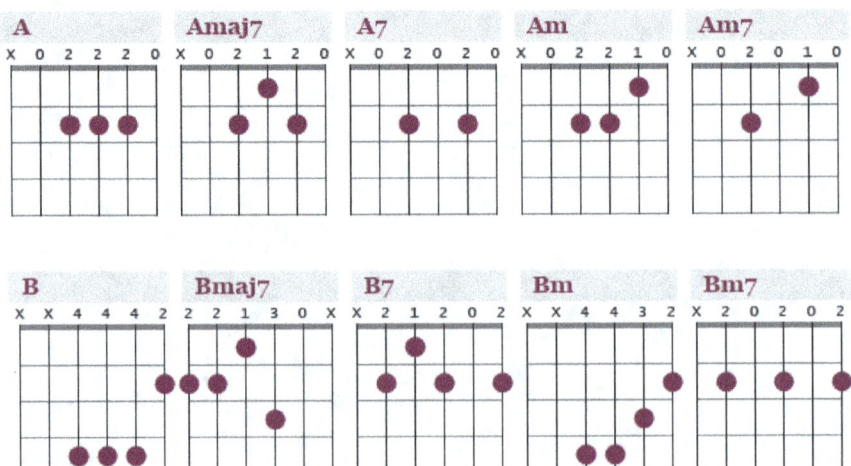

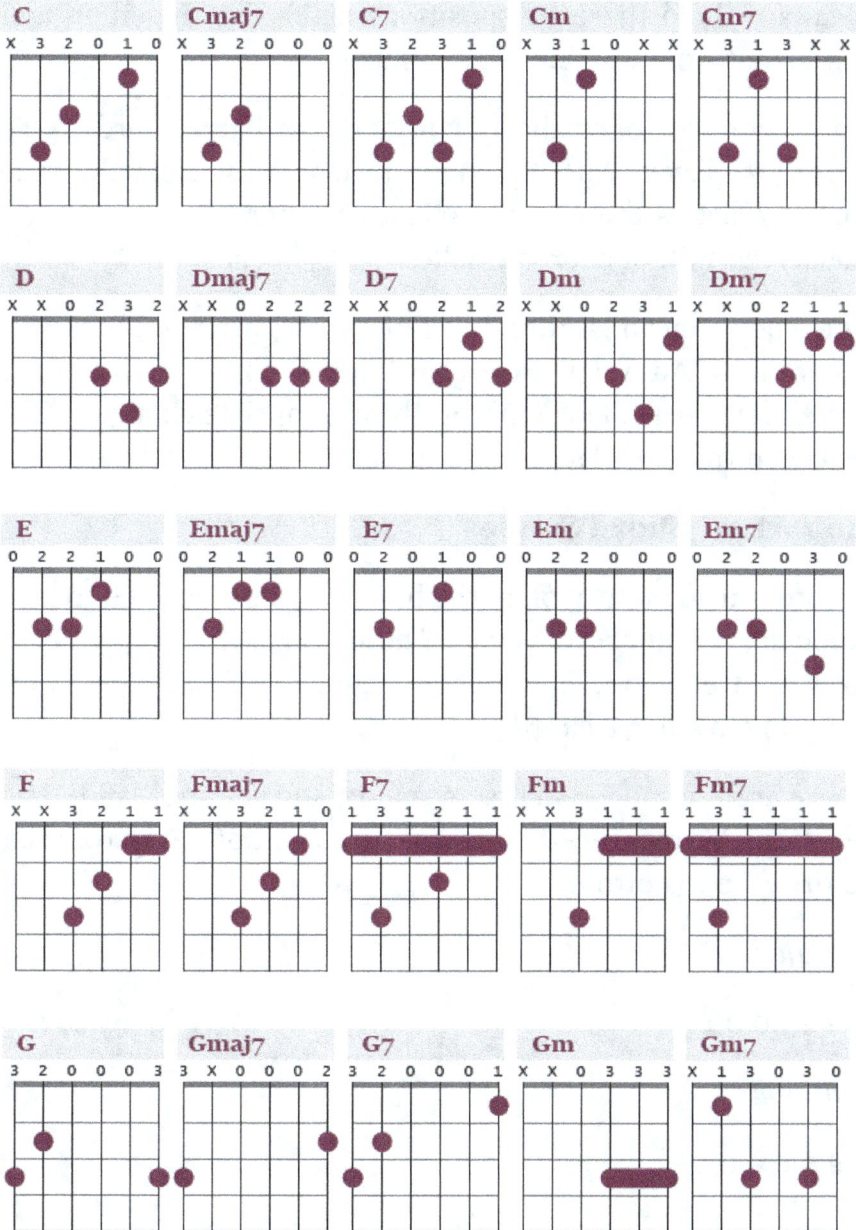

In most cases, you should have no problem playing these. However, the ones where you see a long bar can be tricky. The idea is to hold these fret positions using one finger. In most cases, that would be your index finger.

Apart from the ones above, you have the barre chords. All of these are played with the same principle of using the index finger to act as the new nut of the fretboard. As a result, this makes the shift of chords smaller.

The chord ensures that it follows its corresponding scale accordingly. An A major chord will follow the notes you find in the A major scale. For A minor, the appropriate changes will be made, so you would see a variation.

Important Chord Shapes

Before you go on to explore the barre chords, you need to know some important chord shapes. These shapes are simply carried forward, fret by fret, and the index finger shifts as the new nut, resulting in a barre chord.

There are E minor, E major, A major, and A minor, all in open positions. To reiterate, their respective positions are (from sixth to first/top to bottom):

E major

0 2 2 1 0 0

E minor

0 2 2 0 0 0

A major

0 0 2 2 2 0

A minor

0 0 2 2 1 0

Using these chords, you can move a fret up, and that would essentially change the chord by half a semitone. You can move anywhere on the fretboard using the same position.

For example, if you move the E minor chord position by a semitone (one fret), the chord changes to F minor, and so on. The same goes for chords played using other positions. This allows us to use all the notes and chords on the neck with great ease, further diversifying our songs and compositions.

Harmony

Harmony is when two or more notes are played together at the same time. Yes, a chord works the same way, but this is slightly different. Harmony involves using the chord, its construction, and the progression.

The entire concept of harmony is to lift the song or a piece to new heights. If done correctly, the harmony that is created is both unique and powerful.

Harmony uses the notes from the corresponding scale. Suppose if a song is using a C major key, harmony would use the notes within the said key and scale, but instead of playing C, you might play any other note within the same scale. When done simultaneously with another instrument, which may be playing the fifth note, and you the third, you end up with a completely new feel and sound. This form of harmony is called diatonic harmony. If you use notes which are not a part of the master scale, you will end up with a jazz feel to the song. This form of harmony is referred to as Non-diatonic harmony.

Atonal harmony is the third type of harmony. This form does not contain a tonal center, and nor is the root identifiable. It may sound a bit weird, but it was made popular in the free jazz movement, and many great artists used this technique to perform their songs. This involves using all 12 pitches as harmonies.

Practicing harmony is not easy, but once you start using them, you would find it hard to go back. Many bands and artists in existence today continue to use harmonies to further amplify the feel of the song, and to make the music more dominant.

Circle of fifths

This can seem a bit daunting at first, but once you understand how to use the circle of fifths, you will be composing songs with significant ease.

Every major key has a relative minor, and that is always true. Both use the same key signature as well (the number of sharps or flat signs, or lack thereof). Here is a look.

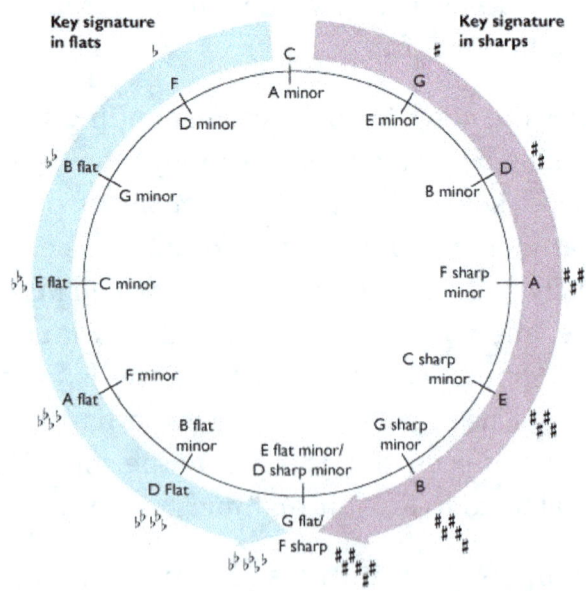

In the circle shown above, the keys on top of the ring are majors, and the ones underneath each are their relative minors. We know by practice that C major has no key signature (flat or sharp sign). The same is the case with its relative minor, which is A minor.

The circle of fifths is a sequence of different notes, separated by intervals of perfect fifths (Simplifying Theory, n.d.).

As you start to progress downwards, the number of key signatures begin to add up. If you go clockwise, you will start seeing more sharp signs, and if you go anti-clockwise, you will see more flat signs.

The circle of fifths is used to identify the key of the song. Simply count the number of key signatures, use this chart and move in the corresponding direction. You should always start from C. Start anywhere else, and you would end up getting the wrong results. You can also use this as a songwriter, to create more catchy melodies. Simply choose a key to work with, and identify the seven natural chords within that key. You can then start the progression using a chord of your choice and then build on the chord next to it, and their respective relative minors.

Circle of Fourths

This is effectively the circle of fifths written in reverse order.

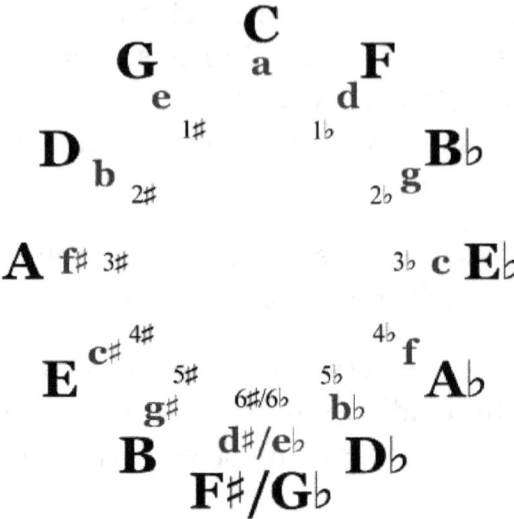

There is no difference when it comes to the usage of these two circles. Both are opposites of each other. One primarily moves clockwise to indicate the number of sharps, and then eventually converted into flats, while the other does the opposite. You can rest assured that both would provide you with the same result. However, since these two exist, you must know them.

Songwriting with Modes

So far, you have learned almost everything you need to get started on your own songs. However, there is still one more thing which I would suggest you learn. These are called modes, and they can greatly help you in achieving exceptional results.

A mode is primarily a type of scale that has a distinct melodic characteristic. There are seven modes in existence:

1. Ionian
2. Dorian

3. Phrygian
4. Lydian
5. Mixolydian
6. Aeolian
7. Locrian

Before we learned how to divide an octave into 12 pitches, or notes, we, the musicians, had to rely on an imperfect system, and that is where these came to the rescue. Instead of having a single scale, there were seven modes used, each with their own structures.

Using modes allows us to obtain various feels and colors of music. The chart below uses the C major scale as the starting point. When played normally, or C to C, we end up getting the first mode (Ionian). However, when you change the starting key to D, you will end up at D, and this is where your intervals also start to change.

Mode	Quality	Example in C	Intervallic Pattern	Works over...
Ionian	Major		TTSTTTS	Major Triads / Major Sevenths
Dorian	Minor		TSTTTST	Minor Triads / Minor Sevenths
Phrygian	Minor		STTTSTT	Minor Triads / Minor Sevenths
Lydian	Major		TTTSTTS	Major Triads / Major Sevenths
Mixolydian	Major		TTSTTST	Major Triads / Dominant 7ths
Aeolian	Minor		TSTTSTT	Minor Triads / Minor Sevenths
Locrian	Diminished		STTSTTT	Diminished Triads / m7b5 Chords

Notice how the intervals keep changing. By doing so, we create a different feel, and using the appropriate triads or chords we further amp up the feel of our songs with relative ease.

It takes practice and time. Practice as much as you can, and soon everything within this book will come to life and serve you for years to come. To help you along, here are 12 important tips to further your songwriting journey.

1. Start writing songs now - There is no point in waiting.
2. Sing your songs, even if you can't sing - We have all been there, but I assure you it will boost your confidence.
3. Learn how to play guitars and sing at the same time.
4. Go through your music theory.
5. Memorize the fretboard.
6. Train your ear to know what you are listening to.
7. Write as many original lyrics as you can - The more you write, the better you become.
8. Sing your own lyrics.
9. Songwriter's block will go away - Do not fear it.
10. Write as many songs as you can - You never know which ones may go on to break records.
11. Start songs from different places - Start with a riff, or with vocals, or all at once.
12. Write with other musicians - Always helps in providing a fresh new take on music.

Conclusion

The world of music theory cannot be described or summarized quickly and it continues to evolve every single day. Now and then, new techniques, rules, and regulations come into existence. So it would be difficult to compile all of that knowledge into something as short and concise.

My goal was to get you up to speed with the essentials. The purpose of the book was to ensure you know:

- How to read music
- About the numerous symbols and figures
- How to read tablatures
- Rhythms and arpeggios
- The variety of scales
- How to incorporate scales into playing

Not only do you now know more about guitar music, but you can confidently set out to pursue more advanced lessons, techniques, and exercises. As long as you keep practicing, the journey ahead will be nothing short of amazing.

Songwriting is fun, intuitive, and it requires the use of your creativity. Furthermore, playing your own music on guitar makes the journey that much more rewarding. By practicing and exploring the vast reaches of music you will find what fascinates you and catches your attention so you can write the song hiding inside your mind.

Throughout the book, I used images that may have served more as cheat sheets than anything, but that's okay. I want you to go out there and be able to pick up the pace. I do not want you to wait and try to learn for years before coming up with a song. Why wait when you can do it now?

You have all you need to get going. Wherever you are, whatever your path may bring, I want to hear from you. If this book has taught you something useful, let me know through feedback. It is through positive feedback that I gain the courage to continue writing. I have so much more to share with you, but I can only do so if I know my books are helping my fellow musicians.

I wish you the best of luck, and I hope to hear your melodious work soon!

References

Guitar Chalk Magazine. (2017, July 4). Guitar Scales Explained with Graphics and Clear Music Theory. *Medium*. https://medium.com/@guitar_chalk/guitar-scale-theory-1e5e39710137

Klaus Crow. (2014a, March 15). *The 5 Major Scale CAGED Shapes - Positions - GUITARHABITS*. GUITARHABITS. https://www.guitarhabits.com/the-5-major-scale-caged-shapes-positions/

Klaus Crow. (2014b, August 17). *The 5 Natural Minor Scale Positions You Must Know - GUITARHABITS*. GUITARHABITS. https://www.guitarhabits.com/the-5-natural-minor-scale-positions-you-must-know/

Simplifying Theory. (n.d.). *All about the Circle of Fifths and Fourths | Simplifying Theory*. Simplifying Theory. https://www.simplifyingtheory.com/circle-of-fifths-and-circle-of-fourths/

Discover "How to Find Your Sound"

http://musicprod.ontrapages.com/

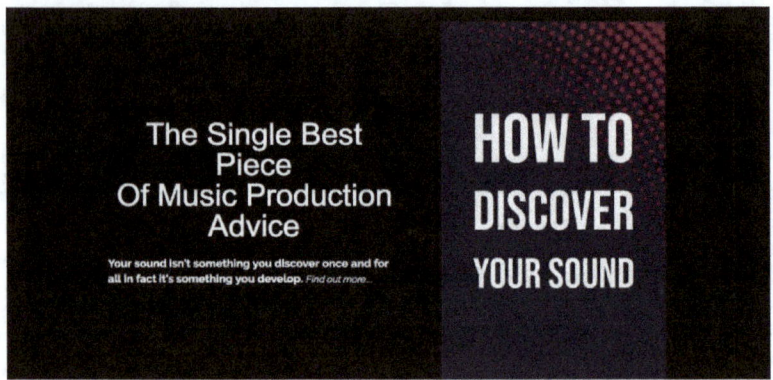

Swindali music coaching/Skype lessons.

Email djswindali@gmail.com for info and pricing

www.ingramcontent.com/pod-product-compliance
Lightning Source LLC
Chambersburg PA
CBHW071618080526
44588CB00010B/1175

VOUS VOUS ÊTES REVÊTUS DE L'HOMME NOUVEAU. CELUI-CI SE RENOUVELLE POUR ÊTRE **L'IMAGE DE SON CRÉATEUR** AFIN DE PARVENIR À LA PLEINE CONNAISSANCE.

(Colossiens 3:10, la Bible du Semeur)

NOUS TROUVONS **NOTRE RÉELLE IDENTITÉ** PAR NOTRE NOUVELLE NAISSANCE. ELLE EST RENOUVELÉE PAR LA CONNAISSANCE DE L'IMAGE EXACTE DE **NOTRE CRÉATEUR.**

(Colossiens 3:10, The Mirror Translation)

VOUS ÊTES UNE **NOUVELLE CRÉATION** SANS CESSE RENOUVELÉE POUR ARRIVER À L'IMAGE DE **CELUI QUI VOUS A CRÉÉS.**

(Colossiens 3:10, The Passion Translation)

Titre originel : Beyond Human

Copyright © 2016 Justin Paul Abraham

Tous droits réservés. Ce livre contient du matériel protégé par les lois et traités internationaux et fédéraux sur les droits d'auteur. Toute réimpression non autorisée ou usage de ce matériel sont interdits. Il est permis et encouragé d'utiliser de courtes citations ou la copie occasionnelle d'une page entière en vue d'utilisation personnelle ou pour une étude en groupe. Vous devrez en faire la demande par écrit auprès de l'auteur/éditeur.

Illustration de la page de couverture par Oliver Pengilley
www.oliverpengilley.co.uk

Publié par Seraph Creative en 2016 pour le texte originel anglais
Etats-Unis/Royaume-Uni/Afrique du Sud/Australie
2020 pour la version française
www/seraphcreative.org

Maquettiste : Feline
www.felinegraphics.com

Imprimé aux Etats-Unis, Royaume-Uni et RAS, 2016

Imprimé en France, 2020

Traduction et adaptation : Laure Fabre

Relecture : Jeremy Wescott

Tous droits réservés. Aucune partie de ce livre, illustrations comprises, ne peut être reproduite ou transmise sous aucune forme ou par aucun moyen, électronique ou mécanique, y compris la photocopie, l'enregistrement ou par aucun stockage d'information et système d'extraction sans permission écrite de l'auteur/éditeur.

ISBN 978-1-922428-01-1

Sauf contre-indication, les citations bibliques sont extraites de la Bible du Semeur (BS). Texte copyright © 2000, Société Biblique Internationale. Avec permission.

ATTENTION : Dans les citations bibliques, tous les mots en capital, en gras ou soulignés sont le choix de l'auteur.

AU-DELÀ DE NOTRE HUMANITÉ

NOTRE RÉELLE IDENTITÉ EN CHRIST

JUSTIN PAUL ABRAHAM

PUBLIÉ PAR SERAPH CREATIVE
Traduit et adapté de l'anglais par Laure Fabre

DÉDICACE

Ce livre est dédié à

ERIC JOHN DAVIES
1928 – 2011

Pour l'héritage spirituel
qu'il a laissé aux générations à venir

SOMMAIRE

Prologue : Un nouveau jour se lève — 7

Première partie : Introduction — 9
- La récolte à venir — 11
- Les fils KAINOS — 15
- Une co-mission mystique — 21

Deuxième partie : Au-delà de notre humanité — 27

Chapitre 1	Vivre à partir de Sion	29
Chapitre 2	Une communauté d'anges	39
Chapitre 3	La nuée des témoins	51
Chapitre 4	Télépathie intrinsèque	61
Chapitre 5	Un seul corps en un noyau télépathique	67
Chapitre 6	La vision à distance	75
Chapitre 7	Connaissances innées	85
Chapitre 8	Les transports miraculeux	95
Chapitre 9	Les métamorphoses	103
Chapitre 10	Translations dimensionnelles	113
Chapitre 11	Inédie : Les jeûnes prolongés	123
Chapitre 12	Au-delà du sommeil : Récupérer la nuit	133
Chapitre 13	Maîtrise de la création	143
Chapitre 14	Le conflit céleste	153
Chapitre 15	S'attaquer aux puissances maléfiques	161

Épilogue : Au-delà de la terre : les implications cosmiques — 169
Bibles — 179
Références — 181
Chapitre spécial : Marcher sur des nuages — 191

PROLOGUE

Un nouveau jour se lève
Avez-vous remarqué la vitesse à laquelle le monde change ?

L'intelligence artificielle se rapproche à grand pas des niveaux humains de conscience.

La science est plongée dans la compréhension de la physique quantique du cosmos transdimentionnel.

En génétique, la cartographie et manipulation des gènes entraînent des changements dans la nature même des espèces.

Des mouvements radicaux inondent la terre, imposant un immense changement sociétal.

Nous vivons les plus profonds changements connus depuis des siècles et peut-être de toute l'histoire de l'humanité.

L'humanité se réveille.
Notre longue phase d'engourdissement est finie et l'endurcissement de l'humanité connait un assouplissement majeur.

Nous sommes entourés de signes prouvant que notre espèce est destinée à quelque chose de bien plus important que nous le pensions.

En 2005, le prophète américain Larry Randolph déclarait :

Le monde va bientôt entrer dans une ère de conscience surnaturelle. Déjà, la voyance, la télépathie, la chiromancie, l'astrologie et autres activités paranormales connaissent un regain de popularité.

Notre désir d'entendre ce qui vient de l'au-delà a engendré un nombre impressionnant de voyants et autres médiums, souvent célèbres, qui peuvent apparemment voir dans notre passé, prédire notre avenir et communiquer avec les morts. Nous sommes bombardés à longueur de temps des échos de connaissances venant de l'au-delà.

Quel message devons-nous en tirer ?[1]

Je pense que tout ceci déclare simplement que le capitalisme, l'athéisme et le modernisme ont complètement raté leur objectif et que le système religieux de contrôle institutionnel ne répond pas aux besoins spirituels. Jamais les générations passées n'ont accumulé autant de possessions et pourtant jamais cette impression de vide, de manque n'a été aussi grande.

L'humanité entière bouge et cherche. Les supplications des différents mouvements de prières autour du monde des dix dernières années reçoivent une réponse. Le royaume des cieux s'exprime.

Nous pouvons ressentir au plus profond de nous-même que nous avons été créés pour quelque chose de plus important. C'est un sentiment qui a toujours existé. L'écrivain prophétique C.S. Lewis a déclaré :

Si je découvre en moi un désir qu'aucune expérience au monde ne puisse satisfaire, l'explication plausible ne serait-elle pas que je suis fait pour un autre monde ?[2]

Nous pouvons maintenant entendre l'appel de cet autre monde auquel nous appartenons.

Tout a commencé avec une petite voix qui se faisait entendre tout doucement dans notre esprit. Une voix qui hantait notre subconscient et nos rêves. La voix s'est faite plus forte et est maintenant tonitruante. Elle vibre dans tous les films hollywoodiens de super héros, les programmes télévisés sur le surnaturel, tous les livres mystiques et notre culture, maintenant saturée de spiritualité.

L'époque de la neutralité surnaturelle est maintenant passée (Rick Joyner).[3]

La nuée céleste est en mouvement et nous ferions mieux de la suivre (Patricia King).[4]

Une voix se fait entendre au plus profond de nous-même. C'est la voix de notre espèce qui demande à revenir au plan originel de notre conception.

Une voix qui nous appelle à sortir de notre ignorance et à entrer dans un avenir en pleine expansion qui va au-delà de nos rêves les plus fous. Un avenir au-delà des limites de l'espace et du temps, du corps humain et de son intelligence.

Un avenir « au-delà de notre humanité ».

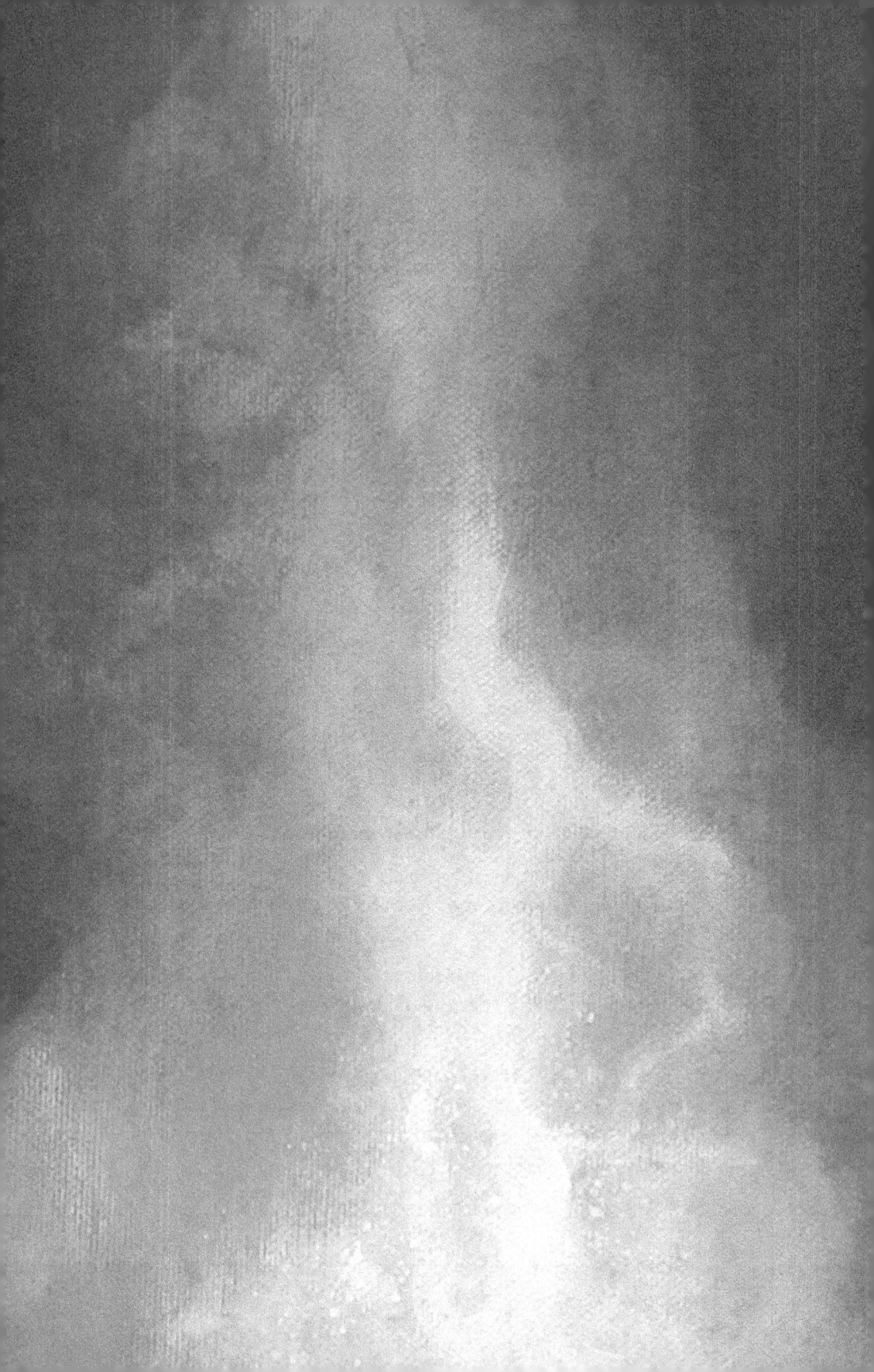

PREMIÈRE PARTIE

INTRODUCTION

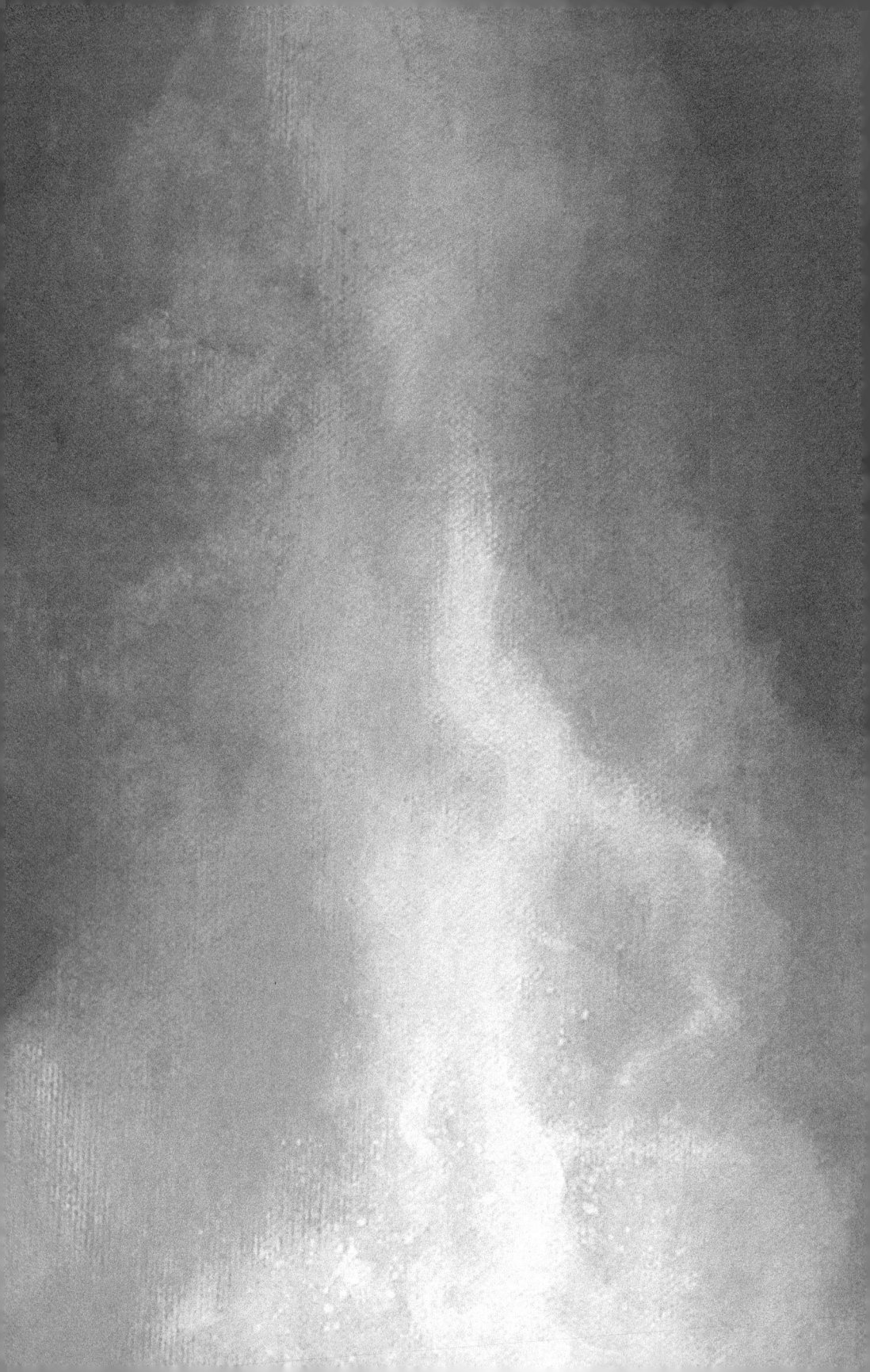

Nous allons connaître le plus grand déluge de tous les temps. Je parle d'une inondation mondiale de grâce, engendrant une clarification spirituelle partout sur terre et la guérison des nations.

Depuis près de cent ans, nombre de prophètes comme Paul Cain ont reçu la vision de certains des extraordinaires événements qui vont arriver. Durant de nombreuses années, Paul a reçu à maintes reprises des visions de l'avenir. Lorsque cela lui arrivait, c'était comme si un écran de cinéma avait surgi devant lui. Durant ces expériences spirituelles intenses, Paul a vu des stades entiers remplis d'une foule immense en pleine extase de louange, les médias rapportant jour et nuit les signes époustouflants qui s'y déroulaient, pendant que les plus importants événements sportifs étaient annulés pour faire place au Réveil. Il visionnait un renouveau sans précédent.

En septembre 1987, Rick Joyner (Morning Star Ministries) a reçu une vision panoramique absolument extraordinaire de l'avenir. Durant une série inhabituelle de rencontres divines, Rick a vu un déluge de l'Esprit Saint, éclipsant complètement tous les « réveils » qui étaient arrivés auparavant. Rick raconte son expérience dans son livre « *Visions de la moisson*».[1]

C'est par flots entiers que les gens vont venir vers Dieu dans toutes les nations. Dans certains endroits, le courant sera tellement important que de très jeunes chrétiens seront responsables d'énormes groupes de croyants. Les stades et les centres sportifs seront pris d'assaut par les croyants venus se rassembler pour entendre les apôtres et

ceux qui enseigneront.

D'immenses rassemblements touchant des villes entières commenceront spontanément. Les miracles extraordinaires deviendront choses communes, pendant que ceux que nous considérons aujourd'hui fantastiques seront réalisés, presque par routine, par de jeunes croyants. Les apparitions angéliques deviendront monnaie courante pour les chrétiens. Certaines personnes porteront, de manière visible, la gloire de Dieu durant de longues périodes où le pouvoir de Dieu coulera au travers d'elles.

Cette récolte sera tellement fantastique que les gens ne considéreront plus la première église de la Bible comme un standard de comparaison. Tous déclareront que Dieu a réservé son meilleur vin pour la fin ! La première église représentait l'offrande des premiers fruits, ce renouveau va être la véritable récolte.

On trouve la promesse de cette immense grâce pour cette génération dans les écrits du prophète Ésaïe. Il avait vu l'avenir avec une joie qui le rendait impatient.

Lève-toi, resplendis, car voici ta lumière, car sur toi s'est levée la gloire du Seigneur. Voici que les ténèbres couvrent la terre et une nuée sombre couvre les peuples, mais, sur toi, l'Eternel se lèvera lui-même comme un soleil et l'on verra sa gloire apparaître sur toi. Des peuples marcheront à ta lumière, et des rois à cette clarté qui s'est levée sur toi. Regarde autour de toi et vois : ils se rassemblent tous, ils viennent jusqu'à toi… Tu le verras alors, tu brilleras de joie, ton cœur tressaillira et se dilatera. (Ésaïe 60:1-3)

La version de ce passage par Eugene H. Peterson dans The Message (MGS) est intéressante:

Dieu se lève sur toi, sa gloire apparaît sur toi comme un lever de soleil. Des peuples entiers viendront vers ta lumière, des rois viendront voir ta clarté éblouissante. Lève les yeux ! Regarde autour de toi ! Lorsque tu les verras venir, tu souriras de ton plus beau sourire. Ton cœur se gonflera jusqu'à exploser de joie !

Ce tsunami d'amour commencera peut-être par un simple mouvement ou une petite vague, mais lorsqu'il va grandir en puissance et recevoir toute la force de la grâce de Dieu, alors rien ne pourra arrêter cette vague et l'impact sera mondial.

Car la terre sera remplie de la glorieuse connaissance de l'Eternel comme les eaux recouvrent le fond des mers. (Habacuc 2:14)

Aux confins de la terre, **TOUS** *les peuples du monde se souviendront de l'Eternel.* **TOUS**, *ils se tourneront vers lui et* **TOUTES** *les nations se prosterneront devant lui.* (Psaumes 22:28)

J'adore ces termes « tous » et « toutes ». Il est temps de les remettre dans l'Évangile.

Ce qui arrive va au-delà du salut des âmes. C'est une réformation totale du monde entier dans toutes ses facettes : société, technologie, génétique humaine, économie, style de vie et spiritualité. Même la nature et les animaux connaîtront cette transformation.

La terre elle-même sera modifiée.

Le loup vivra avec l'agneau, la panthère paîtra aux côtés du chevreau. Le veau et le lionceau et le bœuf à l'engrais seront ensemble, et un petit enfant les mènera au pré. (Ésaïe 11:6)

Un bouleversement faisant passer la planète entière dans une nouvelle dimension, sous une nouvelle fréquence, touchant tout le monde.

Malgré tout ce qui est arrivé, malgré toutes les erreurs, tous les délais... l'amour triomphe une fois encore !

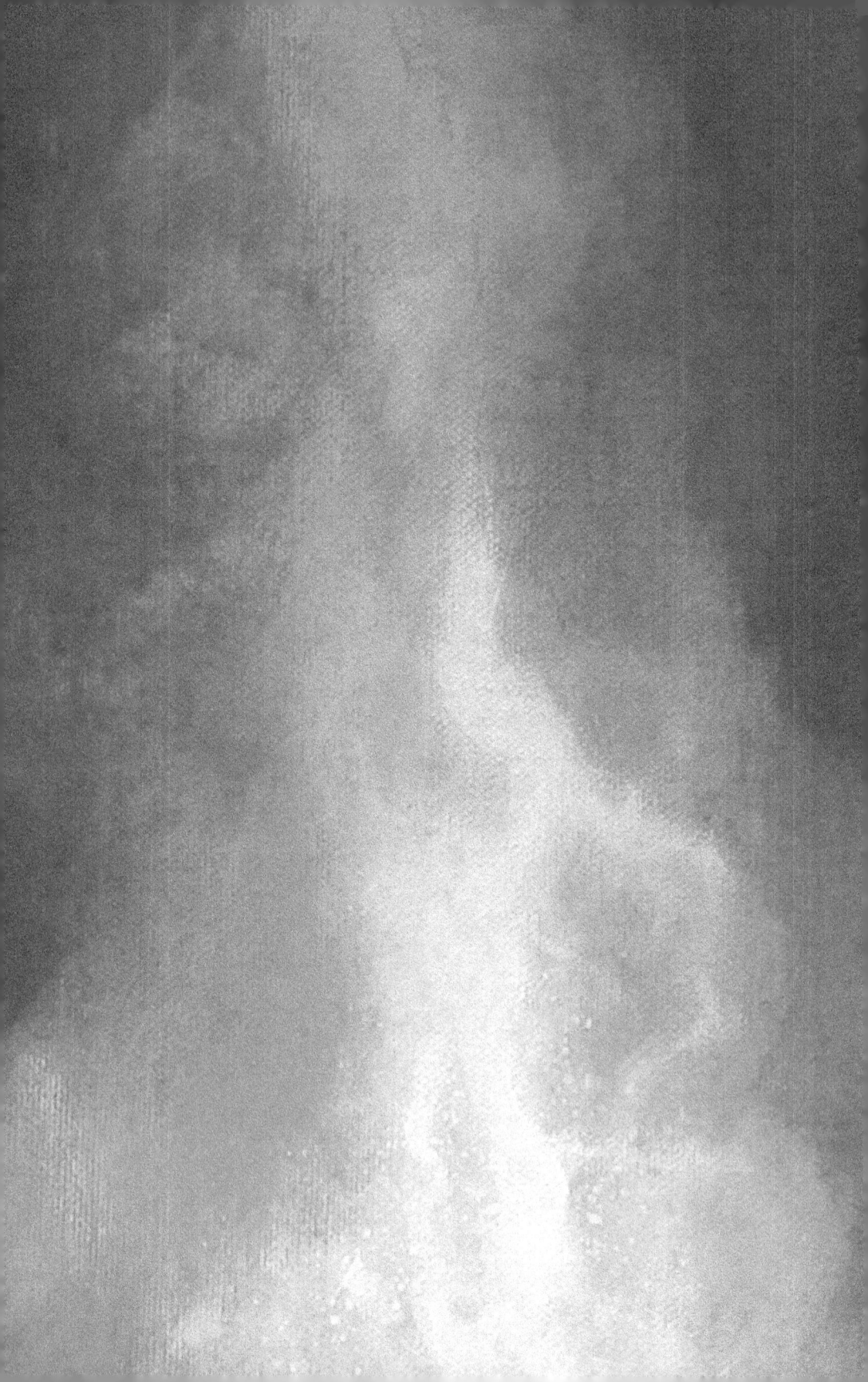

Pour façonner notre avenir, il nous faut revenir au Nouveau Testament avec un émerveillement d'enfant. Les lettres passionnantes de Paul contiennent nombre de mystères et une sagesse cachée qu'il nous faut découvrir aujourd'hui pour nous permettre d'aller de l'avant. Des petites clés pour ouvrir de grandes portes !

Dans sa recherche d'un mot pouvant décrire le changement miraculeux opéré par Jésus-Christ dans le cœur de toute l'humanité, Paul a choisi « KAINOS », un mot grec signifiant « neuf, nouveau ». Plus je me sers de ce mot et plus je l'aime.

Ainsi, si quelqu'un est uni à Christ, il appartient à une nouvelle création : les choses anciennes sont passées : voici, les choses nouvelles sont venues. (2 Corinthiens 5:17)

*Quiconque est en **UNION** avec Jésus-Christ est un **NOUVEL ÊTRE** (KAINOS).* (2 Corinthiens 5:17, TCNT)

« KAINOS » est un mot révélateur qui va nous permettre de véritablement saisir la splendeur du Nouveau Testament. Il va nous donner une assise pour bien comprendre notre prochaine étape, en tant qu'êtres humains mais aussi au niveau de la planète.

N'allons pas trop vite. Je reprends. « KAINOS » ne veut pas simplement dire « neuf » dans le sens de quelque chose de neuf pour remplacer ce qui est trop vieux. Ce n'est pas le contexte du Nouveau Testament. Jésus n'est pas venu pour remplacer Adam avec un autre Adam plus approprié et de même nature humaine. Ce n'est pas comme de remplacer votre portable ! Cela n'a rien à voir.

Jésus n'est pas venu sur terre pour créer une version améliorée de l'être humain déchu du paradis. Il est venu pour mettre fin à l'espèce de l'homme déchu. Il est venu pour commencer une toute nouvelle espèce selon une conception « KAINOS », une espèce « au-delà de notre humanité », vivant en union divine et dotée d'une capacité illimitée à se développer.

Selon le dictionnaire biblique Strong[1], « KAINOS » peut se traduire ainsi :

Nouvelle sorte

Sans précédent

Rare

inouï

inconnu

J'adore l'expression « inconnu » pour laquelle Larousse nous donne les définitions suivantes :

Qu'on ne connaissait pas jusqu'alors, dont on ignore l'identité, la nature, les caractères, dont on n'a jamais fait l'expérience. (www.larousse.fr)

C'est fantastique ! C'est le côté extraordinaire du Nouveau Testament. Donc, en bref, le monde n'a jamais vu des êtres comme nous allons le devenir. Même Adam avant le péché ne pourra nous être comparé. C'est un mystère et il y a tellement à découvrir. Alors soyons brave et courageux, allons de l'avant et explorons ce mystère.

Prenons une autre définition pour étendre notre compréhension et demandons au Saint-Esprit d'ouvrir notre entendement.

Si l'on prend le mot « sans précédent », Larousse donne pour « précédent » :

Fait, acte antérieur invoqué comme référence, comme modèle ou comme justification pour quelque chose d'identique ou d'analogue.

Donc sans précédent signifie qu'il n'y a ni fait, ni acte antérieur qui peuvent servir de référence, de modèle ou de justification, il n'y a rien d'identique ou d'analogue.

Ce ne sont peut-être que des mots mais ils ont une portée extraordinaire. Faites une pause et essayez de méditer sur leur signification. Il y a un trésor à découvrir ici : des vérités mystiques profondes.

Cela va nettement plus loin que votre habituel sermon du dimanche vous promettant le Paradis après votre mort. Les implications sont époustouflantes. « KAINOS » est immortel et vivant pour toujours, une métamorphose.

Car vous êtes nés à une vie nouvelle, non d'un homme mortel mais d'une semence immortelle : la Parole vivante et éternelle de Dieu. (1 Pierre 1:23)

« KAINOS » vient d'une semence immortelle, la Parole vivante de Dieu, Son propre ADN. Nous sommes une CRÉATION ENTIÈREMENT NOUVELLE, surpassant et éclipsant ce qui existait avant, une espèce allant au-delà des limites de la vie sur terre.

Il n'y a ici ni Grec ni Juif, ni circoncis ni incirconcis, ni barbare ni Scythe, ni esclave ni libre ; mais Christ est tout et en tous. (Colossiens 3:11, LS)

La traduction de ce verset dans The Passion Translation est très intéressante :

Dans cette nouvelle création, votre nationalité, ethnicité, éducation ou statut économique ne font aucune différence. Ils n'ont aucune valeur. Car la véritable valeur de cette nouvelle vie est Jésus-Christ et il vit en chacun d'entre nous !

Cela signifie que nous sommes libres des limites terrestres de nationalité, genre, génétique, etc... Ces limites ne nous définissent plus. Nous ne pouvons donc pas nous permettre de continuer à nous voir ainsi. Car comme Paul le déclare en 2 Corinthiens 5:16 :

Ainsi, désormais, nous ne considérons plus personne d'une manière purement humaine. Certes, autrefois, nous avons considéré Christ de cette manière, mais ce n'est plus ainsi que nous le considérons maintenant.

La traduction de ce verset dans The Message est aussi très intéressante :

Nous n'évaluons pas les gens par leur apparence ou leurs biens. C'est ce qui est arrivé à Jésus et les gens ont fait une grave erreur, nous le savons maintenant. Nous ne l'évaluons plus ainsi, heureusement. Nous regardons à l'intérieur et ce que nous pouvons voir, c'est que quiconque s'unit à Jésus reçoit l'opportunité de recommencer à zéro. C'est une nouvelle création.

Nous travaillons peut-être toujours dans le même bureau, buvons notre café dans le même bistro, regardons les mêmes films, apprécions les mêmes bons petits plats… mais nous ne sommes plus les mêmes ! Il faut cesser de prétendre être ce que nous ne sommes pas. Nous sommes maintenant immergés dans les brulants niveaux du Divin.

Lorsque Christ apparaîtra, lui qui est votre vie, alors vous paraîtrez, vous aussi, avec lui, dans la gloire. (Colossiens 3:4)

Voyons la traduction de The Mirror :

La vie exacte en Jésus-Christ est maintenant reproduite en nous. Nous sommes révélés à ses côtés dans la même béatitude, nous sommes un avec Lui. Tout comme Sa vie nous révèle au monde, notre vie Le révèle aussi.

La déclaration « *nous sommes un avec Lui* » me fascine.

Nous habitons avec Jésus-Christ dans le même monde, rempli de saints à la vie éternelle, d'un nombre inimaginable d'anges et de prodiges qui dépassent notre entendement humain. Une réalité où l'on peut « courber » le temps et découvrir nombre de niveaux dimensionnels d'existence. Nous sommes comblés de connaissances, de sagesse, de pouvoirs surnaturels et bien d'autres choses encore. Un monde en pleine expansion et au-delà de nos rêves les plus fous.

Ainsi, si quelqu'un est uni à Christ, il appartient à une nouvelle création : les choses anciennes sont passées : voici, les choses nouvelles sont venues. (2 Corinthiens 5:17)

Voici la version de ce verset dans The Passion Translation :

Maintenant, si quelqu'un est en Christ, il est devenu une toute nouvelle création. Tout ce qui appartenait à l'ordre du passé a disparu. Regardez bien, tout est nouveau et neuf.

Comment pouvons-nous commencer à marcher dans cette réalité ?

C'est facile, même un enfant peut le faire. Nous y entrons par la foi !

Jésus l'a déjà déclaré, il est la porte qui nous donne un accès LIBRE (Jean 10:9 : « *C'est moi qui suis la PORTE. Celui qui entre par moi sera sauvé : il pourra aller et venir LIBREMENT, il trouvera de quoi se nourrir* »). Ceci nous a été donné par pure grâce car nous ne pouvons rien faire pour le mériter. C'est par Jésus que nous devenons justes.

Dieu déclare les hommes justes par leur foi en Jésus-Christ et cela s'applique à tous ceux qui croient, car il n'y a pas de différence entre les hommes. Tous ont péché, en effet et sont privés de la gloire de Dieu, et ils sont déclarés justes par sa grâce ; c'est un don que Dieu leur fait par le moyen de la délivrance apportée par Jésus-Christ. (Romains 3:22-24)

Voyons ce verset dans The Message :

Par pure générosité, Dieu nous a déclarés justes avec Lui. C'est un cadeau. Il nous a sortis du gâchis dans lequel nous étions et nous a restaurés là où Il a toujours voulu que nous soyons. Il l'a fait par Jésus-Christ.

Car c'est par la Loi que je suis mort au régime de la Loi afin de vivre pour Dieu. En effet, je suis crucifié avec Christ. Ce n'est plus moi qui vis, c'est Christ qui vit en moi. Ma vie en tant qu'homme, je la vis maintenant dans la foi au Fils de Dieu qui, par amour pour moi, s'est livré à la mort à ma place. (Galates 2:19-20)

La traduction de ce verset dans The Mirror donne :

Dieu m'a donné la vie en Christ. Quel effort humain peut améliorer cela ? Les termes qui me définissent aujourd'hui sont « co-crucifié » et « co-vivant ». Christ en moi et moi en Lui !

L'humanité entière a été co-crucifiée avec Jésus. C'est fait et c'est fini. Nous sommes maintenant co-vivants.

La race mystérieuse « au-delà de notre humanité » est enfin là !

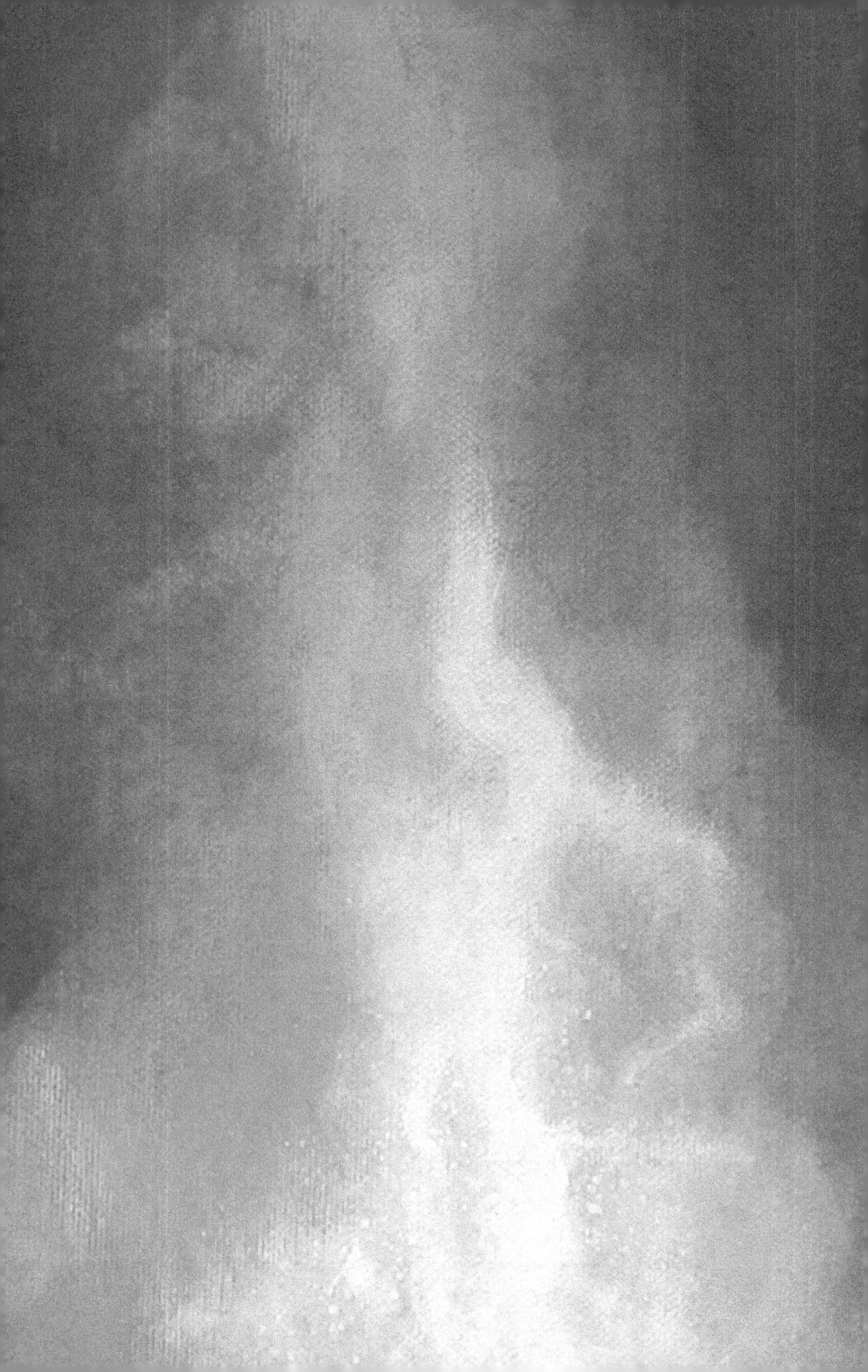

Votre cœur « vibre-t-il » lorsque vous lisez le Nouveau Testament ? Je vous le souhaite ! Je souhaite de tout cœur que vous connaissiez une expansion dans la vie glorieuse que Jésus a prévue pour vous : Jean 10:10 : ... *Moi, je suis venu afin que les hommes aient la vie, une vie abondante.*

Une vie de joie permanente et d'innocence rachetée.

Par lui, nous avons eu accès, au moyen de la foi, à ce don gratuit de Dieu qui nous est désormais acquis et notre fierté se fonde sur l'espérance d'avoir part à la gloire de Dieu. (Romains 5:2)

Voyons la traduction de The Mirror :

Jésus est l'étreinte de la grâce de Dieu à la race humaine toute entière. Nous sommes là, nageant dans la béatitude radieuse de notre innocence rachetée. Nous sommes le rêve de Dieu devenu réalité.

J'aimerais poursuivre ma progression logique pour vous entraîner encore plus loin. Je suis complètement convaincu par le Nouveau Testament. J'ai eu quelques aperçus de l'avenir et il est tout simplement extraordinaire !

Cela va arriver très vite. Nous en sommes beaucoup plus proches que nous le pensons.

Faites ceci d'autant plus que vous savez en quel temps nous vivons. C'est désormais l'heure de sortir de votre sommeil, car le salut est plus près de nous que lorsque nous avons commencé à croire. La nuit est avancée, le moment où le jour va se lever approche... (Romains 13:11-12)

Etes-vous prêts pour la révolution spirituelle ? Voici ce que Patricia King écrit :

Il est vraisemblable que certaines des choses que Dieu va faire vont choquer et impressionner nombre de gens. Comme dans tous les mouvements révolutionnaires de notre histoire, il y aura ceux qui résisteront et endurciront leur cœur, préférant s'accrocher aux anciennes manières de penser et de faire. Les changements sont généralement difficiles parce qu'ils nous forcent à remettre en question nos idées bien ancrées et à accepter de sortir de notre zone de confort. Cependant, malgré tous ceux qui résisteront à cette révolution, nombre de gens l'accueilleront à bras ouverts et plongeront allègrement pour suivre Jésus dans de nouveaux territoires inexplorés. Certaines des manifestations de Dieu dans les jours à venir tiendront du jamais vu. Elles vont pousser notre imagination au-delà de ses limites et défier notre intellect.[1]

Nous ferions donc mieux de nous préparer à cela car nous allons nous retrouver dans la situation de ceux qui ont entendu la bonne parole de Jésus au premier siècle. Cela va nous faire « chauffer les méninges » ! Voyons un peu ce que disaient les gens à cette époque :

Les témoins de la scène furent tous saisis de stupéfaction. Ils rendaient gloire à Dieu et, remplis de crainte, disaient : Nous avons vu aujourd'hui des choses extraordinaires ! (Luc 5:26)

C'est exactement ce qui va arriver. Mes oreilles spirituelles captent les mots : « Des jours stupéfiants ».

« Vous ferez plus que moi ! » Jésus l'a déclaré pour l'éternité. Le royaume des cieux veut notre succès.

Vraiment, je vous l'assure : celui qui croit en moi accomplira lui-même les œuvres que je fais. Il en fera même de plus grandes parce que je vais auprès du Père. Et quoi que ce soit que vous demandiez en mon nom, je le réaliserai pour que la gloire du Père soit manifestée par le Fils. Je le répète : si vous demandez quelque chose en mon nom, je le ferai. (Jean 14:12-14)

Je ne sais pas si vous vous rendez compte de la portée de cette promesse : faire comme lui et plus !

Au sein de l'église, nous sommes devenus des experts pour enseigner. Nous avons le ministère prophétique, les services de guérison, les thérapies de conseil et de délivrance... Nous prophétisons, aidons les plus démunis, pratiquons des actions sociales et prêchons le salut éternel.

Pourquoi l'église s'est-elle arrêtée là ? Quelqu'un a-t-il tracé une limite invisible ?

Pendant près de deux mille ans, presque toutes les églises ont refusé de franchir cette limite, n'y croyant pas. Elles ont enseignés tant de choses mais pas le concept originel.

Nous sommes en plein changement. L'expression actuelle du christianisme est en train de subir une transformation complète qui va s'accroître et se développer dans les décennies à venir. Quelles que soient les prochaines étapes, elles ne seront plus jamais spirituellement inappropriées.

Êtes-vous prêts pour une telle transformation ? Rick Joyner déclare :

A l'approche de la fin de cette ère, nous allons découvrir que le conflit entre la lumière et les ténèbres va devenir de plus en plus surnaturel. Le temps où l'on pouvait rester neutre au sujet du surnaturel appartient au passé.[2]

Dans les prochains chapitres, nous allons explorer certains des plus fantastiques travaux « KAINOS » que l'église moderne a négligés. Ne mettez plus aucune limite à vos rêves. Engagez-vous avec votre cœur. Aspirez à une plénitude maximum.

Nous allons examiner un par un, les différents éléments formant la réalité de la nouvelle création. Nous allons couvrir des sujets comme passer d'une dimension à une autre, se passer de nourriture ou de sommeil, avoir une connaissance infuse, voir des événement à distance, marcher avec les anges, être transporté miraculeusement et bien d'autres encore.

Cet ouvrage ne couvre pas toutes les possibilités, autrement il serait impossible à porter. Je me suis restreint. J'en parlerai sans doute dans mes futurs livres.

Pour chaque chapitre, mon but est d'offrir un enseignement reposant sur trois piliers : Jésus (l'ultime plan de base), les saints (comme exemples à suivre) et puis des histoires plus modernes de gens intègres. J'espère que cela vous inspirera confiance pour croire à la véracité de mes dires.

Chaque chapitre peut être lu seul, pour méditer ou vous pouvez aussi les lire les uns à la suite des autres. Il n'y a pas vraiment d'ordre, vous pouvez plonger où vous voulez.

Vous risquez d'avoir plus de questions une fois ce livre lu que lorsque vous l'avez commencé. Ce n'est pas un problème. Toute véritable révélation devrait provoquer la sensation qu'il y a encore plus à découvrir. Adoptez simplement la beauté des mystères de Dieu. C'est la meilleure manière de faire.

J'espère que vous allez aimer !

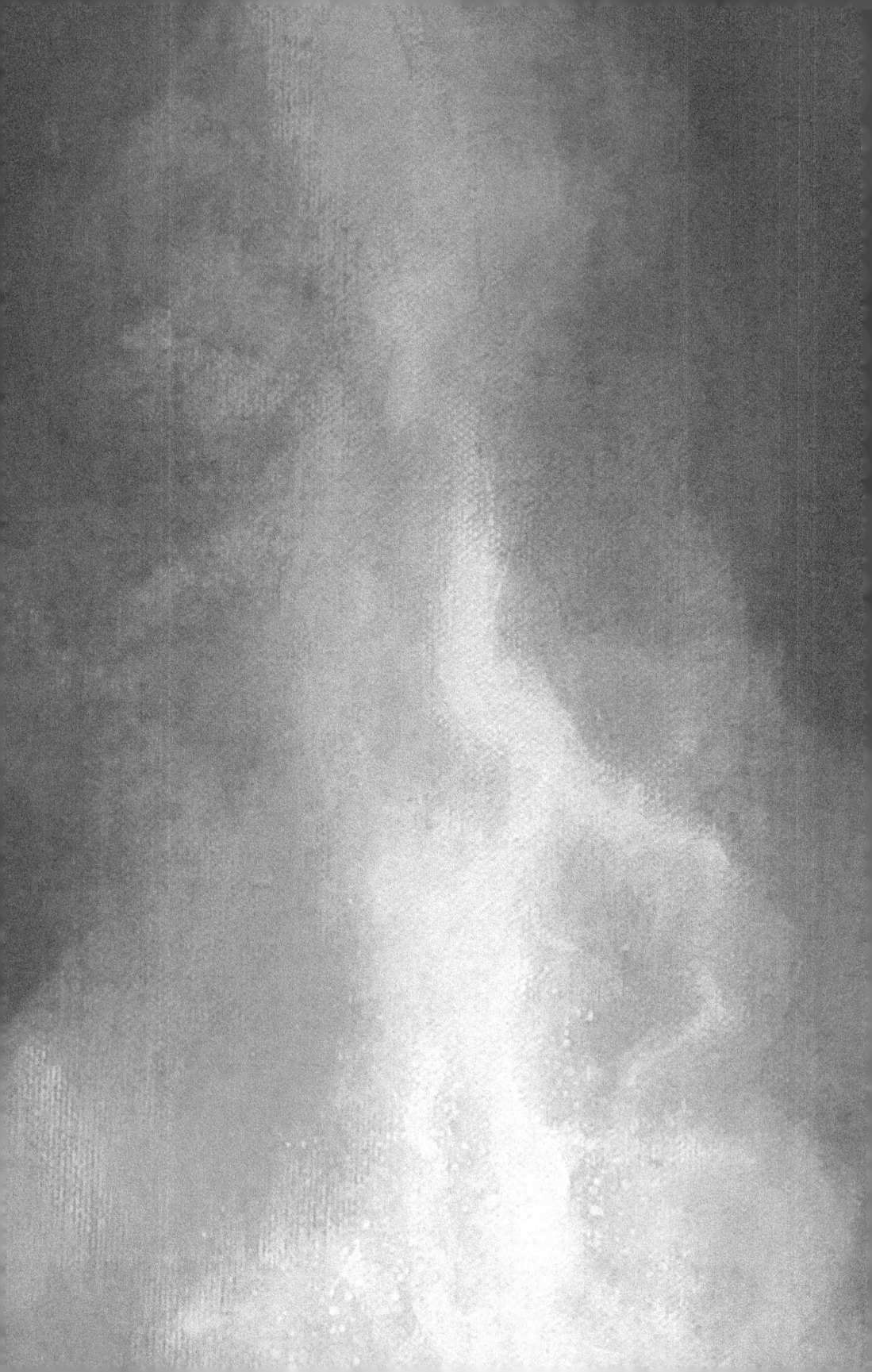

DEUXIEME PARTIE

AU-DELÀ DE NOTRE HUMANITÉ

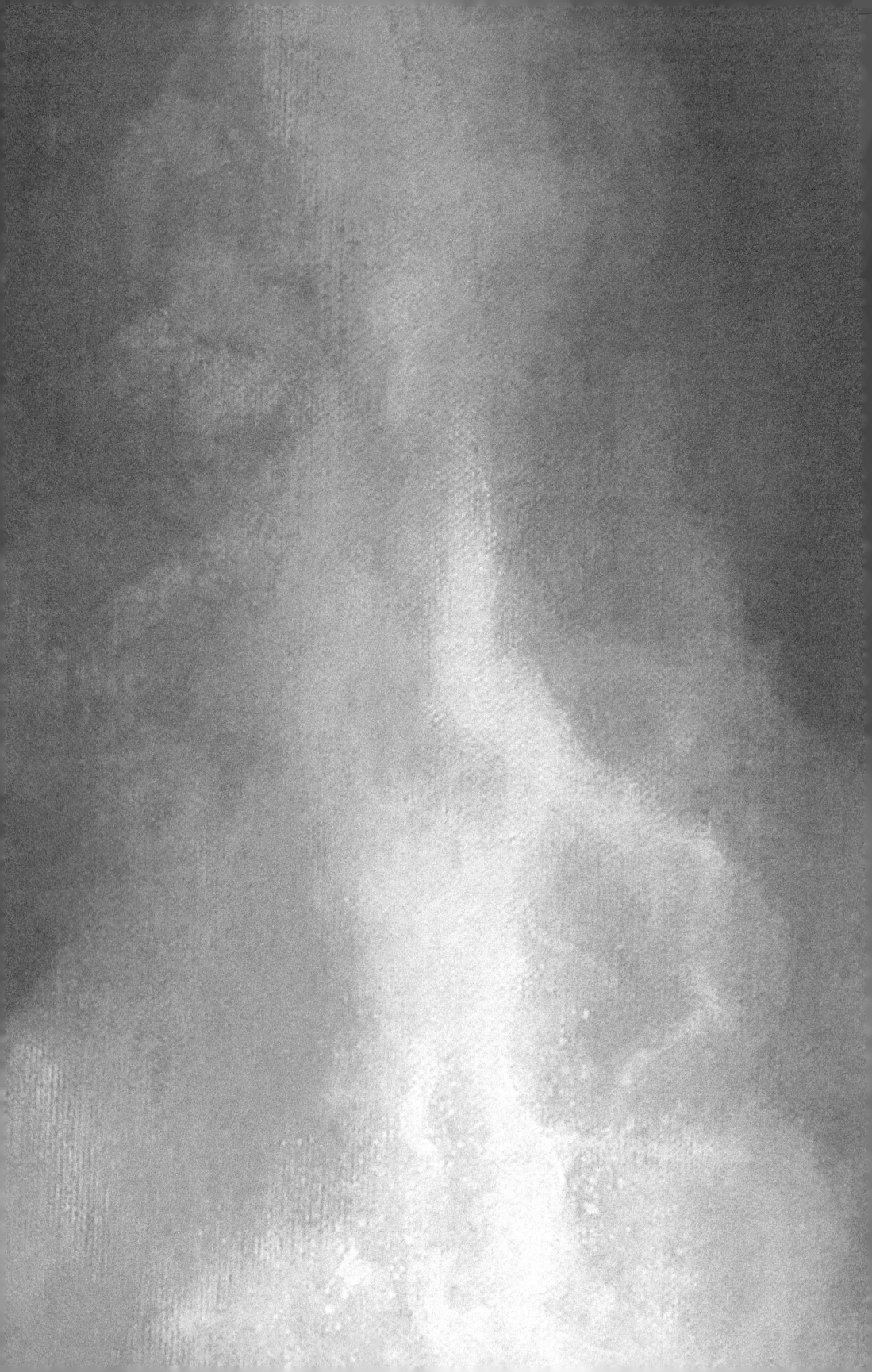

Avez-vous vu la série des films Matrix ? Si non, faites-le ! Je vous les recommande chaudement. Je pense sincèrement que c'est une vision prophétique pour l'Ecclésia.

Les thèmes évoqués sont saturés de révélation : triompher du système, altérer le monde physique, sauter par-dessus des immeubles, télécharger des connaissances directement dans le cerveau, arrêter des balles tirées d'un revolver et voler dans le ciel !

Mais l'idée essentielle du film, ce que je désire explorer avec vous maintenant, est que le monde dans lequel nous vivons n'est qu'une façade de la réalité. Derrière cette façade visible par tous se trouve le « monde réel » qui gouverne et forme ce monde. Ce que nous pourrions appeler les lieux célestes.

Comme nous abordons la deuxième partie de ce livre, j'aimerais examiner la mystérieuse vérité que nous vivons maintenant en étant liés aux cieux. Une partie de nous-même est toujours présente là, avec Christ. En Lui, nous avons libre accès dans le monde que nous ne voyons pas. Nous pouvons nous déconnecter de la terre et nous brancher sur Sion, en esprit.

Quel choc ! C'est difficile à comprendre mais nous devons faire cette transition pour faire face à ce qui va arriver. Dans les cieux, nous sommes déjà chez nous, liés à Christ par une méthode mystérieuse :

Mais vous êtes aussi ressuscités avec le Christ : recherchez donc les réalités d'en haut, là où se trouve le Christ, qui « siège à la droite de

Dieu ». De toute votre pensée, tendez vers les réalités d'en haut et non vers celles qui appartiennent à la terre. Car vous êtes morts et votre vie est cachée avec le Christ en Dieu. (Colossiens 3:1-3)

Pour comprendre ce qui s'est passé, examinons de nouveau Jésus-Christ, le prototype de notre race.

Nous sommes tous d'accord sur le fait que Jésus venait des cieux, n'est-ce pas ?

Maintenant, c'est là où cela devient intéressant. Sur le plan mystique, Jésus n'a jamais complètement quitté les cieux. Une partie de son essence y est restée. Ne soyez pas choqué, c'est dans la Bible en Jean 3:12, lorsque Jésus déclare à Nicodème ce secret extraordinaire :

Si vous ne croyez pas quand je vous ai parlé des choses terrestres, comment croirez-vous quand je vous parlerai des choses célestes ? Personne n'est monté au ciel, si ce n'est celui qui est descendu du ciel, le Fils de l'homme qui est dans le ciel. (LS)

Nicodème a dû commencer à pédaler dans la choucroute parce que Jésus venait juste de lui dire qu'il fallait naître de nouveau, ce qui l'avait complètement dépassé ! Maintenant, Jésus ajoute qu'Il vient des cieux et qui plus est, qu'Il y est pendant qu'Il lui parle ! Je pense qu'il a dû se prendre la tête à deux mains à ce moment-là.

Voyons la version de The Amplified Bible :

Et pourtant personne n'est encore monté au ciel mais il y a quelqu'un qui est venu du ciel : le Fils de l'Homme (Lui-même) qui est (habite, réside) dans le ciel.

(Note du traducteur : The Amplified Bible donne entre parenthèses des précisions pour faciliter la compréhension des textes).

C'est fascinant, n'est-ce pas ? Jésus déclare qu'il habite AU CIEL, c'est sa résidence. Il révèle à Nicodème une manière de vivre supérieure. Et Jésus renforce cette idée lorsqu'il déclare :

Moi, je parle de ce que j'ai vu chez mon Père... (Jean 8:38)

Où Jésus a-t-il vu Son Père ? Au ciel bien sûr : *Notre Père, toi qui es dans les cieux* (Matthieu 6:9). C'est ainsi que Jésus apprenait. Il regardait dans le monde invisible pour voir et apprendre. Il passait des nuits entières avec Son Père en esprit.

Pour nous, la race « KAINOS », le ciel est notre point de départ. C'est là que nous apprenons, sommes ravivés, illuminés et transformés.

C'était tout à fait NATUREL pour Jésus de changer de dimension afin de s'engager dans les cieux. En tant que Fils reconnu mûr, il y avait libre accès. Prenons par exemple Jean 17:1 :

… Jésus leva les yeux au ciel et dit : Père, l'heure est venue.

Recherchez un peu dans le texte grec original ce que « lever les yeux au ciel » signifie et vous trouverez :

Jésus a été « élevé (epairō) » là où Dieu « habite (ouranos) ».

Il changeait de dimension pour prier. Il était sur terre et dans les cieux. C'est ce que l'apôtre Jean appelle être « ravi en esprit » (Apocalypse 1:10, LS) et ce que mon ami Ian Clayton nomme « franchir le rideau ». Il est tout à fait normal pour nous, les fils « KAINOS », de venir aux cieux :

Approchons-nous donc du trône du Dieu de grâce avec une pleine assurance. Là, Dieu nous accordera sa bonté et nous donnera sa grâce pour que nous soyons secourus au bon moment. (Hébreux 4:16)

Ce n'est pas la mort qui nous ouvre cette réalité. Pas du tout ! C'est Jésus qui nous donne ce libre accès de notre vivant :

C'est moi qui suis la porte. Celui qui entre par moi sera sauvé : il pourra ALLER et VENIR librement, il trouvera de quoi se nourrir. (Jean 10:9)

Nous pouvons aller et venir librement ! C'est le passage « KAINOS » d'une dimension à une autre.

Autrefois, se rendre dans les cieux était considéré comme une rareté, cela n'arrivait qu'aux prophètes. Là aussi cela va changer. En fait, aller dans les cieux va devenir tellement commun que les véritables chrétiens, Ecclésia, tout autour du monde monteront ensemble et pourront se retrouver. C'est dans la Bible :

Oui, de NOMBREUX peuples viendront en se disant les uns aux autres : « Venez, montons au mont de l'Eternel, au Temple du Dieu de Jacob ! Il nous enseignera les voies qu'il a prescrites, nous suivrons ses sentiers ». Car de Sion viendra la Loi et de Jérusalem, la Parole de l'Eternel. (Ésaïe 2:3)

Nombre de chrétiens iront dans la Sion céleste en tant que citoyens du peuple de Dieu.

Voilà pourquoi vous n'êtes plus des étrangers ou des résidents temporaires, vous êtes concitoyens des membres du peuple saint, vous faites partie de la famille de Dieu. (Éphésiens 2:19)

C'est l'Ordre de Melchisédech. Un peuple céleste opérant à partir du monde invisible. L'oracle précis de Dieu venant de Sion afin d'affiner la terre. C'est là où nous nous tenons, sur l'horizon d'un monde nouveau. C'est le Modèle donné par Jésus.

Et il ajouta : Oui, je vous l'assure, vous verrez le ciel ouvert et les anges de Dieu monter et descendre entre ciel et terre par l'intermédiaire du Fils de l'homme. (Jean 1:51)

Jésus est le ciel ouvert, la Porte entre ciel et terre. Par notre union mystique, nous avons accès au ciel ouvert. Tout comme Jean sur l'île de Patmos, nous pouvons être dans l'Esprit et nous tourner pour entendre une Voix, pour voir les sept lampes et monter encore plus haut par la Porte ouverte.

Je me retournai pour découvrir quelle était cette voix. Et l'ayant fait, voici ce que je vis : il y avait sept chandeliers d'or et, au milieu des chandeliers, quelqu'un qui ressemblait à un homme. Il portait une longue tunique et une ceinture d'or lui entourait la poitrine. (Apocalypse 1:12-13)

Partout où nous allons pour prêcher, nous découvrons un nombre croissant de gens qui ont eu des rencontres célestes similaires. Nombre de gens peuvent voir dans le monde invisible des saints et des anges. Ils y viennent en simples visiteurs ou pour opérer dans les Tribunaux ou les Cours, les Bibliothèques, les Conseils de Dieu, les Salles de Guerre, pour se promener dans l'Eden et bien plus encore. C'est là la marque d'un grand changement.

J'ai vu, lors de visions et de rêves, que nombre de groupes mystiques vont émerger tout autour du monde, connectés tous ensemble au sein de Dieu. Plus que toute autre génération passée, nous allons voir par nous-mêmes qu'il y a réellement une seule famille unifiée aux cieux et sur terre (Éphésiens 3:15). Nous sommes UN.

Cette convergence va être bien plus puissante que tout ce que nous avons pu voir jusqu'à présent. Elle va choquer le monde entier mais aussi le ramener dans le zèle pour Dieu, avec une grande énergie et une immense joie.

Le Pasteur Roland Buck a fait l'expérience de cette dimension un samedi soir en 1977. Il était en train de prier et d'étudier dans le bureau de son église, se préparant pour le service du dimanche matin, lorsqu'il a soudain été happé dans les cieux ! [2]

Ma tête était posée sur mes bras sur mon bureau, lorsque soudain, sans avertissement, je fus saisi et enlevé hors de la pièce ! J'entendis une voix me dire : « Viens avec moi dans la salle du Trône où sont gardés les secrets de l'univers ». Je n'eus pas le temps de répondre - l'espace et le temps ne signifient rien pour Dieu. Ce fut comme un claquement de doigts - hop - j'y étais !

Roland a découvert que le paradis est beaucoup plus relax, agréable et joyeux qu'il ne l'avait jamais imaginé. Dieu lui a parlé en tête-à-tête et l'a invité à poser des questions. C'était merveilleux.

Durant cette visite, Dieu me donna une glorieuse vision des secrets cachés de l'univers en ce qui concerne : la matière, l'énergie, la nature et l'espace...

Roland a eu l'impression d'y avoir passé plusieurs mois ou peut-être plus mais lorsqu'il s'est retrouvé dans son bureau, il a découvert qu'il avait été absent seulement 5 minutes !

Tout à coup je revins sur terre et je me vis, de dos, la tête appuyée sur mon bureau où je priais... Jusqu'à cet instant précis, je pensais avoir été dans la salle du Trône, physiquement, mais il n'en était rien. Je pouvais voir le sommet de ma tête et je remarquais : « Seigneur, je ne savais pas que mon crâne était devenu si blanc ! ».

J'adore cette histoire. Dans le temps nécessaire à se faire une tasse de thé ou de café, Roland Buck a passé plusieurs mois dans les cieux, reçu la révélation innée d'événements futurs et de connaissances mystérieuses ainsi que la mémoire de 2000 versets qu'il n'a jamais oubliés. C'est le genre de pause-café que j'aimerais avoir !

Dieu me donna une compréhension spéciale de 2000 versets de la Bible. Instantanément, je sus ces versets et leur référence par cœur. Il m'est impossible d'expliquer comment cela est arrivé. Je n'ai pas besoin de m'en rappeler, c'est comme si je les voyais chaque fois que je le désire.

Je vous le déclare, nous allons connaître des changements soudains. Dans le monde entier, des tas de gens vont faire la même expérience que Roland Buck. Cela va mettre fin au statu quo et briser les entraves religieuses.

Une race « KAINOS » est en train d'émerger et elle sera soutenue par l'atmosphère des cieux. Non seulement cette race vivra dans l'Esprit mais, à la fin, elle restera dans les cieux.

Rick Joyner déclare :

Il existe une porte grande ouverte dans les cieux et nous avons reçu une invitation à la passer. Ceux qui répondent à cette invitation sont enlevés dans l'Esprit et ils peuvent constamment voir Celui qui siège sur le trône. C'est le but ultime de toute véritable révélation prophétique : voir le Christ ressuscité dans toute sa gloire et l'autorité qu'Il a sur tout. [3]

Nancy Coen, une extraordinaire missionnaire auprès du monde islamique, vit cela au jour le jour. Je lui ai demandé un jour avec quelle régularité elle accédait aux cieux. Elle m'a souri et a répondu :

Mon grand, j'y suis constamment !

Ses yeux ont pris un certain éclat et j'ai su qu'elle disait la vérité. Elle brille de la gloire de Dieu. Nancy a passé des centaines d'heures en la présence de Jésus, des anges et des saints qui font son éducation.

Un autre mystique moderne qui effaçait les limites entre la terre et les cieux est le défunt Bob Jones. Bob riait souvent lorsqu'il parlait des gens qui attendent d'être « enlevés dans les cieux » lors du retour de Jésus alors que lui l'était au moins cinq fois par jour ! C'était de la routine pour lui ! Dieu était son ami et les amis se rencontrent le plus souvent possible !

Père, mon désir est que ceux que tu m'as donnés soient avec moi là où je serai et qu'ils contemplent ma gloire, celle que tu m'as donnée, parce que tu m'as aimé avant la création du monde. (Jean 17:24)

Jésus attend avec tellement d'impatience que son attente soit révolue ! Pas lorsque nous allons mourir mais durant notre vie !

Je pourrais en dire tellement plus sur ce sujet mais j'aurais besoin de beaucoup plus de place. Je vais conclure ce chapitre avec une histoire de saints. Vous connaissez déjà peut-être ce groupe, on les appelait les « Golden Candlestick ». Le prophète James Maloney a été témoin de ce qui se passait lorsqu'ils priaient et louaient le Seigneur.

Au moment même où tous se mirent à chanter en langues, je sentis le pouvoir de Dieu tel un brouillard lourd et épais. C'était impressionnant. Je pouvais les entendre mais je ne les voyais pas. Il m'a fallu quelques minutes avant que mes yeux s'accoutument pour voir la personne juste à côté de moi…

Le plafond était recouvert d'un nuage violet qui tournait, parfois je pouvais voir des plumes tourbillonner à l'intérieur. On pouvait entendre régulièrement, venant de l'intérieur du nuage, des rires d'enfants éclatant de joie. Les cieux étaient véritablement ouverts au-dessus de nous, c'était un portail spirituel tout comme l'échelle de Jacob dans la Bible. Nombre de fois, les vingt-quatre anciens de la Bible (Apocalypse 4:4) vinrent se joindre aux louanges.

Les anges et hôtes angéliques allaient et venaient constamment… Il y avait comme des éclats de feu (je n'arrive pas à les décrire autrement) lorsque les anges passaient du plafond au sol dans le nuage. Lorsque ces éclats de feux touchaient le sol, on pouvait voir les pieds des anges apparaître parmi les flammes.[4]

Ce groupe a estompé les dimensions entre la terre et les cieux pendant plus de cinquante ans, se rendant physiquement dans les cieux, revenant avec des sandales et des vêtements couverts de bijoux et de fils d'or. Ils démontraient ce qui va arriver partout sur la terre.

Cela vous semble trop beau pour être vrai ? Pourtant, c'est l'Évangile !

Rick Joyner déclare :

Ce n'est pas de la fantaisie. Le véritable christianisme est la plus grande aventure que l'on peut vivre sur terre. La véritable vie dans l'église, selon l'intention de Dieu, est une expérience surnaturelle. C'est la vie dans une autre dimension que celle où nous vivons et qui amène la véritable vie sur terre.[5]

Nous avons reçu une invitation pour suivre l'exemple de Hénoch, Elie, Jean et des saints. Par quoi commence-t-on ? Je sais par expérience que c'est simple : on entre par LA FOI. Il nous faut simplement y croire. C'est par la foi qu'Hénoch a été enlevé !

Par la foi, Hénok a été enlevé auprès de Dieu pour échapper à la mort et on ne le trouva plus, parce que Dieu l'avait enlevé... (Hébreux 11:5)

La foi, c'est croire que Dieu nous a cachés dans les cieux en Christ (Colossiens 3:3) et qu'Il désire que nous en fassions l'expérience. La porte est constamment ouverte. Nous sommes invités à rejoindre Sion. Nous sommes purifiés, saints et acceptés au sein du Bien-Aimé. C'est à partir de cette position d'innocence que nous pouvons passer le rideau.

Avoir la foi, c'est monter la première marche même quand on ne voit pas tout l'escalier.[6]

Mon ami Ian Clayton enseigne une activation toute simple pour passer le rideau. Il déclare qu'il suffit de faire un pas en avant, physiquement, dans le royaume des cieux[7], de bouger notre corps dans la réalité et de croire sincèrement que nous entrons et sortons de Sion. Imaginez que chaque fois que vous faites cela, vous changez de dimension. Engagez-vous dans le royaume des cieux par la foi.

C'est au travers de la pratique que vous activerez vos sens spirituels. Vous commencerez par avoir de nouvelles expériences. C'est la loi de l'honneur et de la concentration. C'est ainsi qu'Hénoch a commencé sa découverte des cieux, en suivant une foi digne d'un enfant. A la fin, Dieu a gardé Hénoch avec Lui pour toujours et il vit perpétuellement dans un état glorieux et en constante expansion. N'est-ce pas quelque chose que vous aimeriez faire ?

Pourquoi ne pas essayer aujourd'hui ?

Faites le premier pas.

Vous appartenez à Sion !

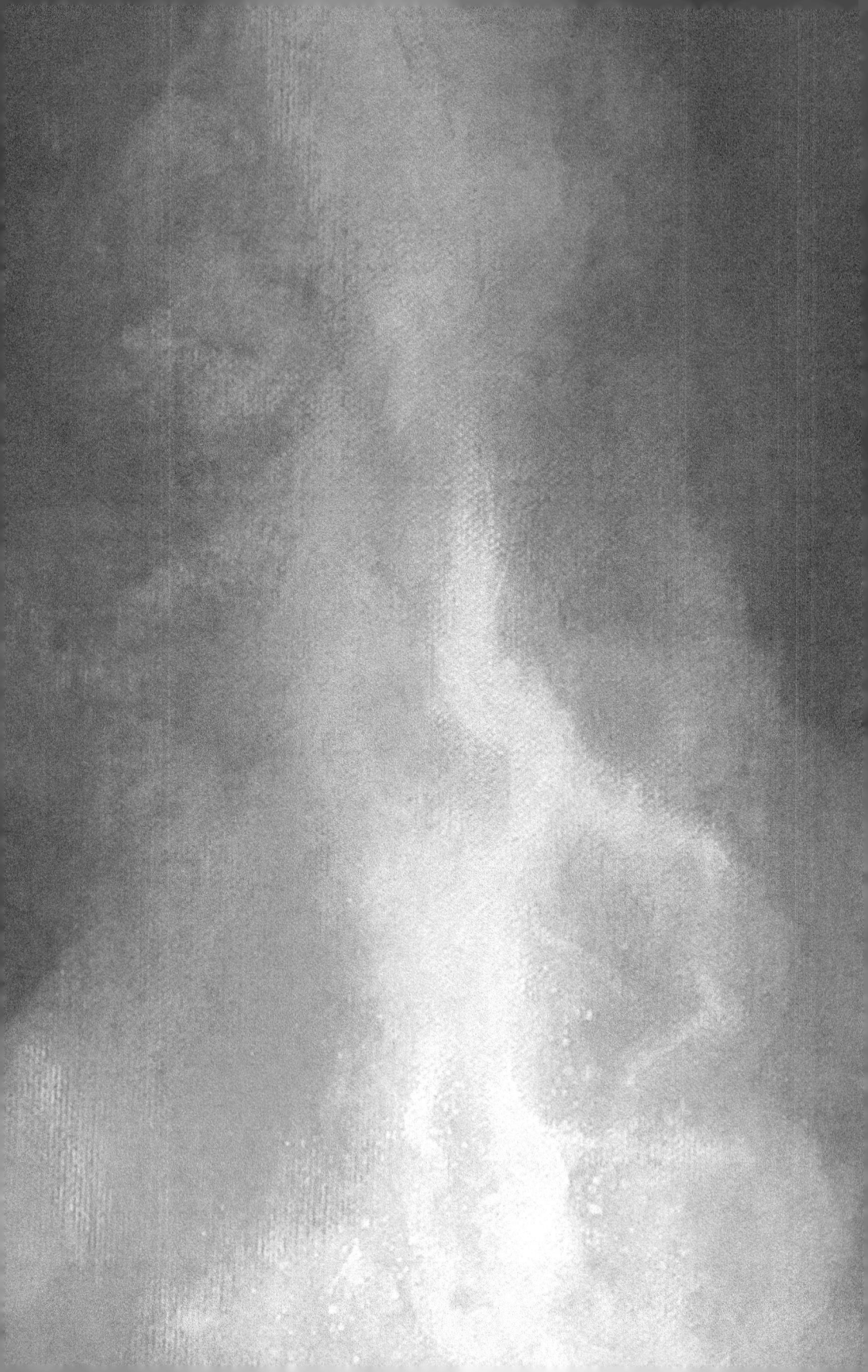

UNE COMMUNAUTÉ D'ANGES

> Vous, au contraire, vous vous êtes approchés de la montagne de Sion, de la cité du Dieu vivant, de la Jérusalem céleste et de milliers d'anges en fête. (Hébreux 12:22)

Dans le chapitre précédent, nous avons parlé de « vivre en Sion » et j'espère que cela vous a plu.

J'adore écrire sur les cieux et y songer. L'Évangile est tellement plaisant ! Nous pouvons y lire que nous sommes inclus, innocents, acceptés et aimés. Nous sommes dans notre véritable foyer !

Mais maintenant, par votre union avec Jésus-Christ, vous qui, autrefois, étiez loin, vous êtes devenus proches grâce au sacrifice de Christ. (Éphésiens 2:13)

Dans ce chapitre, je vais continuer de vanter joyeusement l'œuvre achevée par Jésus-Christ.

Je vais parler des anges divins, notre communauté étendue dans la nouvelle création. Une famille mystérieuse et extraordinaire qui nous entoure et s'engage activement dans tout ce que nous faisons.

C'est notre communauté cachée « KAINOS », une communauté qui nous aime profondément et désir le mieux pour nous. Une famille qui nous soutient par ses encouragements constants.

C'est bien agréable à entendre, n'est-ce pas ?

Reprenons donc notre « joyeux message » de l'Évangile.

Comme nous l'avons vu auparavant en reprenant les paroles de Paul, l'Évangile nous sort de notre condition humaine et nous place dans un tout nouveau monde éternel, une réalité « au-delà de notre humanité ».

Ainsi, si quelqu'un est uni à Christ, il appartient à une nouvelle création : les choses anciennes sont passées : voici, les choses nouvelles sont venues. (2 Corinthiens 5:17)

La religion nous donne un sens de distance et de délais alors que Paul déclare que l'Évangile est pour MAINTENANT ! Les choses nouvelles sont là. Nous sommes purs, changés et prêts pour l'avenir maintenant. La mort ne va pas nous permettre d'achever quoi que ce soit. Jésus a tout accompli à la croix. Il a déchiré le rideau en deux, du haut jusqu'en bas, nous offrant un libre accès aux mondes invisibles du royaume des cieux. C'est ce que l'Évangile nous déclare.

Le jour du salut est aujourd'hui ! Le royaume des cieux est autour de nous, nous pouvons le toucher.

… notez-le bien, le royaume de Dieu est parmi vous. (Luc 17:21)

Nous ne devrions donc pas être surpris, le royaume des cieux est à l'intérieur de nous.

Tout ce que nous avons à faire est d'ouvrir notre cœur pour inviter sa présence, alors les dimensions invisibles autour de nous vont aussi s'ouvrir à nous. Nous prendrons petit à petit conscience de domaines différents et d'autres présences divines. Lorsque nous sommes en Christ, nous pouvons sentir les anges autour de nous.

Progressivement, nous pouvons réaliser que ces êtres divins nous sont intimement connectés et veulent nous aider, par amour. Nous nous rendons compte qu'en fait, ils sont partout autour de nous mais qu'avant, nous ne pouvions pas les voir.

… car à ses anges, il donnera des ordres à ton sujet pour qu'ils te protègent sur tes chemins, Ils te porteront sur leurs mains, de peur que ton pied ne heurte une pierre. (Psaume 91:11-12)

Voyons la version de The Amplified Bible Classic Edition :

…car à ses anges, il donnera des ordres (spéciaux) à ton sujet pour qu'ils t'accompagnent, te défendent et te protègent dans tout ce que tu fais (en obéissance et service).

Nous sommes tous accompagnés d'anges à longueur de temps. Ils se soucient de nous et de notre réussite. Ils nous suivent et nous défendent de ce qui est mauvais. Ils nous assistent secrètement et nous aident à guider nos pas. N'est-ce pas fantastique ? J'adore cela ! Ils sont partout autour de nous.

Et c'est là que cela devient vraiment intéressant. Durant toutes ces années, nous n'étions absolument pas conscients de leur présence, même lorsqu'ils étaient directement en face de nous ! Nous pouvons lire dans la Bible que certaines personnes ont reçu des anges à dîner et ne s'en sont pas rendu compte :

Ne négligez pas de pratiquer l'hospitalité. Car certains, en l'exerçant, ont accueilli des anges <u>sans le savoir</u>. (Hébreux 13:2)

Quelle bonne nouvelle ! Notre ignorance est en train d'aller en s'amenuisant. Nous nous éveillons d'un long sommeil et commençons d'opérer par la cardiognosie (connaissance par le cœur). Nous ne pouvons pas voir les anges avec nos perceptions humaines. Le léger voile d'aveuglement entre eux et nous est en train de disparaître au fur et à mesure que nous murissons en tant que fils de Dieu.

Selon Bobby Connor, le prophète américain, la membrane spirituelle invisible devient de plus en plus fine :

Récemment, durant l'exercice de mon ministère, j'ai vu comme une très fine membrane devant mes yeux. Je me suis exclamé : « Seigneur, qu'est-ce que c'est ? » et Dieu m'a répondu : « C'est le voile entre le domaine de la terre et celui des cieux. Il n'a jamais été aussi mince ! »[1]

Les saints d'autrefois savaient comment voir les anges. Nous sommes en train de recevoir une immense grâce pour vivre comme ils vivaient. Nous n'avons rien fait pour le mériter, cela vient simplement du plan de Dieu et de Son immense amour pour la terre et pour nous. Il est grand temps que nous nous réveillions !

Faites ceci d'autant plus que vous savez en quel temps nous vivons. C'est désormais l'heure de sortir de votre sommeil, car le salut est plus près de nous que lorsque nous avons commencé à croire. (Romains 13:11)

Cela peut paraître bizarre à de nombreux chrétiens modernes, tout simplement parce que l'enseignement que nous avons reçu est principalement négatif et que l'on nous a inculqués une grande crainte de tout engagement avec les anges. Cependant, j'aimerais vous rappeler que notre but est d'être fidèle à la Bible et de suivre Jésus. De nouveau, allons plus en profondeur et regardons le Tirage bleu ou Plan d'architecte de Dieu.

Aussitôt, l'Esprit poussa Jésus dans le désert. Il y resta quarante jours et y fut tenté par Satan. Il était avec les bêtes sauvages et les anges le servaient. (Marc 1:12-13)

Ce verset nous dit que les anges ont servi Jésus durant ces 40 jours. Bien que Fils de Dieu, Il les a reçus et a accueilli leur aide avec bienveillance. Si Christ Lui-même honore et estime les anges, nous devrions suivre encore une fois son exemple. Nous devrions nous attendre à recevoir un ministère angélique dans tous les aspects de notre vie.

Cela nous donne à réfléchir mais Jésus va encore plus loin. Le verset suivant décrit Sa vie comme un point d'accès pour permettre aux anges d'engager le royaume de la terre. Relisez soigneusement les mots mystiques que Jésus adresse à Nathanaël :

Et il ajouta : Oui, je vous l'assure, vous verrez le ciel ouvert et les anges de Dieu monter et descendre entre ciel et terre par l'intermédiaire du Fils de l'homme. (Jean 1:51)

C'est un verset qui vous donne de quoi méditer pendant un bon moment ! Jésus, la véritable image de qui nous sommes, est une « plaque tournante » pour les anges. Jésus est entouré d'activités angéliques, tout comme dans l'histoire de l'escalier de Jacob dans Genèse 28:12. C'est fantastique !

Pouvez-vous imaginer des hordes d'anges invisibles volant autour de Lui lorsqu'Il guérissait les malades, qu'Il calmait une tempête et réalisait des miracles ? J'aurais adoré voir ça !

En ce qui concerne les anges, nous devons absolument changer notre manière de penser. Nous les avons ignorés pendant trop longtemps et pourtant ils sont intrinsèquement liés à notre histoire. Ils font partie de notre communauté.

Quelle est leur importance ? Prenons une autre histoire extraordinaire de la vie de Jésus. Dans le jardin de Gethsémané, au pied du Mont des Oliviers, à l'heure certainement la plus difficile de toute Sa vie sur terre, un ange vient l'aider :

Puis il se retira à la distance d'un jet de pierre, se mit à genoux et pria ainsi : O Père, si tu le veux, écarte de moi cette coupe ! Toutefois, que ta volonté soit faite et non la mienne. Un ange venu du ciel lui apparut et le fortifia. L'angoisse le saisit, sa prière se fit de plus en plus pressante, sa sueur devint comme des gouttes de sang qui tombaient à terre. (Luc 22:41-44)

A un moment où Ses disciples n'étaient pas là pour le soutenir, c'est un ange qui est venu le faire. Pendant que ses amis dormaient, l'ange était pleinement réveillé et prêt à L'aider. Cette histoire me touche énormément.

Vous êtes-vous jamais senti complètement seul ? Je pense que c'est une expérience que nous avons tous connue.

Durant des moments très difficiles où je me sentais profondément isolé, j'ai reçu la visite d'anges chez moi. Ils sont venus m'entourer et m'ont même touché pour me remplir d'énergie.

Cela fait trois fois maintenant que je suis réveillé par un ange soufflant sur mon visage. Je les ai entendus rire, chanter et même parler. Je les ai vus briller dans une pièce, se déplacer comme une boule de lumière, se tenir debout comme des colonnes de nuage. Ils sont absolument extraordinaires !

Ce n'est pas quelque chose de nouveau. Les saints d'autrefois interagissaient avec les anges. Nombre d'entre eux connaissaient leurs anges gardiens par leur nom. D'autres, comme Joseph de Cupertino, ouvrait la porte et attendait que ses anges passent pour la refermer. Padre Pio passait des heures à discuter avec ses anges et ceux de Gemma Galgani l'aidaient à se mettre au lit lorsqu'elle était très faible.

D'autres, comme Columba, faisaient partie de conseils stratégiques où siégeaient des anges et ils discutaient de problèmes concernant le gouvernement de l'Irlande et l'Angleterre. L'un des moines de Columba a décrit un tel événement :

C'est étrange à raconter mais il y eu une soudaine apparition merveilleuse et l'homme pouvait la voir de ses propres yeux, là où il était, sur une colline proche...

Des anges divins en robe blanche, les citoyens du royaume des cieux, descendaient en volant à une vitesse incroyable. Ils vinrent entourer l'homme saint pendant qu'il priait.

Après avoir discuté un moment avec St Columba, cette nuée divine, comme si elle se sentait épiée, se dépêcha de retourner dans les cieux.²

Il existe des tas de livres racontant ce même genre d'histoires. Comment avons-nous pu oublier notre passé si rapidement ? Comment la religion s'est-elle infiltrée dans tout cela et a-t-elle retiré leur pouvoir aux Écritures ?

Il est temps pour le christianisme de se souvenir que les anges ont un rôle essentiel. Nous avons probablement besoin d'eux plus que n'importe quelle autre génération passée. Nous sommes dans une crise mondiale et nous avons besoin de l'aide des cieux !

Randy Clark est un missionnaire moderne qui comprend la valeur des anges. Il est venu récemment nous rendre visite à Cardiff et prêcher. J'étais à côté de lui, à l'écouter parler de l'importance des anges pour les miracles et la récolte. Ce qu'il a déclaré nous a ouvert un nouvel horizon !

Je suggère qu'à la Pentecôte, nous avons reçu bien plus que le simple baptême de l'esprit ou une simple et nouvelle relation avec le Saint-Esprit. Nous sommes aussi entrés dans une nouvelle dispensation, une nouvelle alliance comprenant une averse d'anges divins. Je crois sincèrement que la croix a littéralement démarré une nouvelle relation entre les anges divins et le peuple de Dieu, ainsi qu'entre le Saint-Esprit et le peuple de Dieu.³

Je suis d'accord avec cette déclaration. Le livre des Actes dans la Bible décrit des échanges dynamiques entre l'église primitive et les anges. L'une de mes histoires préférées est lorsque Pierre s'évade de prison.

Pierre était donc sous bonne garde dans la prison. Mais l'Eglise priait ardemment Dieu en sa faveur. Or, la nuit qui précédait le jour où Hérode allait le faire comparaître, Pierre, attaché par deux chaînes, dormait entre deux soldats, et devant la porte de la prison, des sentinelles montaient la garde. Tout à coup, un ange du Seigneur apparut et la cellule fut inondée de lumière. L'ange toucha Pierre au côté pour le réveiller : Lève-toi vite ! lui dit-il. Au même instant, les chaînes lui tombèrent des poignets. Allons, poursuivit l'ange, mets ta ceinture et attache tes sandales ! Pierre obéit. Maintenant, ajouta l'ange, mets ton manteau et suis-moi.

Pierre le suivit et sortit, sans se rendre compte que tout ce que l'ange faisait était réel : il croyait avoir une vision. Ils passèrent ainsi devant le premier poste de garde, puis devant le second et arrivèrent devant la porte de fer qui donnait sur la ville. Celle-ci s'ouvrit toute seule. Ils sortirent et s'avancèrent dans une rue. Et soudain, l'ange le quitta. (Actes 12:5-10)

Ce qui suit est très bizarre et j'ai rarement entendu quelqu'un en parler. Pierre arrive à la maison où ils se réunissent en toute sécurité et frappe à la porte :

Elle (la servante) reconnut la voix de Pierre et, dans sa joie, au lieu d'ouvrir, elle se précipita pour annoncer : C'est Pierre ! Il est là, dehors, devant la porte. Tu es folle, lui dirent-ils. Mais elle n'en démordait pas. Alors, c'est son ange, dirent-ils. Pendant ce temps, Pierre continuait à frapper. Ils ouvrirent, le virent et en restèrent **tout** *étonnés.* (Actes 12:14-16)

Je trouve cette histoire extraordinaire. Ils étaient plus étonnés que ce soit Pierre lui-même plutôt que son ange !

Pour John Paul Jackson, ces versets montrent combien les anges étaient présents dans la vie des premiers chrétiens :

Dans l'église primitive, cela devait être chose courante. On peut l'assumer car lorsque Pierre était censé être en prison et que la servante est venue ouvrir la porte... il était bien plus plausible que ce soit l'apparition d'un ange plutôt que Pierre soit sorti de prison.

C'est assez courant lorsqu'une certaine chose ne devrait pas arriver. Qu'est-ce qui s'est passé ? Imaginez : vous êtes en train de dîner, en compagnie. Quelqu'un ouvre la porte et déclare que c'est l'ange de Pierre.

Qu'allez-vous faire ? Vous allez continuer de manger ? Pas moi ! Je vais me lever et je vais aller voir cet ange. Mais ce n'est pas ce qu'ils ont fait. Ils ont continué de manger. Cela prouve que les apparitions angéliques devaient être plutôt courantes.

De nos jours, elles ne sont pas encore courantes mais j'ai l'impression qu'elles vont le devenir.[4]

Vous ne trouvez pas cela extraordinaire ? C'est un sacré défi pour nous aujourd'hui. Quand avons-nous réagi comme cela ? Quand était-il normal de recevoir des anges dans nos réunions et de les voir ?

Mais cela va changer. Le Saint-Esprit a progressivement démystifié tout ce qui est angélique dans notre génération, préparant notre cœur à s'engager plus profondément, à un niveau supérieur. Nous sommes en haut de la vague, à un moment de profond changement, dépassant l'horizon pour marcher dans notre destinée.

Il existe des précédents pour ce qui va arriver. Un bon témoignage est celui du pasteur américain Roland Buck dans les années 1960. Il avait régulièrement des conversations en tête-à-tête avec Gabriel et d'autres anges.

Voici l'une de ses premières rencontres :

Juste après que je sois allé au lit, je remarquai une lueur bleutée venant des escaliers. Je savais que la pièce était trop obscure pour que cela soit la lumière des escaliers, alors je pensais que j'avais peut-être oublié d'éteindre la lumière dans une des pièces du bas. Je me levais et commençais à descendre les marches pour éteindre la lumière.

J'étais à mi-chemin, lorsque la lumière s'alluma. Deux hommes, les plus grands que je n'ai jamais vus, se tenaient devant moi ! J'étais en état de choc ! Je n'étais pas vraiment effrayé, mais un tel rayonnement de puissance divine émanait d'eux, du fait de leur séjour dans la lumière de la présence de Dieu, que je ne pouvais tenir debout. Mes genoux se bloquèrent et je commençais à tomber. Un de ces êtres immenses s'avança, me saisit et mes forces revinrent.

Il me dit simplement qu'il était l'ange Gabriel ! J'étais abasourdi ! Pouvait-il être le même Gabriel dont il est parlé dans la Bible? L'impact des premières visites était de loin moins impressionnant que maintenant ! Il se tenait là, aussi nettement visible que n'importe quel autre être humain et il se présentait comme l'ange Gabriel !

Il est impossible de traduire mes sentiments pleins de respect et d'émerveillement ! Puis il me présenta le second ange dont le nom était Chrioni. CHRIONI ! C'est un nom vraiment particulier. Je n'en avais jamais entendu parler! ... Je n'avais jamais pensé au fait que les anges ont des noms et tous une apparence différente !

Je demandais à Gabriel : « Pourquoi êtes-vous tous les deux ici ? ». Il répondit simplement que le Saint-Esprit les avait envoyés.

Puis Gabriel commença immédiatement à m'enseigner quelques merveilleuses révélations. [5]

Roland Buck a passé des heures entières à discuter avec Gabriel. Ils étaient bien plus relax et joyeux que vous ne pourriez l'imaginer. Ils ont même joué avec le chien.

Nous avons tellement à apprendre sur les anges. N'avez-vous pas envie d'en savoir plus ? Nous pourrions tellement apprendre avec eux.

Durant des visions prophétiques, j'ai vu que durant notre vie, nous allons parler en tête-à-tête avec les anges, tout comme Roland Buck. Il y aura même des réunions de l'Ecclésia où tout le monde les verra. En fait, cela va être le nouveau modèle des réunions apostoliques. Nous serons aux cieux sur la terre, présents au Conseil de Dieu. Nous verrons Jésus et tous les saints, comme Hénoch. Cela vous parait invraisemblable mais c'est la vérité ! C'est tout simplement une génération revenant à son destin originel, marchant avec Dieu, Lui parlant en tête-à-tête.

Je pourrais vous en dire tellement plus sur ces merveilleux anges. Peut-être un jour j'écrirai un livre sur eux, pour raconter des histoires sensationnelles. Ça serait extra !

Vous êtes peut-être en train de lire ceci en vous sentant affamé pour plus mais vous ne savez pas où commencer. Personnellement, je commence à peine donc vous n'êtes pas seul ! Je vais vous dire comment cela s'est passé dans ma vie, j'espère que cela vous aidera.

J'ai commencé par déclarer à Dieu : « J'estime les anges et j'aimerais marcher en leur compagnie. Permets-leur de venir, Seigneur ! » J'ai ensuite honoré ceux qui avaient fait cela. Des gens comme Garry Oates qui a écrit *Open My Eyes Lord* [6], un livre d'une inspiration extraordinaire. Je disais à Dieu : « J'honore Garry Oates. Je désire faire ce qu'il faisait. Vraiment ! » Je me présentais toujours dans une attitude d'amour, de valeur et d'honneur. Ce genre d'approche attire ceux qui vivent dans le royaume des cieux. Nous avons un pouvoir. Dieu nous a offert un choix. J'ai choisi de marcher avec les anges puis j'ai demandé la permission d'en faire l'expérience. Je n'oublierai jamais la première fois qu'ils sont venus me voir en groupe. Mais c'est une autre histoire !

Dans le chapitre suivant, je vais continuer de présenter et développer cette communauté « KAINOS » transdimentionnelle, en vous parlant d'un autre groupe d'amis fascinants que nous avons en Christ : la nuée des témoins (les saints dans le royaume des cieux).

Nous ne sommes jamais seuls !

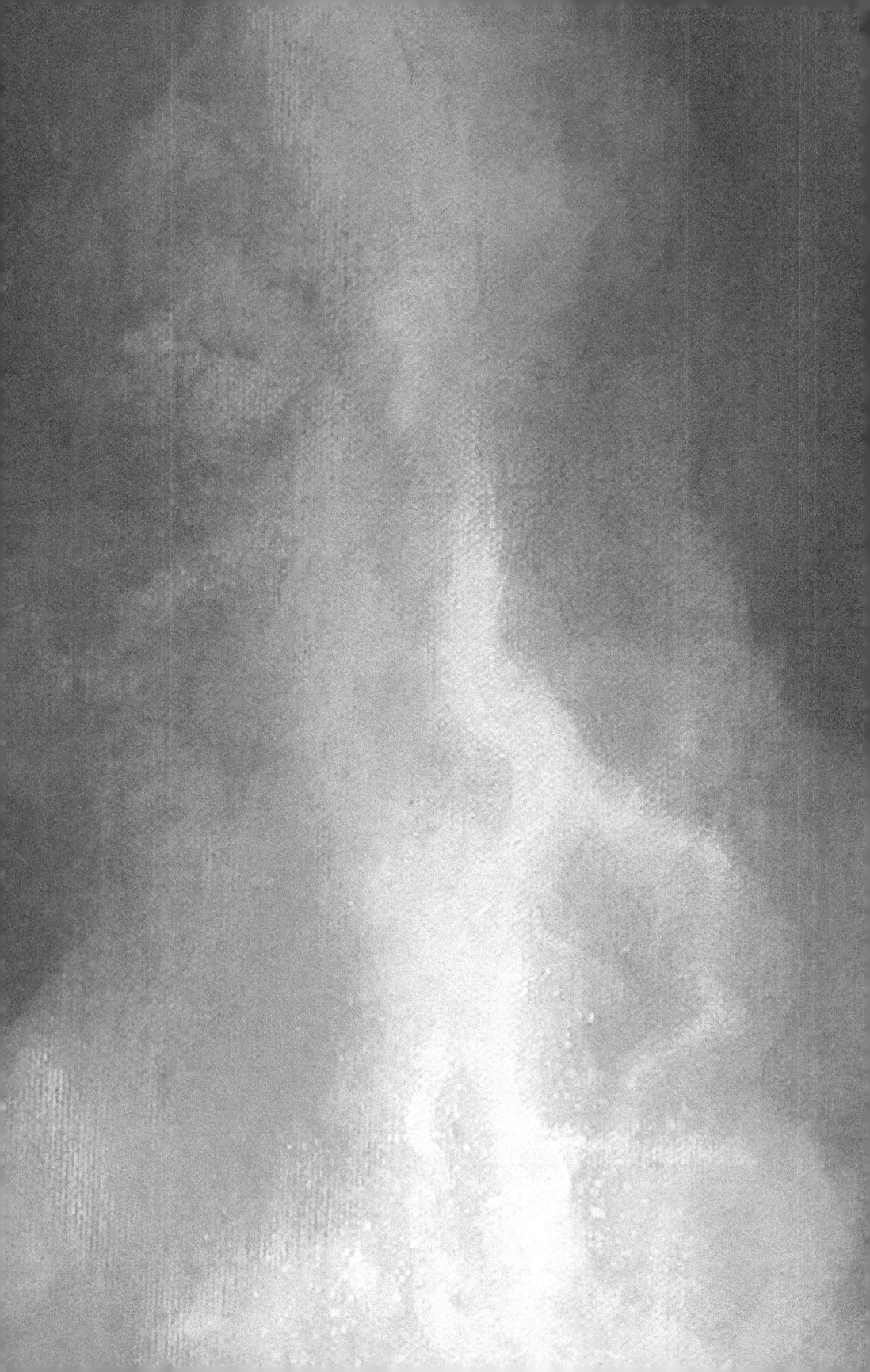

LA NUÉE DES TÉMOINS

... nous aussi qui sommes entourés d'une si grande nuée de témoins... (Hébreux 12:1)

Tous les grands voyages commencent par un premier pas. Ne soyez surtout pas pressés. Il est important d'apprécier le voyage à sa juste valeur. Savourez le processus de mûrir et de devenir un fils de Dieu. C'est une expérience merveilleuse.

Poursuivons notre aventure, sans peur et remplis de foi. Je désire vous parler des saints dans les cieux que l'on appelle la « nuée des témoins ».

Si vous avez été, comme moi, élevés dans un milieu chrétien évangélique, on vous a peut-être dit que les saints sont en perpétuelles vacances, qu'ils passent leur temps à louer le Seigneur, tout en profitant des somptueuses demeures et parcs dans les cieux.

C'est vrai mais seulement en partie ! Ils ont une vie fantastique. C.S. Lewis a déclaré fort justement :

La joie est une affaire sérieuse dans les cieux ![1]

Les cieux sont un endroit rempli de joie ! Dieu siège sur son trône dans les cieux et rit (Psaumes 2:4). Les anges laissent exploser leur joie (Luc 15:10) et ils font la fête (Hébreux 12:22). C'est génial, non !

Cependant, nombre des hôtes du royaume des cieux ont des responsabilités et certains sont assis sur des trônes. Ils règnent aujourd'hui avec Jésus-Christ.

Le vainqueur, je le ferai siéger avec moi sur mon trône, comme moi-même, je suis allé siéger avec mon Père sur son trône après avoir remporté la victoire. (Apocalypse 3:21)

Rick Joyner, de Morning Star Ministries, a été enlevé au ciel et en a fait l'expérience. Dans son livre extraordinaire *L'ultime assaut*, Rick écrit :

Comme j'approchais le siège de jugement de Jésus-Christ, les dignitaires des plus hauts rangs siégeaient aussi sur des trônes qui faisaient tous partie de Son trône. Le plus simple de ces trônes était maintes fois plus glorieux que n'importe quel trône sur terre. Certains dignitaires gouvernent les affaires des cieux, d'autres gouvernent les affaires de la création physique comme les systèmes stellaires et les galaxies.[2]

A l'heure actuelle, dans les cieux, Jésus est Lui-même le Modèle pour tout cela. Il nous montre comment nous devrions vivre en tant que fils accomplis de Dieu.

... et de la part de Jésus-Christ, le témoin digne de foi, le premier-né d'entre les morts et le souverain des rois de la terre. (Apocalypse 1:5)

Jésus est le témoin ultime, il a fini la course. Il a complété l'œuvre du Père et se tient pour toujours dans l'ordre éternel de Melchisédech (Hébreux 7:17).

Permettez-moi de vous poser une question. J'aimerais que vous y réfléchissiez bien car c'est important. A l'heure actuelle, Jésus est-Il simplement en train d'apprécier les joies des cieux et ne fait rien qu'autre que la fête ?

Il est évident que la réponse est non ! Nous pouvons lire dans les Écritures qu'Il intercède (Hébreux 7:25), règne (1 Corinthiens 15:25), révèle (Apocalypse 1:11), prépare (Jean 14:2), dirige (Colossiens 1:18) et fait face à l'ennemi (Apocalypse 12:10). Il est vivant et très actif !

Si c'est ce que Jésus fait et qu'Il est notre modèle à tous, pourquoi est-ce que l'Église pense que les saints dans les cieux passent leur temps à jouer ou à pique-niquer ? Avouez que c'est bizarre ! Pourquoi est-ce que nous pensons que les cieux sont un fabuleux club de retraite ?

J'ai découvert que c'était l'opposé. Les saints fidèles sont activement impliqués dans le gouvernement des cieux, parachevant les actes décrits dans les « registres ou livres de destinée » (Psaumes 139:16). Ils forment l'Ecclésia dans les cieux, travaillant avec l'Ecclésia sur terre, ensemble, comme une grande famille.

C'est pourquoi je me mets à genoux devant le Père, de qui dépendent, comme d'un modèle, toutes les familles des cieux ET de la terre. (Ephésiens 3:14-15)

... pour conduire les temps vers l'accomplissement. Selon ce plan, TOUT ce qui est au ciel ET TOUT ce qui est sur la terre doit être harmonieusement réuni en Christ. (Ephésiens 1:10)

Ils ne sont pas à la retraite, ils sont simplement dans une autre dimension, dotés d'un corps différent, travaillant en étroite collaboration avec nous, toujours véritablement vivants et engagés dans les affaires du cosmos. Unis avec Dieu, ils vivent proches de nous, nous entourant et nous encourageant à tout instant.

Nous pouvons lire en Hébreux 12:1 :

*C'est pourquoi, nous aussi qui **sommes entourés d'une si grande nuée de témoins,** débarrassons-nous de tout fardeau et du péché qui nous cerne si facilement de tous côtés et courons avec endurance l'épreuve qui nous est proposée.*

L'idée à la base de ce verset est que la nuée des témoins est très proche de nous. Nous vivons dans leur atmosphère, nous sommes proches d'eux, côte à côte. Toute distance entre eux et nous a été effacée à la croix. Nous ne faisons plus qu'UN !

L'auteur américain Roberts Liardon a fait l'expérience de la nuée des témoins lorsqu'il était enfant. Il a été enlevé de sa chambre et transporté dans les cieux auprès de Jésus. Roberts décrit son expérience dans son livre « *We Saw Heaven* » :

Nous sommes passés à côté de quelque chose que je n'avais jamais pensé voir dans les cieux et cela m'a paru la chose la plus amusante qui soit à ce moment-là. Quand j'y songe maintenant, je pense que c'est la chose la plus encourageante et marquante de toute ma vie de chrétien : j'ai vu la grande nuée des témoins.

Ils savent ce que l'église fait spirituellement. Par exemple, lorsque je prêche, ils m'encouragent et me disent : « Fais ceci... fais cela... va-s-y ! ». Au moment de la « pause », ils tombent tous à genoux et prient. La pause est un moment de prière. Une fois passé, ils se relèvent tous et recommencent à m'encourager. C'est comme si nous étions dans un super match, sérieux et important, pas un

match juste pour s'amuser, et nos fans passent leur temps à nous encourager. Ils sont avec nous à 100% et nous encouragent avec des « Vas-y ! Tu vas gagner. C'est tout bon, continue ! ».

Si nous avions pleinement compris le verset de la Bible qui déclare qu'il y a une seule famille dans les cieux et sur terre, nous pourrions entendre dans l'esprit ce que notre famille dans les cieux nous dit. Si nous pouvions entendre la « nuée des témoins », nous serions victorieux dans tous les aspects de notre vie.[3]

C'est ce que Jésus veut que nous voyions maintenant. Nous sommes peut-être dans les ténèbres sur terre mais nous avons des alliés tout autour de nous. Dans cette ère « KAINOS », la fine membrane illusoire entre eux et nous est en train de fondre.

Une fois encore, la vie de Jésus sur terre est un témoignage des relations dynamiques que nous devrions avoir. Lorsqu'Il se trouvait sur la montagne, Elie et Moïse, deux des plus grands héros, sont venus L'encourager.

Soudain, Moïse et Elie apparurent en haut de la montagne, ces deux héros de la foi tant aimés de Dieu et ils s'entretenaient avec Jésus. (Matthieu 17:3 - The Voice)

Ce verset dans *The Message* est traduit ainsi : *ils étaient en pleine discussion*. J'adore ça !

Est-ce que vous n'aimeriez pas ce genre de choses. J'ai rencontré les saints nombre de fois. Chaque rencontre a changé ma vie.

J'ai même découvert qu'ils nous étaient liés à un niveau encore incompréhensible pour nous. La vérité est que nous avons besoin que tous les membres de l'Église opèrent ensemble comme un seul corps mystique. Nous ne pouvons pas achever cette mission cosmique seuls.

Dieu a approuvé tous ces gens à cause de leur foi et pourtant, aucun d'eux n'a reçu ce qu'il leur avait promis. C'est que Dieu avait prévu quelque chose de meilleur pour nous : ils ne devaient donc pas parvenir sans nous à la perfection. (Hébreux 11:39-40)

Nous ne pourrons voir la transformation de la terre que si nous opérons tous ensemble. C'est ainsi que Dieu l'a prévu.

Je suis absolument certain que nous allons voir de plus en plus d'apparitions des saints. On a une idée de ce qui va venir dans Matthieu 27:50-53. C'est une histoire extraordinaire qu'il est parfois difficile à croire.

A ce moment, Jésus poussa de nouveau un grand cri et rendit l'esprit. Et voici qu'au même instant, le rideau du Temple se déchira en deux, de haut en bas ; la terre trembla, les rochers se fendirent. Des tombes s'ouvrirent et les corps de beaucoup d'hommes fidèles à Dieu qui étaient morts ressuscitèrent. Ils quittèrent leurs tombeaux et, après la résurrection de Jésus, ils entrèrent dans la ville sainte où beaucoup de personnes les virent.

Vous vous rendez compte, les saints sont apparus dans la ville sainte ! Ils se sont promenés dans la ville avec un nouveau corps. C'est extraordinaire ! C'est ainsi que nous avons été unifiés à la croix. C'est le pouvoir de Vie révélé dans les Évangiles : le message de joie.

Le chanteur Britannique Godfrey Birtill a déclaré :

Il y a deux mille ans, nous avons tous perdu notre sang par un seul corps. Toute distance a été effacée en Christ et la séparation n'est qu'une illusion, un mensonge.[4]

J'adore la définition de l'église que les catholiques et les évangélistes ont en commun :

L'Église est le peuple de Dieu, le corps et la mariée de Christ et le temple du Saint-Esprit. L'Église unique et universelle est une famille transnationale, transculturelle, transconfessionnelle et multi-ethnique : le foyer de la foi. Dans son sens le plus large, l'Église comprend tous les rachetés au travers des âges, formant le corps unique de Christ, qui s'étend au travers du temps comme de l'espace.[5]

Comme ils l'ont commencé à la croix, les saints ont poursuivi leur apparition au travers des âges auprès de nombreux chrétiens. Ils les ont soit emmenés dans les lieux célestes soit leur sont apparus sur terre. Il y a une petite histoire amusante dans Actes lorsque deux hommes apparaissent (« les hommes en blanc » ont une connotation toute particulière dans la Bible) :

Après ces mots, ils le virent s'élever dans les airs et un nuage le cacha à leur vue. Ils gardaient encore les yeux fixés au ciel pendant qu'il s'éloignait, quand deux hommes vêtus de blanc se présentèrent devant eux et leur dirent : Hommes de Galilée, pourquoi restez-vous ainsi à regarder le ciel ? Ce Jésus qui a été enlevé au ciel du milieu de vous, en redescendra un jour de la même manière que vous l'avez vu y monter. (Actes 1:9-11)

Je trouve cette histoire très drôle. Deux saints ont reçu comme mission sur terre (ce que Bill Johnson appelle les « permissions à terre ») d'aller demander aux disciples pourquoi ils restaient à regarder le ciel ! Il est évident qu'ils sont encore sous le choc d'avoir vu Jésus léviter et disparaître. Dieu a un sens de l'humour absolument inouï. Il faut avoir un sens du jeu et de la joie pour être bien en Sa présence. Comme on peut le lire dans la Bible, Il est Bienheureux (1 Timothée 1:11).

Les saints des lieux célestes ont continué d'apparaître sur terre depuis l'époque du livre des Actes dans la Bible. Les livres d'histoire sont remplis de récits relatant comment ils sont venus enseigner, réconforter et même aider. Ils apparaissent souvent lorsque quelqu'un est sur le point de mourir. Ils viennent pour honorer la vie de cette personne et l'accompagner dans son voyage aux cieux. Je pourrais vous raconter tellement d'histoires mais je n'en ai pas la place alors je choisis l'une de mes préférées.

Elle est tirée de la vie de Joseph de Cupertino.[6] Ce dernier était en train de prier à l'église durant la nuit lorsqu'un esprit démoniaque est venu souffler les cierges pour essayer de lui faire peur. Lisez ce qui s'est passé :

Les esprits [démoniaques] traitaient Joseph comme leur ennemi. Une nuit, alors que le serviteur de Dieu se tenait debout devant l'autel de Saint François dans la basilique d'Assise, il entendit une porte s'ouvrir violemment et vit un homme entrer. Il faisait tellement de bruit en marchant qu'on aurait cru qu'il avait les pieds chaussés d'acier. Pendant que le saint l'observait, il s'aperçu que son avance était ponctuée par l'éteignement de chaque lampe, une par une, jusqu'à leur extinction complète. L'église était plongée dans les ténèbres et l'intrus se tenait à côté de lui.

Vous vous imaginez à sa place, dans le noir le plus total avec un être diabolique à côté de vous !

Sur ce, le diable car c'était bien lui, se jeta furieusement sur Joseph,

le jeta au sol et commença à l'étrangler. Joseph invoqua (appela) alors Saint François. Il le vit se lever de sa tombe et rallumer une par une toutes les lampes à l'aide d'une petite bougie. La lueur força le démon à disparaître. C'est pour cela que Joseph donna à Saint François le nom d'« Éclaireur de l'Église ».

C'est une histoire absolument incroyable ! Surtout lorsque l'on sait que Saint François avait déclaré :

Toute l'obscurité du monde ne saurait éteindre la lueur d'une seule bougie.[7]

Il avait raison et il en a fait la preuve même après sa mort. La bougie brûle toujours.

Si vous pouvez voir l'avenir, vous pouvez en faire partie. Les saints pouvaient voir notre époque par la foi. La « nuée des témoins » vit avec nous, dans leur cœur car ils nous aiment comme des grands-parents. Ils sont intimement liés à notre vie, ne pouvant être complets sans nous (Hébreux 11:39-40) et ont le droit de nous encourager suivant la direction du Saint Esprit. Ils désirent que nous réussissions avec eux.

Aimeriez-vous faire l'expérience de cette communauté ? Je suis certain que oui. Nous ne devrions jamais nous sentir seul.

Paul Keith Davis (White Dove Ministries) a découvert que lorsqu'on honore les saints, ils se manifestent :

Je suis absolument certain que ce dont vous parlez va arriver. Si vous parler des anges, ils apparaissent. Si vous parlez des défenseurs de la foi, ils viennent. Si vous parlez de ce qu'ils ont fait et du manteau qui était le leur (leur appel de Dieu) et qu'ils ont défendu dans cette génération, vous les verrez apparaître dans la pièce. Nous sommes observés, vous êtes observé ![8]

C'est comme cela que tout a commencé pour moi. J'ai lu des livres sur la vie des saints. J'ai médité et considéré longuement la manière dont Dieu avait opérer par eux, j'ai prié et me suis engagé dans les cieux par la foi. Et puis, un jour, Dieu a commencé à m'introduire auprès de Ses amis si chers à Son cœur.

La plus récente, alors que j'écris ce livre, a été la visite spirituelle inattendue de Madame Guyon, la mystique française bien connue. Elle s'est humblement agenouillée devant moi, priant en silence. La présence de Dieu s'est alors fait sentir dans toute notre maison. Rachel, ma femme, s'est précipitée pour voir ce qui arrivait. Un moment tellement précieux et transformateur.

N'aimeriez-vous pas vivre de telles expériences? Alors vivez avec un cœur grand ouvert.

Lorsque vous vivez avec une telle attitude d'honneur et de désir, le ciel envahit la terre. C'est aussi simple que cela. Si vous voulez connaître l'abondance, vivez dans une culture de respect et d'honneur.

La vérité est que nous ne sommes jamais seuls. Vous ne serez jamais seul.

Toute illusion de distance, de séparation d'avec Dieu a été annulée lorsque Jésus est mort sur la croix.

Le rideau a été déchiré, nous ne faisons plus qu'un.

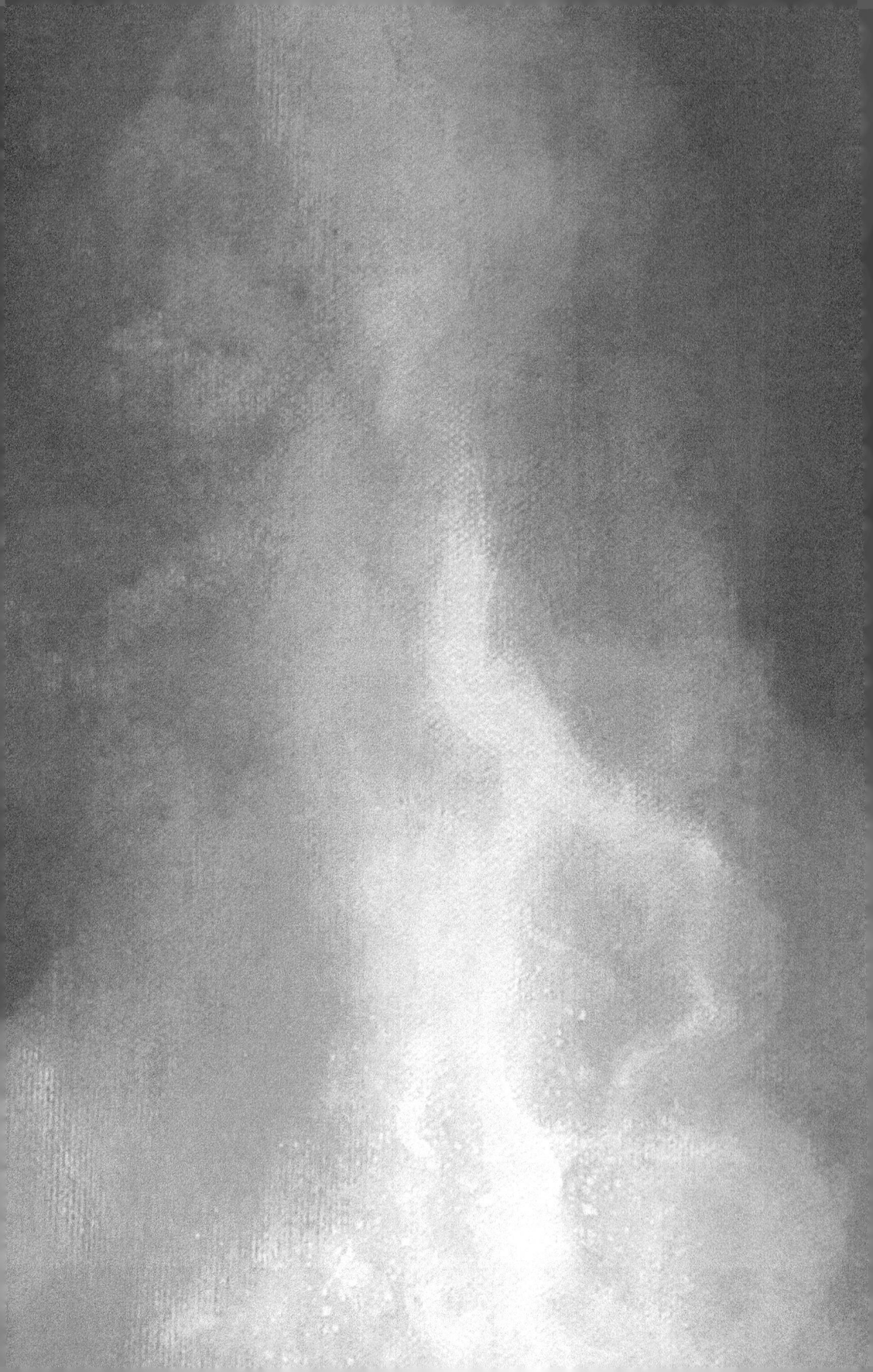

TÉLÉPATHIE INTRINSÈQUE

Mais Jésus, connaissant leurs pensées... (Matthieu 12:25)

Dans les deux chapitres qui suivent, nous allons approfondir notre compréhension du monde « KAINOS » en étudiant une nouvelle manière de communiquer par l'esprit. Une faculté inestimable qui se développe au fur et à mesure que nous mûrissons en Christ. Les média appellent cette faculté « télépathie ». Les scientifiques lui donnent parfois le nom de « radio mentale ».

Pas de panique ! Je sais que c'est un sujet à controverse qui représente un défi pour beaucoup de gens mais permettez-moi de déclarer que non seulement c'est un concept tout à fait biblique, et vous allez le voir, mais vous allez aussi réaliser que Jésus le faisait tous les jours.

Je parie que vous serez aussi passablement excité à l'idée des futures possibilités qui vous sont offertes en tant qu'être « KAINOS ». Tout comme Jésus, nous sommes tous destinés à découvrir et développer notre faculté de télépathie. Dans ce nouveau style de vie de notre nouvelle création, c'est tout à fait NATUREL. En fait, c'est l'avenir !

Selon Larousse, la télépathie est :

Une transmission de pensées ou d'impressions quelconques d'une personne à une autre en dehors de toute communication par les voies sensorielles connues.

Le mot « télé » veut simplement dire « à distance » comme dans « télévision » et « pathie » signifie « ce qu'on éprouve ». Les théologiens catholiques ont un mot pour cela : « cardiognosie » qui veut dire « connaissance par le cœur ». Un bien beau mot.

En 1930, l'auteur américain Upton Sinclair a écrit un ouvrage devenu célèbre sur ce sujet, intitulé « *Mental Radio* ». Il suggère que la télépathie est un phénomène scientifique qu'il appuie sur de nombreuses expériences intéressantes réalisées avec sa femme et de proches amis. Albert Einstein a approuvé ce livre d'avant-garde et a déclaré que c'était une idée qu'il fallait explorer.

(Mental radio) mérite d'être pris sérieusement en considération, non seulement par les laïcs mais aussi par toute la profession des psychologues.[1]

Bien qu'ils ne comprenaient pas exactement ce qui se passait, Sinclair et Einstein pensaient tous les deux qu'il y avait quelque chose à découvrir. Quelque chose que la science n'avait pas compris… mais qu'elle expliquerait un jour !

En 1924, le scientifique allemand Hans Berger a fait l'objet d'une intéressante expérience télépathique. Il a manqué de peu d'être tué dans un épouvantable accident de cheval. Sa sœur l'a ressenti au moment où c'est arrivé.

Hans Berger, l'Allemand qui a réalisé le premier électroencéphalogramme (EEG) en 1924… est tombé de cheval et a évité de toute justesse d'avoir la tête fracassée par un attelage de chevaux galopant derrière lui. Sa sœur, qui se trouvait à des kilomètres de là, a ressenti le danger et insisté pour que leur père télégraphie afin de demander ce qui se passait. Elle ne lui avait jamais télégraphié auparavant. Cette expérience a tellement éveillé la curiosité de Berger qu'il a abandonné ses études de mathématiques et d'astronomie pour étudier la médecine dans l'espoir de découvrir la source de cette énergie psychique.[2]

Avez-vous jamais ressenti quelque chose comme cela ? Sentir d'un seul coup qu'un ami a un grave problème, sans savoir pourquoi ?

Je me souviens, il y a des années, d'avoir eu la forte sensation qu'il fallait que j'appelle mon amie Mary. Je pouvais sentir que quelque chose n'allait pas du tout et je l'ai appelée immédiatement. Elle m'a dit qu'elle avait vécu une situation des plus éprouvantes au travail. Elle vivait seule et mon appel tombait au moment parfait.

C'est étrange mais à qui cela n'est-il jamais arrivé ? On pense d'un seul coup à un ami et justement, il nous appelle ou nous envoie un message sur Facebook. Pourquoi ? On se met à chantonner une chanson et quelqu'un déclare : « Je pensais justement à cette chanson ». On rencontre quelqu'un pour la première fois et l'on a une mauvaise impression à son sujet. Comment savions-nous que ce n'était pas quelqu'un de confiance ?

N'avez-vous jamais remarqué comment deux personnes ont la même idée au même moment ? Combien de fois avons-nous vu deux films ou deux technologies pour ainsi dire identiques être présentés à la même époque ? En fait, c'est tellement courant que les scientifiques appellent cela « un effet multiple » :

Il existe un phénomène scientifique fantastique intitulé « l'effet multiple ». Il couvre de multiples personnes qui, bien qu'isolées les unes des autres géographiquement, font la même découverte au même moment. Des gens qui ne communiquent absolument pas entre eux, découvrant ou inventant la même chose au même moment, bien souvent ne réalisant pas que leur idée a été présentée au publique très récemment par quelqu'un qui faisait des recherches sur la même chose.[3]

Il est de plus en plus évident que les gens peuvent être connectés entre eux en dehors du paradigme de la physique. En 2014, des scientifiques ont déclaré qu'ils avaient réussi à envoyer un message mental :

Un message simple a été transmis entre deux personnes distantes de milliers de kilomètres, sans utiliser la voix, affirment des scientifiques.

Pour cette expérience, un des sujets en Inde porte des électrodes sur la tête transmettant via internet ses activités cérébrales comme un électroencéphalogramme, alors qu'il pense des messages très simples comme « bonjour » ou « salut ».

L'ordinateur convertit ces impulsions électriques en code binaire, le langage machine, avant de les envoyer à un autre ordinateur qui les transmet au cerveau d'une autre personne en France sous forme de flash lumineux, expliquent ces scientifiques.

Le sujet ne pouvait ni entendre ni voir les mots eux-mêmes mais a été capable d'interpréter les signaux lumineux pour saisir le message.

En fait cela revient à transmettre un message par télépathie.

Selon ces scientifiques, il s'agit d'un premier pas dans l'exploration d'autres moyens de communication.[4]

J'inclus un élément scientifique pour que vous puissiez y réfléchir plus profondément.

Le plus important pour nous est : « Que dit la Bible à ce sujet ? ». Jésus était-Il télépathe ? Pouvons-nous le voir dans la Bible ? La réponse est très simple : « Oui ». C'est dans toute la Bible. Il était tout à fait NORMAL pour Jésus d'entendre les pensées, souvent cachées, des gens. Regardez les versets suivants avec une nouvelle ouverture d'esprit. C'est absolument incroyable !

Mais, comme il connaissait leurs pensées, il leur dit... (Luc 11:17)

Mais Jésus connaissait leurs pensées. Il leur dit : Pourquoi avez-vous ces mauvaises pensées en vous-mêmes ? (Matthieu 9:4)

Mais Jésus, connaissant leurs pensées, leur dit... (Matthieu 12:25)

Jésus touchait au plus profond des problèmes de leur cœur. Il ciblait les motifs cachés de leur âme. Il répondait souvent non pas aux questions posées par les gens mais à celles portées dans leur cœur. Dans les cieux, le cœur a bien plus de portée que la bouche.

Mais Jésus ne se fiait pas à eux car il savait leur cœur inconstant. (Jean 2:24, The Passion Translation)

... je suis celui qui sonde les pensées et les désirs secrets... (Apocalypse 2:23)

... je suis celui qui sonde les reins et les cœurs... (Apocalypse 2:23, Louis Segond)

Cette traduction est l'une de mes préférées :

Mais Jésus savait sur sa vie qu'Il ne pouvait pas leur faire confiance. Il les connaissait comme s'Il les avait faits et Il savait qu'ils étaient indignes de confiance. Il n'avait pas besoin d'autre chose pour connaître leurs pensées et leur cœur, ils étaient transparents à Ses yeux. (Jean 2:24, The Message)

Ils étaient transparents à Ses yeux ! C'est vraiment quelque chose dont nous avons besoin.

Jésus est venu sur terre représentant la Lumière et la Vérité. Il pouvait opérer sans aucune illusion extérieure. Personne ne pouvait le tromper par son apparence, titre ou éducation. Il ne jouait pas au chat et à la souris et ne mentait pas. Facebook et Twitter ne l'impressionneraient certainement pas !

… l'Éternel regarde jusqu'au fond des cœurs et il discerne toutes les intentions… (1 Chroniques 28:9) *… l'Éternel sonde tous les cœurs et pénètre tous les desseins et toutes les pensées…* (1 Chroniques 28:9, Louis Segond) *… L'homme devient ce qu'il pense qu'il est dans son cœur…* (Proverbe 23, The Passion Translation).

Mais dans tout cela, Dieu observe au travers de Son amour. Il peut voir les trésors cachés en chacun. Il peut retirer aux gens leurs fausses illusions et les sortir de leur prison mentale. Il nous « réveille » tous et nous ramène dans le monde auquel nous appartenons vraiment.

Jésus n'a pas utilisé la télépathie pour condamner l'humanité. Il est venu nous prouver que Dieu nous soutenait. Il est venu pour apporter la justice à ceux qui en avaient besoin et la liberté aux captifs.

… Il (Jésus) ne jugera point sur l'apparence, Il ne prononcera point sur un ouï-dire. Mais il jugera les pauvres avec équité et il prononcera avec droiture sur les malheureux de la terre. (Ésaïe 11:3-4, Louis Segond)

Pratiquer la cardiognosie ou la télépathie ne veut pas dire maltraiter les gens ou les condamner. Il s'agit simplement de vivre en se basant sur une plus haute perspective. C'est la joie de reconnaître et d'être reconnu, d'être vulnérable et honnête les uns envers les autres, de marcher dans la Lumière dans une authentique communauté.

Pouvez-vous imaginer Jésus sans cette faculté ? Moi, je ne peux pas.

Alors pourquoi imaginez-vous que vous ne pouvez pas avoir cette faculté ?

La vie exacte de Jésus est maintenant répétée en nous. Nous sommes co-révélés dans la même gloire. Nous ne faisons plus qu'un avec Lui. Tout comme Sa vie vous révèle, votre vie Le révèle. (Colossiens 3:4, The Mirror Translation)

Il est notre Miroir. C'est en Lui qu'il faut nous voir.

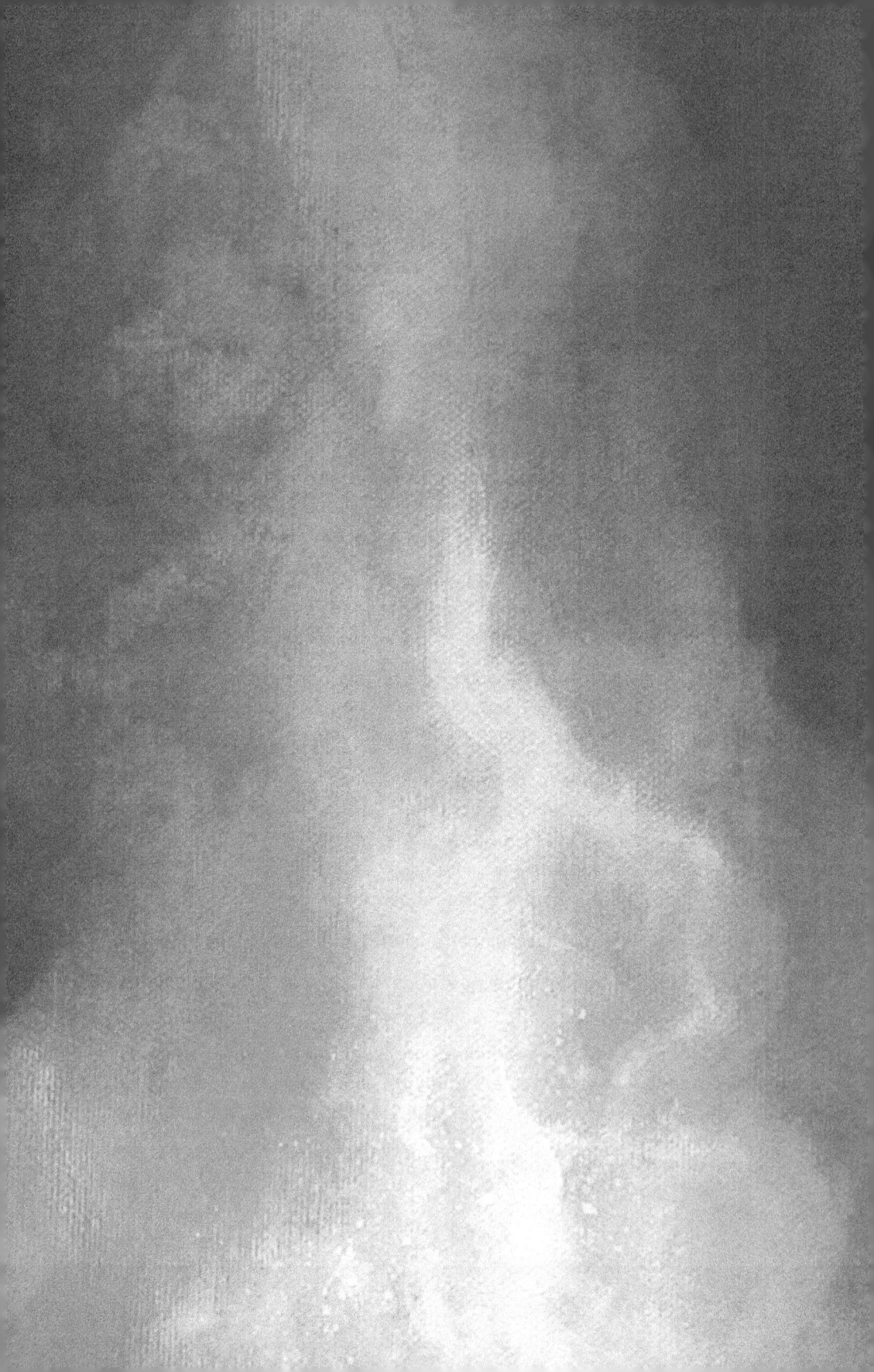

EN UN NOYAU TÉLÉPATHIQUE

Nous sommes tous liés les uns aux autres et nous devenons ensemble ce qu'il nous est impossible de devenir seuls. (Romains 12:5, The Voice)

Vous êtes toujours là malgré le fait que j'ai utilisé le mot TÉLÉPATHIE dans le chapitre précédent ? Et vous voulez en savoir plus ? Génial, il y a tellement à découvrir !

Ainsi nous parviendrons tous ensemble à l'unité dans la foi et dans la connaissance du Fils de Dieu, à l'état d'adultes, à un stade de maturité où se manifeste la plénitude qui nous vient de Christ. (Éphésiens 4:13)

Nous voulons atteindre cette maturité et nous voulons manifester la plénitude qui nous vient de Christ.

Dans ce chapitre, je vais poursuivre les témoignages sur la vie des saints et présenter la manière dont la télépathie opère dans notre vie. Je vais ensuite vous montrer comment il est possible pour des communautés entières d'opérer de cette manière. En fait, c'est notre avenir !

Ne soyez pas choqués par ce que je viens de déclarer car c'est ainsi que nous avons été créés. C'est ainsi que nous avons été équipés par Dieu avant le péché. Dans le livre d'Hénoch[1], nous pouvons lire que nous n'étions pas supposés compter sur des livres pour transmettre le savoir. Il n'y a aucune intimité avec un livre ! Vous pouvez lire une biographie et ne jamais rencontrer la personne en question. A l'origine, nous devions vivre pour toujours et transmettre notre savoir par une connexion directe. Adam était supposé être un livre vivant, grand ouvert, rempli de lumière, transmettant son savoir génération après génération par cardiognosie.

C'est ce qui va de nouveau arriver. C'est notre avenir. Nous pouvons en voir quelques exemples dans la vie des saints. Dans le témoignage qui suit, vous allez découvrir comment Jeanne Guyon, la mystique française, a découvert qu'elle pouvait communiquer cœur à cœur durant une grave maladie.

Durant cette extraordinaire maladie, le Seigneur m'a montré petit à petit une autre manière pour converser par l'âme – dans un silence profond. Chaque fois que le Père La Combe me rendait visite, je ne lui parlais qu'en silence. Nous communiquions par nos cœurs, par la grâce, sans mots. C'était comme de découvrir un nouveau pays, pour lui comme pour moi, mais c'était tellement divin que je ne peux pas le décrire. Nous avons passé de nombreuses heures en silence, continuant de communiquer sans prononcer une seule parole… Plus tard, j'ai pu avoir la même expérience avec d'autres personnes mais la communication n'allait que dans un sens : je pouvais leur transmettre la grâce mais je ne recevais rien d'elles. Avec le Père La Combe, la communication de cette grâce allait dans les deux sens.[2]

N'est-ce pas extraordinaire ? C'est ce que l'on appelle une véritable unité. Être UN, comme Dieu nous avait créés à l'origine. N'aimeriez-vous pas communiquer ainsi ?

Gérard Majella est un autre saint qui pouvait lire le cœur des gens et savait exactement ce qui se passait dans leur vie. Voici comment il a démasqué un mendiant faussement handicapé.

(Il) détestait la pratique de certains hommes qui prétendaient être estropiés afin de vivre de la générosité des gens. Un jour, ce saint vit un homme qui se trainait sur ses béquilles, une jambe bandée de haillons, plaidant pour recevoir l'aumône… Gérard s'approcha de l'homme, arracha les haillons et lui ordonna de cesser de prétendre afin de protéger son âme. « Voyant que sa supercherie avait été découverte, le faux estropié s'enfuit sur ses deux jambes, oubliant ses béquilles derrière lui. »[3]

Cette faculté était aussi très pratique durant les confessions !

(St Philip Neri) avait aussi le don de lire les cœurs et les âmes. Il appliquait fréquemment ce don dans le confessionnal lorsque la personne se confessant oubliait de déclarer un péché ou ne le faisait pas par honte d'avoir commis une grave faute. Un jour, alors qu'un jeune homme trouvait difficile de décrire un certain péché, le Saint eut pitié de lui et décrivit exactement comment tout s'était passé.[4]

C'est ce dont nous avons besoin de nos jours. N'en avez-vous pas assez d'être trompé par des menteurs qu'ils soient politiciens, célébrités ou orateurs sur YouTube ? Avec l'internet, nous avons besoin de discernement à longueur de temps !

La vérité est que je n'arrive pas à imaginer ma vie sans cardiognosie. Elle est essentielle car je parcours le monde entier. Ce n'est même pas une option si nous voulons faire des disciples dans toutes les nations.

Je me souviens de la première fois que ma femme et moi avons entendu ensemble les pensées de quelqu'un. Nous étions sur une plage au Pays de Galles et nous montions notre tente pare-soleil. Il y avait une femme juste derrière nous. Nous l'avons entendue tous les deux au même instant qui pensait : « Je ne veux pas qu'ils s'installent là, ils me bloquent la vue sur la mer. » Nous nous sommes tous les deux exclamés : « Tu as entendu ? ». Nous avons trouvé très drôle que Dieu nous permette d'entendre ce commentaire… et bien sûr, nous sommes allés nous installer plus loin.

J'apprécie ce don à sa juste valeur. Je ne peux pas opérer sinon. Lorsque je voyage, il m'arrive souvent de voir l'autorité spirituelle que les leaders portent. Je peux voir si une personne connait des moments difficiles et parfois, quels sont ses problèmes. Je peux sentir leur rouleau de destinée et si elles le suivent. J'arrive souvent à sentir quand les gens mentent.

Durant l'un de mes séminaires, un jeune homme me parlait de pureté. Malheureusement, il n'était pas honnête avec moi car je pouvais voir dans ses pensées qu'il avait couché avec une fille quelques jours auparavant. Il avait aussi d'autres problèmes liés à la drogue. Je lui ai souri et l'ai serré dans mes bras. Je n'ai pas mis à jour ses mensonges, j'ai simplement compris pourquoi il mentait. Il avait besoin de Papa. Il avait besoin d'être aimé.

J'ai aussi découvert que la télépathie est plus intense lors de profonds états d'union. Lorsque je suis profondément engagé dans la présence de Dieu, des fois je peux voir comme dans un flash, ce que les gens sont réellement. C'est comme si je les connaissais depuis des années. Ce n'est pas courant mais j'apprécie beaucoup lorsque cela m'arrive.

J'ai aussi fait l'expérience de la cardiognosie sur une grande échelle. Lors d'une importante conférence, durant les louanges, j'ai senti ma poitrine se remplir d'une présence aussi douce que le miel. Mon cœur se gonflait de l'amour de Dieu. Je ressentais les pensées et les sentiments de tous les gens dans cette immense pièce. Ce n'est pas quelque chose qui m'arrive souvent.

Lorsque mon intellect est au repos et que je suis profondément absorbé dans la présence de Dieu, je peux parfois entendre les questions des gens avant qu'ils ne me les posent. Cela m'arrive généralement avec des amis très proches. Lorsque quelqu'un est cher à votre cœur, il semble plus facile de se connecter. Et des fois, j'oublie d'attendre qu'ils me posent la question et je leur donne la réponse ! Je les ai bien fait rire nombre de fois.

Ne soyez pas effrayé de ce témoignage, soyez ouvert. Comme je l'ai déjà expliqué dans le chapitre précédent, c'est dans la Bible. Voyons un autre exemple dans Actes.

Pierre lui dit : Ananias, comment as-tu pu laisser Satan envahir à tel point ton cœur? Tu as menti au Saint-Esprit en cachant le prix réel de ton champ pour en détourner une partie à ton profit ! ... Comment avez-vous pu vous concerter pour provoquer ainsi l'Esprit du Seigneur? (Actes 5:3-9)

Pierre connaissait leurs pensées. C'est assez incroyable ! Vous savez comment l'histoire se finit, tous les deux tombent raide mort. Une bien triste histoire.

Imaginez si Pierre n'avait pas pu lire leurs pensées, l'église entière aurait collaboré à une duperie. Elle aurait participé à un échange avec Satan, de pouvoir et de fierté, elle aurait donné dans la corruption.

Il nous faut revenir à ce niveau de perspicacité. Nous ne pouvons plus esquiver ce sujet si important, nous ne pouvons plus être dupés par ce que nous voyons. Paul savait que l'extérieur n'est pas la réalité, c'est l'intérieur qui est important.

Ainsi, désormais, nous ne considérons plus personne d'une manière purement humaine (2 Corinthiens 5:16) ... à partir d'un point de vue humain (Lexham English Bible).

Nous devons pouvoir voir derrière l'apparence, au-delà des rumeurs positives ou négatives, tout comme Dieu :

L'homme ne voit que ce qui frappe les yeux, mais l'Eternel regarde au cœur. (1 Samuel 16:7)

C'est exactement ce qui se passe dans le royaume des cieux. Dans cette dimension invisible, nos pensées ont plus de poids que nos paroles. Nous communiquons par couleur, fréquence et son.

J'ai vu les saints TRANSFIGURÉS au sein du Conseil de Dieu, discutant les uns avec les autres par le biais de rayons hyper rapides de couleurs vivantes. On aurait dit des fibres optiques spirituelles ! Des rayons fascinants de couleur rose, pêche, bleue, jaune… allant d'un esprit à l'autre, interagissant les uns avec les autres comme des abeilles dans une immense ruche, parlant plus rapidement que je ne peux le comprendre. Une expérience d'une beauté extraordinaire !

Nous pouvons voir des exemples simplifiés de ces communications directes dans la Bible. Paul raconte comment quelqu'un en Macédoine lui est apparu en vision. L'homme lui a parlé par télépathie.

Là, Paul eut une vision au cours de la nuit : un Macédonien se tenait devant lui et le suppliait : Viens en Macédoine et secours-nous ! (Actes 16:9)

Certaines personnes appellent cela « l'invasion des rêves » et c'était courant dans la vie des saints. Ian Clayton s'amuse à appeler cela des « textos spirituels ». Il en fait régulièrement !

Si l'on amène la communauté à un niveau supérieur, Paul - qui était un mystique radical – a vu qu'il nous était possible d'être synchronisés sur terre en un noyau de communauté spirituelle. Tout comme mes visites dans le royaume des cieux :

Rendez donc ma joie complète : tendez à vivre en accord les uns avec les autres. Et pour cela, ayez le même amour, une même pensée et tendez au même but. (Philippiens 2:2)

Ou tout simplement … soyez UN EN PENSÉE. (2 Corinthiens 13:11)

C'est une technologie spirituelle « KAINOS ». Nous sommes un noyau vivant de communication qui transcende la matrice espace-temps. Toute notion de distance a été effacée en Christ. Nous sommes liés tous ensemble de manière mystique par l'amour, dans la communion d'un seul Corps.

J'ai découvert que plus nous opérons profondément en union, plus nous nous engageons ensemble en la présence de Dieu, plus nous pouvons opérer dans ce don. Plus je m'enrobe de l'Essence Divine, plus ce monde de béatitudes me devient naturel. Nous ne pouvons rien faire seul mais en union, nous touchons à la perfection.

Nous sentir déconnecté est une fausse impression de notre intellect. La réalité est UN.

Ainsi, nous qui sommes plusieurs, nous formons un seul corps en Christ et nous sommes tous membres les uns des autres. (Romains 12:5, LS)

Nous sommes tous liés les uns aux autres et nous devenons ensemble ce qu'il nous est impossible de devenir seuls. (The Voice)

Quel extraordinaire verset ! Notre avenir dépend de notre divine unité.

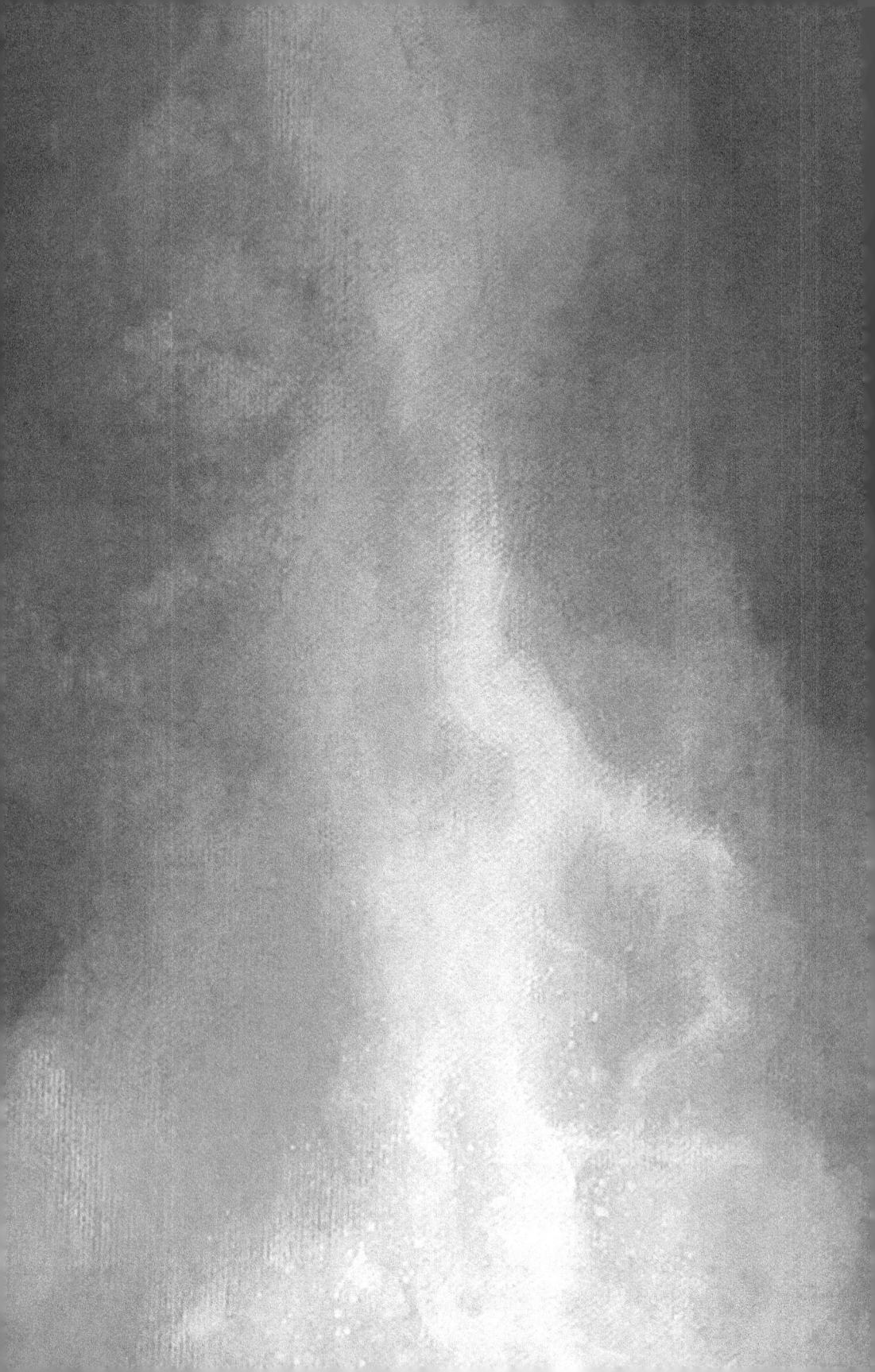

LA VISION À DISTANCE

Jésus lui répondit : Vraiment, je te l'assure : à moins de renaître d'en haut, personne ne peut voir...(Jean 3:3)

Avant la venue de Jésus, l'humanité était vraiment limitée au monde physique. Nous étions restreints par le temps et l'espace, coincés dans nos corps naturels, spirituellement aveugles, perdus !

Avec la nouvelle création, tout cela a changé. Pour tous les chrétiens nés de nouveau, le fruit porté par notre choix est une nouvelle vision. La foi ouvre nos yeux spirituels.

Et nous ne portons pas notre attention sur les choses visibles, mais sur les réalités encore invisibles. Car les réalités visibles ne durent qu'un temps, mais les invisibles demeureront éternellement. (2 Corinthiens 4:18)

L'apôtre Paul pensait qu'il était tout naturel de voir. Il encourageait ceux qui l'écoutaient à regarder dans l'invisible, à toujours garder les yeux fixés sur les choses « d'en haut ». Paul était un mystique !

Mais vous êtes aussi ressuscités avec Christ : recherchez donc les réalités d'en haut, là où se trouve Christ, qui siège à la droite de Dieu. (Colossiens 3:1)

Ce même verset dans The Message est très intéressant :

Levez les yeux et soyez vigilants sur ce qui se passe autour de Christ, c'est là où est toute l'action. Regardez les choses à partir de Sa perspective.

Il existe un autre mystère dans les Évangiles et il nous est démontré par Jean, l'apôtre bien-aimé. Il se trouva ravi en esprit au jour du Seigneur et entendit une voix derrière lui et « *se retourna pour connaître quelle était la voix qui lui parlait* » (voir Apocalypse 1). Lorsque nous sommes dans l'esprit, concentrés sur les choses d'en haut, nous pouvons « nous tourner ». J'ai découvert que Dieu désire tellement nous montrer Son monde, Il veut que nous puissions voir.

Les gouvernements dans le monde entier savent que les humains (bien que vivant les conséquences du péché) peuvent voir des événements à distance. Tout comme la télépathie, c'est quelque chose que la science actuelle ne peut pas expliquer. Ils savent cependant que certaines choses arrivent. Ils appellent cette faculté « la vision à distance ».

La vision à distance (remote viewing en anglais) est un type de perception, non consensuel dans le milieu scientifique, utilisé lors de protocoles de parapsychologie.

La vision à distance est un moyen d'obtention d'informations, inaccessibles par la perception directe des cinq sens. Il met en œuvre les capacités psychiques.[1]

Les États-Unis en avait fait un projet d'étude appelé « Projet Stargate ». Je sais que cela a l'air de science-fiction mais c'est un fait réel ! Ce projet a duré officiellement 20 ans et a cessé en 1995 après une « déclaration officielle » d'échec. Cependant, si vous faites quelques recherches, vous découvrirez que certaines personnes étaient en fait très douées. Un homme, en particulier, avait identifié les caractéristiques du système solaire avant que la NASA le fasse avec ses satellites. Intéressant, n'est-ce pas ?

Si un homme tout simple peut avoir accès à une telle faculté, combien plus nous, les fils « KAINOS » dotés d'une Nature Divine, pouvons l'avoir ?

Nancy Coen, une précurseuse chrétienne, appelle cette faculté de la nouvelle création : « La vision sans limite ».

C'est fascinant, quel talent ! Le télescope Hubble n'est rien comparé à ce que nous pouvons voir. Avez-vous déjà observé le cosmos avec Jésus ?

Nous arrivons à la fin d'une époque et au commencement d'une autre où nous allons découvrir cette nouvelle clarté dans notre vision, en mûrissant spirituellement.

Les adultes, quant à eux, prennent de la nourriture solide : par la pratique, ils ont exercé leurs facultés à distinguer... (Hébreux 5:14)

Ce qui était autrefois réservé aux prophètes va devenir normal pour tous. Prenons quelques exemples :

Aimeriez-vous pouvoir protéger votre pays de toute attaque ? C'est exactement ce qu'Élisée a fait pour Israël. Chaque fois que le roi de Syrie les envahissait, les Israéliens étaient prêts à se battre et remportaient systématiquement la victoire. Ils étaient prévenus et le roi de Syrie était furieux. Il pensait qu'il y avait un espion dans son camp.

Cela se produisit à plusieurs reprises, au point que le roi de Syrie en fut profondément troublé. Il convoqua ses officiers et leur dit : Ne voulez-vous pas me dire qui, parmi nous, est du côté du roi d'Israël ?

L'un de ses officiers lui répondit : Personne, mon seigneur le roi. C'est Elisée, le prophète d'Israël, qui révèle à son roi jusqu'aux paroles que tu prononces dans ta chambre à coucher. (2 Rois 6:11-12)

Elisée avait découvert le mystère que j'essaye de vous enseigner. Il était le bouclier de son pays et le protégeait contre l'ennemi. Il aidait le gouvernement et vivait au-delà des limites de sa localité. Il avait appris à se déplacer dans le royaume des cieux, avec Dieu.

Que pensez-vous de pouvoir assister à des réunions secrètes ? N'aimeriez-vous pas savoir ce qui se passe tout autour du monde ? Le prophète Ézéchiel a pu observer l'idolâtrie qui était pratiquée en secret et les gens impliqués. Il savait que le gouvernement était corrompu et connaissait les cabales de sa génération.

Il me dit : Entre et regarde les horreurs abominables qu'ils commettent ici ! J'entrai et je regardai, et voici que je vis, dessinées sur la paroi tout autour, toutes sortes de représentations de reptiles et de bêtes répugnantes et toutes les idoles de la communauté d'Israël. Soixante-dix hommes, responsables de la communauté d'Israël, se tenaient debout devant les idoles, chacun d'eux avait en mains son encensoir d'où s'élevait le parfum d'un nuage d'encens et Yaazania, le fils de Shaphân, se trouvait au milieu d'eux. Le Seigneur me demanda : As-tu vu, fils d'homme, ce que les responsables du peuple d'Israël font en cachette, chacun dans l'obscurité, chacun dans la chambre de son idole ? Car ils se disent : « L'Eternel ne nous voit pas, l'Eternel a quitté le pays. » (Ézéchiel 8:9-12)

Ces renégats pensaient qu'ils pouvaient faire ce qu'ils voulaient parce que Dieu ne pouvait pas les voir. Est-ce que ce n'est pas la même chose de nos jours ? Combien de gouvernements et de sociétés traitent des affaires immorales ? Ils le font parce qu'ils pensent que personne ne les voit. Cela aussi va changer !

N'ayez donc pas peur de ces gens-là ! Car tout ce qui est tenu secret sera dévoilé et tout ce qui est caché finira par être connu. (Matthieu 10:26)

Je pense que de nouveaux noyaux ecclésiastiques vont apparaître dans toutes les nations et que leurs membres pourront voir, écouter et comprendre dans le spirituel. Ils recevront des connaissances innées et brilleront de sagesse.

Il y a des détails du passé qui nous suggèrent ce qui va arriver, tout particulièrement lorsqu'on lit la vie des saints celtiques. A une époque où il n'y avait ni portables ni « Facebook », ils utilisaient « la vision sans limite » et la cardiognosie pour rester en contact. Ils savaient ce qui se passait ailleurs.

Un jour à Iona, St Columba se leva brusquement alors qu'il était assis à lire et déclara en souriant : « Je dois me rendre maintenant à l'église pour implorer Dieu, au nom d'une jeune femme qui souffre horriblement durant un accouchement extrêmement difficile. Elle est en Irlande et m'implore par mon nom. Elle espère que Dieu va la soulager si j'intercède pour elle car elle fait partie de ma famille, son père est un parent de ma mère. »[2]

Notez bien que la jeune femme implorait St. Columba. Elle a établie contact, d'esprit à esprit, par cardiognosie. Elle a texté « A l'aide » spirituellement. Lorsque quelque chose est profondément ancré dans votre cœur, votre esprit réagit et suit. Si la personne que vous désirez contacter est sensible et ouverte spirituellement, elle sentira le message et y répondra. C'est un appel téléphonique par l'esprit.

L'histoire de St Columba se finit ainsi :

St Columba, éperdu de compassion pour la jeune femme, se rua à l'église et s'agenouillant, pria Christ, le Fils de l'Homme. Une fois sa prière finie, il sortit et déclara aux membres de sa communauté qui le rencontrèrent : « Notre Seigneur Jésus, né d'une femme, a porté sa faveur sur cette pauvre jeune femme et a envoyé immédiatement

de l'aide pour la délivrer de ses difficultés. Elle a maintenant donné jour à son enfant et ne risque plus la mort. »

Ils découvrirent plus tard par les locaux que tout ce qu'il avait déclaré s'était bien passé. C'était quelque chose de normal pour St Columba, le prophétique opérait avec clarté et précision. C'est aussi quelque chose que nous allons voir arriver, au fur et à mesure que les oracles tout autour du monde prennent leur place. Tout comme Samuel dont les paroles ne tombaient pas dans le vide. Préparez-vous à voir émerger un nouveau ministère prophétique bien plus extraordinaire que tout ce que nous avons vu.

Dans l'histoire suivante, St Columba rencontre quelqu'un dans une pension de famille. Il voit immédiatement d'où l'homme vient et les événements-clés se passant dans sa famille là-bas.

Lorsque le saint le vit, il lui demanda : « Où habitez-vous ? » L'homme répondit : « A Cruach Rannock sur les bords du loch. » Le saint lui dit alors : « Ce district est un endroit où des maraudeurs épouvantables sont en train de sévir. » Le pauvre ouvrier entendant cela commença à craindre le pire pour sa femme et ses enfants mais le saint le réconforta en lui disant : « Rentrez vite mon cher, allez. Toute votre famille a pu s'échapper et se réfugier dans les collines. Cependant, les maraudeurs vous ont volé votre petit cheptel et tous vos meubles. » Lorsque l'homme retourna dans son district, il découvrit que tout ce que le saint avait déclaré était bien arrivé.

Bob Jones, le célèbre prophète américain décédé en 2014, avait souvent des expériences de ce style. Certaines sont d'ailleurs très amusantes. Je me souviens d'avoir reçu pour une conférence au Pays de Galles, il y a des années de cela, Jeff Hansen (Global Fire Ministry). Jeff se détendait à son hôtel. Il était en train de se regarder dans le miroir lorsqu'il vit soudainement apparaitre Bob derrière lui (Bob était l'un de ses mentors). Complètement abasourdi, Jeff se retourna immédiatement et ne vit personne. Il appela immédiatement Bob aux États-Unis pour savoir si c'était bien lui. Bob rit et lui déclara : « Oui, je voulais simplement vérifier que tout allait bien ! » Il adorait Jeff et voulait être sûr que tout se passait bien durant son périple au Pays de Galles. Je trouve ça génial ! C'est cela le style de vie « KAINOS ».

Dieu m'a appris que lorsque vous chérissez quelqu'un dans votre cœur, que vous aimez cette personne et la considérez dans votre esprit comme un trésor, vous pourrez ressentir et voir des tas de choses dans sa vie. Votre esprit suivra votre cœur (voir 2 Rois 5:26).

J'ai eu des visions d'événements qui se passaient très loin. J'ai suivi en rêve et en vision, des conseils d'administration et des conversations qui se tenaient loin d'où j'étais. Je me souviens un jour d'avoir vu ce que ma femme Rachael faisait dans la cuisine alors que j'étais dans le salon. Dieu m'a aussi permis de voir, de temps en temps, des choses dans l'espace, loin de la terre.

Notre frère ainé est le Prototype. Il est le Roc sur lequel nous nous tenons et basons notre vie. Jésus a vécu sur terre libre de toute limite humaine. Il pouvait voir au-delà de sa vision naturelle.

Jésus vit Nathanaël s'avancer vers lui. Alors il dit : Voilà un véritable Israélite, un homme d'une parfaite droiture. D'où me connais-tu? lui demanda Nathanaël. Avant même que Philippe t'appelle, lui répondit Jésus, lorsque tu étais sous le figuier, je t'ai vu. (Jean 1:47-48)

Jésus a vu Nathanaël avant même de le rencontrer. Ce mot spécifique sur le figuier a touché Nathanaël droit au cœur et il a immédiatement cru en Jésus.

N'avez-vous jamais eu ce genre d'expérience ? N'avez-vous jamais rencontré quelqu'un pour la première fois et eu l'impression que vous connaissiez cette personne ? Peut-être l'aviez-vous vue en esprit. Vous allez être surpris si je vous dis que votre esprit est bien plus actif que vous ne le pensez. Il est toujours en action, tout particulièrement la nuit. Il ne dort jamais.

Notre vision n'est pas limitée aux gens et aux nations. Nous pouvons voir des événements se passant à distance, comme Elisée pouvant voir le roi de Syrie. Mais nous pouvons aussi voir dans les lieux célestes. Jésus a déclaré :

Il leur répondit : Je voyais Satan tomber du ciel comme l'éclair. (Luc 10:18)

Jésus voyait tout le temps dans des tas de dimensions, opérant avec Son Père. En fait, pour opérer véritablement en tant que fils, nous devons voir en esprit.

Jésus répondit à ces reproches en leur disant : Vraiment, je vous l'assure : le Fils ne peut rien faire de sa propre initiative ; il agit seulement d'après ce qu'il voit faire au Père. Tout ce que fait le Père, le Fils le fait également, (Jean 5:19)... Moi, je parle de ce que j'ai vu chez mon Père... (Jean 8:38)

Il peut tout voir dans le monde entier.

Car l'Eternel parcourt toute la terre du regard... (2 Chroniques 16:9)

Où pourrais-je aller loin de ton Esprit ? Où pourrais-je fuir hors de ta présence ? Si je monte au ciel tu es là et si je descends au séjour des morts, t'y voilà ! Si j'emprunte les ailes de l'aube et que j'aille demeurer aux confins des mers, là aussi ta main me dirigera, ton bras droit me tiendra. (Psaume 139:7)

L'auteur de ce psaume comprenait que l'Esprit de Dieu était partout et qu'Il remplissait tout, même l'enfer. La création est plus petite que la Trinité. Même les Cieux dans leur immensité sont trop petits !

Mais est-ce qu'en vérité Dieu habiterait sur la terre, alors que le ciel dans toute son immensité ne saurait le contenir? (1 Rois 8:27)

Celui qui est descendu, c'est aussi celui qui est monté au-dessus de tous les cieux afin de remplir l'univers entier. (Éphésiens 4:10)

Je trouve ces versets fantastiques, c'est de l'or en barre, des portes ouvertes sur l'Océan Divin. Franchissez-les !

Et c'est là que c'est passionnant pour nous en tant que fils de Dieu. Ne sommes-nous pas un seul esprit avec Lui en ce moment même ? Les évangiles ne sont-ils pas un message d'union avec Lui ? Un mariage spirituel ? Mais oui, bien sûr!

Mais celui qui s'unit au Seigneur devient, lui, un seul esprit avec lui. (1 Corinthiens 6:17)

Donc, d'une certaine manière spirituelle, nous pouvons aller N'IMPORTE OÙ en Christ parce que nous sommes déjà partout en Lui. Nous sommes en Lui et Christ est en nous. Extraordinaire ! Paul déclare :

Car ceux qui sont conduits par l'Esprit de Dieu sont fils de Dieu. (Romains 8:14)

L'Esprit de Dieu nous appelle. Nous avons des choses à faire et des endroits à visiter ! (Romains 8:14, The Message)

J'adore cette invitation. C'est comme dans le dessin animé d'Aladin, lorsqu'il lui dit : « Est-ce que tu me fais confiance ? » Vous n'avez peut-être pas vu ce film. Jasmine réfléchit à l'offre de voler puis saute sur le tapis volant avec Aladin. Ils entonnent alors une chanson fantastique parlant d'un « nouveau monde ». Exactement de quoi je parle !

Aladin chante : « **Je vais ouvrir tes yeux aux délices et aux merveilles…** »

C'est une image prophétique de ce que veut dire vivre en esprit. Cela ne peut pas être effrayant puisque nous sommes avec Lui. Nous ne sommes pas seuls puisqu'Il nous emmène et nous guide. Nous volons dans Sa grâce, ne faisant plus qu'UN.

Et Jasmine lui répond :

« **Je suis montée trop haut, allée trop loin. Je ne peux plus retourner d'où je viens**. »

C'est le rêve du royaume des cieux pour nous : aller si haut et si loin que nous ne voulons plus retourner où nous étions. Tout comme Hénoch !

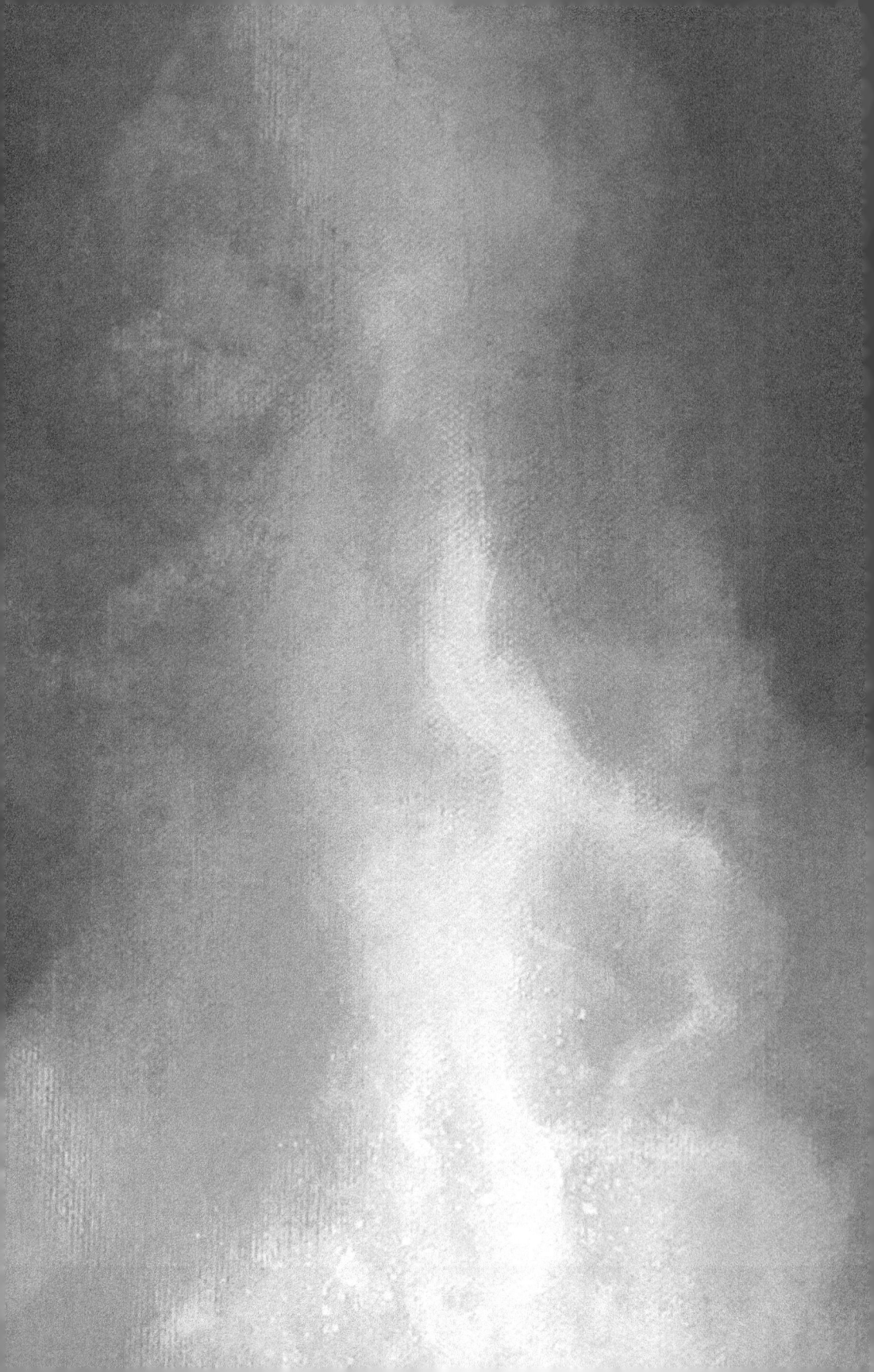

CONNAISSANCES INNÉES

> Dieu donna à Salomon une sagesse exceptionnelle, une très grande intelligence et une large ouverture d'esprit qui le fit s'intéresser à des questions aussi nombreuses que les grains de sable au bord de la mer. Sa sagesse dépassait celle de tous les sages de l'Orient et de l'Egypte. (1 Rois 5:9-10)

Je suis absolument ravi que vous ayez décidé de continuer à lire. Je sais que c'est un véritable challenge pour certains d'entre vous donc toutes mes félicitations pour votre persévérance. Je suis certain que je n'ai fait que vous ouvrir l'appétit et que vous désirez encore plus maintenant. C'est normal, Dieu vous a créé ainsi. Je suis certain que dans l'avenir, tout ce dont je parle deviendra courant. Nous entrons dans une nouvelle époque.

Essayons ensemble d'étendre la définition de ce que nous pouvons faire MAINTENANT. L'église n'a jamais été très loin en ce domaine, aussi dans ce chapitre, nous allons goûter à d'autres facultés mystiques émanant de notre union avec le Divin. Permettez-moi de vous introduire aux « connaissances innées » et aux « cœurs amplifiés ».

Comme pour le Tardis du Docteur Who (je suis un fan), nous sommes bien plus grands à l'intérieur qu'à l'extérieur. Nous avons, stockés à l'intérieur de nous, tous les mystères et les richesses des cieux. Il nous faut simplement apprendre à y accéder et à les utiliser pour aider le monde autour de nous. Vivre à partir de l'intérieur.

Commençons par les « connaissances innées ». On peut les définir comme :

La faculté d'avoir des connaissances naturelles (laïques) et surnaturelles (spirituelles) conférées par Dieu de manière miraculeuse. Certaines personnes pensent qu'Adam et Eve avaient cette faculté ayant été créés à l'âge adulte et destinés à être les premiers enseignants de la race humaine.[1]

Les connaissances innées sont donc des connaissances qui nous sont données directement par Dieu. Elles ne viennent aucunement par l'étude et ne sont donc pas naturelles. Elles sont surnaturelles et pas limitées à un seul sujet. Elles peuvent couvrir les domaines de la science, musique, langues, temps, gens, art, etc... et même du cosmos. Elles peuvent être conférées d'un seul coup ou petit à petit. C'est le fruit d'une union mystique.

Je suis le cep de la vigne, vous en êtes les sarments. Celui qui demeure en moi et en qui je demeure, portera du fruit en abondance, car sans moi, vous ne pouvez rien faire. (Jean 15:5)

Ce qu'il y a de plus extraordinaire avec les connaissances innées, c'est qu'elles sont parfois conférées en secret, sans que vous sachiez que vous les avez reçues. Elles « infusent » votre cœur durant la nuit ou lorsque vous êtes en la présence de Dieu.

Et pourtant, Dieu nous parle, tantôt d'une manière et puis tantôt d'une autre. Mais l'on n'y prend pas garde. Il parle par des songes et des visions nocturnes, quand un profond sommeil accable les humains endormis sur leur couche. Alors il se révèle à l'oreille des hommes, scellant les instructions dont il les avertit. (Job 33:14-16)

Il y a des années, j'ai été profondément touché par le témoignage de Joshua Mills (New Wine International). Il a expliqué comment il avait rencontré Dieu et l'impact gigantesque que cela avait eu sur l'adolescent qu'il était alors. Il participait à une réunion à l'église lorsqu'il avait été complètement « envahi » par le Saint-Esprit. Le lendemain matin, à son réveil, il a découvert qu'il pouvait jouer tout instrument à clavier et écrire des chants. C'était en lui, il savait qu'il pouvait le faire. Dieu avait « scellé Ses instructions » en lui durant son sommeil. N'est-ce pas génial, un téléchargement divin !

Les connaissances innées sont liées au principe de l'union. J'en parle souvent dans mes podcasts. C'est tout simplement l'un des fruits d'une relation amicale avec Dieu, l'une des marques spécifiques d'une ectasie spirituelle.

J'en ai fait l'expérience une fois dans ma vie alors que j'étais dans un avion m'amenant en France pour participer à des réunions de jeunesse. Je méditais sur la douceur et la bonté de Dieu lorsque je me suis retrouvé d'un seul coup dans les cieux. Devant moi étaient les « livres de l'avenir » et j'ai reçu une compréhension de l'histoire d'Hénoch. J'ai reçu la connaissance innée que l'Ecclésia reconstruirait les villes en ruine, redéfinirait le paysage de la terre et transformerait l'ADN. J'ai reçu une connaissance innée d'Ésaïe 61:3-4. Absolument fantastique !

Certaines personnes pensent qu'Adam avait cette faculté et que les premiers humains utilisaient 100% de leur cerveau. Créé pour être prêt à opérer, Adam n'a jamais appris à marcher ou à parler, c'était inné pour lui. Il est né adulte, avec les connaissances d'un adulte. Il savait comment travailler la terre et créer des technologies. Il avait une connaissance profonde et innée des animaux et des plantes. Il connaissait leur nature.

Nous pouvons souvent voir cette faculté en Jésus. Avec la femme au puits, Il connaissait toute sa vie. Elle en a été sidérée !

Il y eut, dans cette bourgade, beaucoup de Samaritains qui crurent en Jésus grâce au témoignage qu'avait rendu cette femme en déclarant : « Il m'a dit tout ce que j'ai fait. » (Jean 4:39)

Il savait toute son histoire, tout ce qu'elle avait fait et Il comprenait ses souffrances. Ce n'était pas des connaissances naturelles, cela venait de l'Esprit, du Père (1 Corinthiens 2:10).

Avez-vous jamais eu une expérience pareille, recevoir en un instant une connaissance conférée par Dieu ?

Dans l'histoire de l'église, il existe de nombreux témoignages sur ce sujet. Je lis souvent les histoires des saints celtes. Ils ont été un flambeau du christianisme pendant des siècles, offrant l'espoir dans les îles britanniques. Dans l'histoire suivante, Sainte Bridget et ses compagnes attendaient de rencontrer un personnage officiel important afin de discuter d'un cas.

Bridget adorait la musique. Un jour, elle se rendit dans la forteresse d'un chef de clan près de Knockaney (County Limerick en Irlande) pour demander la libération d'une prisonnière. Un vieillard, le père adoptif qui avait élevé le chef de clan, lui demanda de s'asseoir et de bien vouloir attendre ce dernier. Alors qu'elle attendait, elle vit des harpes pendues aux murs. Elle demanda qu'on joue mais aucun harpiste n'était présent. Les sœurs qui accompagnaient Bridget demandèrent au vieillard de prendre une harpe et d'en jouer, déclarant que tant que Bridget serait présente, il pourrait

le faire. Le vieillard pris l'une des harpes et commença à en jouer n'importe comment mais découvrit qu'il pouvait produire mélodies et harmonie. Un autre membre de la famille, impressionné, décida d'essayer avec une autre harpe et obtint le même résultat. La salle fut rapidement remplie de joyeuse musique et sur ce, le chef de clan arriva. Il entendit son père adoptif rire, chose rarissime. Ravi de la situation, il accorda à Bridget tout ce qu'elle lui demandait.[2]

N'est-ce pas merveilleux ? C'est vraiment le genre de choses dont nous avons besoin de nos jours, au travail, à la maison, dans les écoles. Pouvez-vous imaginer cela ? Moi, j'en rêve ! Je peux envisager les îles sauvages de la Grande-Bretagne retentissant d'éclats de joie !

Ces miracles ne se limitent pas aux temps anciens. John G. Lake, l'évangéliste-guérisseur américain, a aussi fait l'expérience de la connaissance innée. Un jour, alors qu'il attendait son train, il eut une profonde envie de parler de Jésus à des Italiens qui attendaient aussi sur le quai.

Comme j'arpentais le quai de la gare, je m'écriais : « Oh mon Dieu, combien j'aimerais pouvoir parler à ces hommes du Christ vivant et de Son pouvoir de salut. »

L'Esprit répondit : « Tu le peux. »[3]

C'est absolument extraordinaire, tout comme la fin de l'histoire :

Je m'avançais vers eux et alors que je m'approchais, je m'entendis commencer à parler dans une langue étrangère. Je m'adressais à l'un des hommes et il me répondit immédiatement en italien. Je lui demandais d'où il venait et il me répondit : « Naples ». Durant quinze minutes, Dieu m'a permis de déclarer la vérité sur Jésus-Christ et le pouvoir de Dieu à un groupe d'ouvriers en italien, une langue dont je ne connaissais pas un mot.

John G. Lake a prophétisé une pluie de grâce qui viendrait oindre une future génération, capable de parler TOUTES les langues. Il a pu voir que ce qu'il avait reçu était les prémices, petites et temporelles, de ce qui allait arriver un jour.

Pouvez-vous imaginer cela maintenant ? Nous tous, parlant DES TAS de langues ! Cela en jetterait dans les médias et bouleverserait le monde entier. J'ose espérer voir cela arriver. Paul a déclaré :

Quant à nous, s'il nous est arrivé de dépasser la mesure, c'est pour Dieu... (2 Corinthiens 5:13)

Le deuxième pouvoir « KAINOS » est ce que j'appelle les « cœurs amplifiés ». C'est une faculté profonde et surnaturelle pour appliquer des connaissances, résoudre des énigmes et trouver des solutions.

Il s'agit d'un cœur sage qui va au-delà de la pensée naturelle. C'est ce qu'avait Salomon et nombre d'autres saints. Lisez le verset suivant et imaginez qu'il s'applique à vous :

Dieu donna à Salomon une sagesse exceptionnelle, une très grande intelligence et une large ouverture d'esprit qui le fit s'intéresser à des questions aussi nombreuses que les grains de sable au bord de la mer. Sa sagesse dépassait celle de tous les sages de l'Orient et de l'Egypte. (1 Rois 5:9-10)

Aucune limite, c'est fantastique !

La Bible est remplie de gens qui opéraient ainsi bien avant la nouvelle création. Des petits signes avant-coureurs d'un grand jour à venir. Parmi eux, on peut citer Daniel. Il a pris la responsabilité de toute une nation par l'esprit. Il a reçu en échange autorité et un cœur amplifié.

Car cet homme, Daniel, que le roi a nommé Beltshatsar, possède un esprit extraordinaire, de la connaissance et de l'intelligence pour interpréter les rêves, trouver la solution des énigmes et résoudre les problèmes difficiles... (Daniel 5:12)

N'aimeriez-vous pas cela ?

Selon une certaine théorie, nous utilisons 10% ou moins de notre cerveau. A quoi servent les 90% non-utilisés ? Peut-être pour un niveau supérieur de conscience et d'engagement dimensionnel, ce que nous appelons le domaine spirituel.

Ce que nous savons, c'est que Jésus est venu pour restaurer tout ce qui avait été perdu. Pour tout reprendre. Ceci comprend notre intellect, notre raisonnement, nos connaissances... 100% et au-delà.

Car le Fils de l'homme est venu chercher et sauver ce qui était perdu. (Luc 19:10)

Feu Bob Jones a prophétisé que nous allions voir nos facultés cognitives s'accroître au fur et à mesure que nous approcherions l'époque de la récolte. J'y crois profondément.

Nous ne pouvons pas comprendre l'époque dans laquelle nous vivons si nous n'acceptons qu'il va y avoir une extraordinaire augmentation de révélation, de sagesse et de compréhension divines.

Voici ce qui arrivera, dit Dieu, dans les jours de la fin des temps : Je répandrai de mon Esprit sur tout le monde. Vos fils, vos filles prophétiseront, vos jeunes gens, par des visions, vos vieillards, par des songes, recevront des révélations. Oui, sur mes serviteurs, comme sur mes servantes, je répandrai de mon Esprit, en ces jours-là : ils prophétiseront. (Actes 2:17-18)

C'est un changement massif ! Nous sommes entrés dans l'époque de la Révélation de la Vérité et cela ne va que s'accroître !

A l'époque d'Hénoch, c'était l'opposé. Sagesse ne pouvait pas trouver de place où que ce soit sur terre. C'était une génération sans loi et rebelle qui n'avait pas d'amour pour Dieu. C'était une époque de ténèbres où Sagesse ne pouvait que rester dans le royaume des cieux. On peut lire dans *le Livre perdu d'Hénoch*[4] :

Il semble étrange que Sagesse ne trouva pas de place sur terre pour séjourner. Une place lui fut alors assignée dans les cieux... Elle vint chercher où séjourner parmi les enfants des hommes mais ne trouva aucune place. Elle revint dans les cieux et séjourna parmi les anges.

Malgré cela, Hénoch vit une époque où tout cela changerait, où les gens viendraient dans les cieux pour boire aux fontaines de Sagesse. Il a pu voir dans l'avenir les communautés émergentes de la nouvelle Ecclésia.

J'ai vu la fontaine de droiture qui est intarissable. Tout autour, il y avait des fontaines de sagesse ; Ceux qui avaient soif en buvaient l'eau et ils étaient alors remplis de sagesse.

Des noyaux mystiques venant sur la Sion Divine pour apprendre à suivre les chemins de Dieu. C'est fantastique et cela a déjà commencé.

Hénoch a vu ensuite que sagesse saturerait la terre avec les secrets de droiture. Ce sera une invasion de connaissances et un déversement de l'Esprit de Sagesse !

Sagesse sera déversée comme de l'eau et la gloire de Dieu ne manquera jamais. Parce qu'Il est puissant en toute chose et dans tous les secrets de droiture.

Il s'agit de notre époque, j'en suis persuadé, je peux le voir. J'ai rencontré des gens « KAINOS » qui ont reçu de manière innée des concepts et technologies de l'informatique, des conceptions automobiles, des idées pour étendre la durée de vie, des algorithmes d'avant-garde, des connaissances nanotechnologiques et bien d'autres choses encore. Certaines de ces connaissances dépassent l'entendement ! Cela arrive maintenant, bien souvent en secret. J'ai visité un centre de nouvelles créations pour le voir de mes propres yeux. Ce que j'ai découvert est extraordinaire. Je trouve cela génial !

N'est-ce pas là quelque chose que vous désirez ?

De manière extraordinaire, c'est ce que Dieu désire pour nous tous et même plus !

N'aie pas peur, petit troupeau! Car il a plu à votre Père de vous donner le royaume. (Luc 12:32)

N'ayez aucun doute, c'est la JOIE de Dieu de partager Son royaume avec vous.

Invoque-moi et je te répondrai, je te révélerai de grandes choses et des choses secrètes que tu ne connais pas. (Jérémie 33:3)

Vous ressentez peut-être que vous n'êtes pas qualifié pour recevoir tout cela. Les Évangiles sont un merveilleux message : nous n'étions pas qualifiés alors Jésus a tout fait pour que nous le soyons ! Il a vécu une vie parfaite pour nous. Nous faisons maintenant face au royaume des cieux par la foi, c'est un don de Dieu. Il nous faut croire et non pas œuvrer. Nous sommes sauvés par la grâce pas par les œuvres :

Car c'est par grâce que vous êtes sauvés, par le moyen de la foi. Cela ne vient pas de vous, c'est un don de Dieu. (Éphésiens 2:8)

Cette grâce arrive dans des petits groupes tout autour du monde. Des noyaux de gouvernements voient le jour constamment, dans des maisons privées, dans des groupes de prière, dans les églises qui se laissent diriger par le Saint-Esprit, dans des bureaux, dans des endroits secrets.

Lors d'un rêve, j'ai vu une mère de famille être personnellement mentorée par les Cieux, chez elle. Pendant qu'elle faisait le ménage, on lui enseignait les secrets du royaume des cieux. Un enseignement qui a duré des années, en secret, jusqu'à ce qu'elle soit commissionnée pour enseigner. Un jour, elle s'est lancée et a commencé à parler. Rien ne pouvait l'arrêter, un nouvel oracle était né.

Tout ce qui est caché doit être mis en lumière, tout ce qui est secret doit paraître au grand jour. (Marc 4:22)

Les gouvernements viendront voir les gens comme elle, pour les inviter à leurs réunions, pour recevoir d'eux un ministère prophétique et de prières. Ces gens deviendront essentiels pour résoudre les problèmes de notre époque. On ne pourra pas les acheter ou les convaincre, ils agiront suivant ce que Dieu leur dira, assis avec Christ, en repos avec Dieu dans le travail fini. Ils offriront des ministères de « Parole Vivante ».

J'ai décidé de parler de ceci parce que je suis persuadé que vous faites partie de ceux qui ont été choisis pour connaître ces mystères. Vous vivez à une époque ou Sagesse va être déversée sur terre comme une averse. Vous allez connaître une expansion au-delà de tout ce que vous avez pu imaginer jusqu'à présent, comme Salomon.

Dieu donna à (*votre nom) une sagesse exceptionnelle, une très grande intelligence et une large ouverture d'esprit qui fit (*votre nom) s'intéresser à des questions aussi nombreuses que les grains de sable au bord de la mer. (1 Rois 5:9)

Déclarez cela bien fort. Vivez-le. Désirez-le. Vivez-le en rêve. Croyez-y ! Imaginez votre héritage avec une foi « KAINOS » innocente, comme celle d'un petit enfant.

Mais si vous demeurez en moi et que mes paroles demeurent en vous, demandez ce que vous voudrez, vous l'obtiendrez. (Jean 15:7)

Être UN avec Dieu signifie que Sa parole est en nous et vivante.

Les nouveaux oracles arrivent... peut-être même plus tôt que nous ne le pensons !

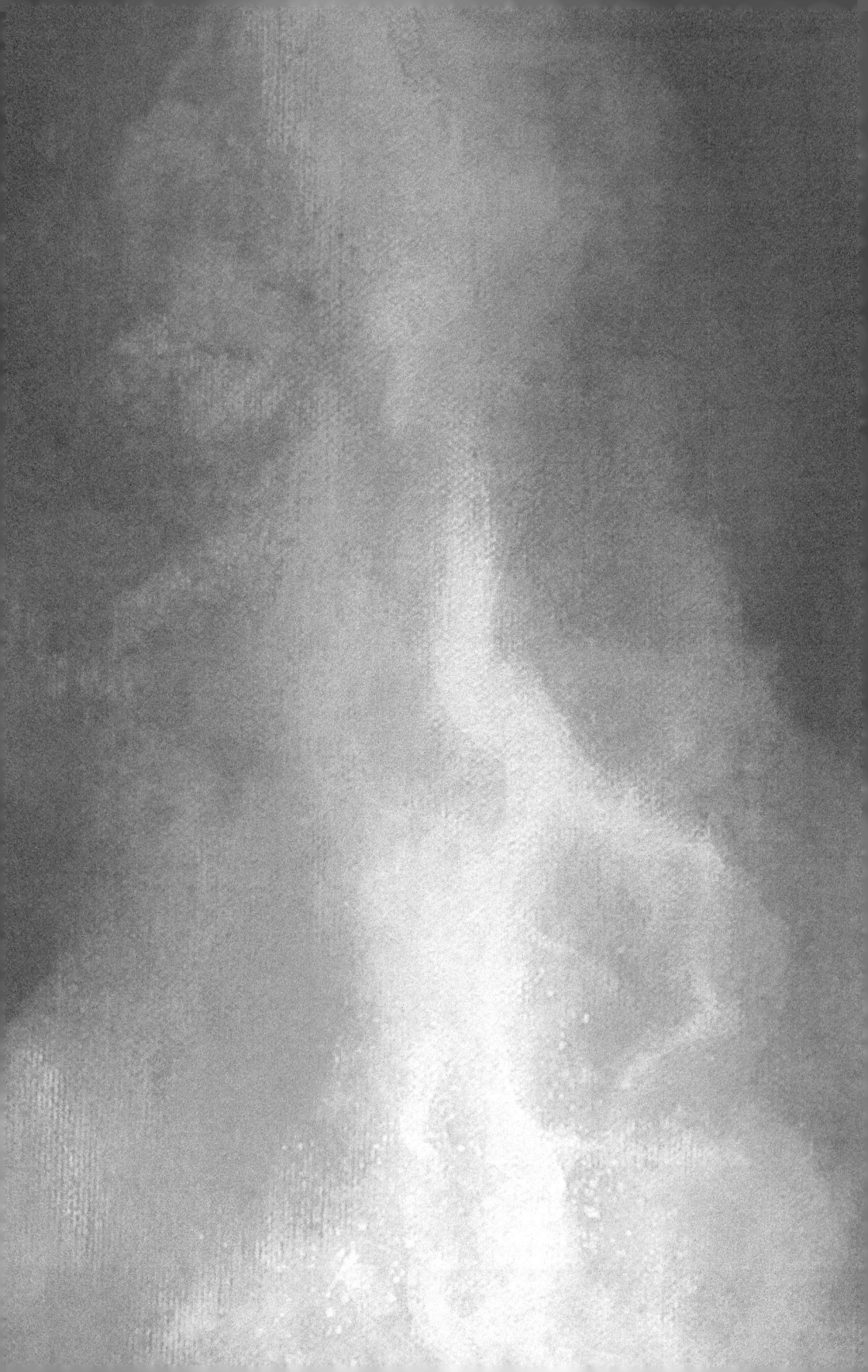

« Je pense que les transports miraculeux vont grandement s'accroître »

John-Paul Jackson[1]

En 2014, j'ai commencé à être introduit à un certain mystère. En tant que fils de Dieu, nous avons été conçus pour réaliser par l'esprit ce que nous réalisons actuellement sur terre par la technologie. Cette technologie révèle en fait des principes invisibles. C'est une manifestation de la bonté de Dieu.

Dans notre monde naturel, nous avons vu des changements extraordinaires dans la technologie des transports. Mon père me disait à quel point prendre l'avion était un luxe lorsqu'il était enfant. Il était aussi très rare à l'époque pour les gens d'aller à l'étranger, c'était réservé aux gens riches. Passez aux générations de vos grands-parents et arrière-grands-parents et vous découvrez que les voitures étaient aussi un luxe, les gens se déplaçaient en véhicules tirés par un ou plusieurs chevaux.

L'une des technologies « KAINOS » est liée aux transports. Cela concerne la facilité surnaturelle d'être téléporté d'un endroit à un autre. J'ai pu découvrir que les chrétiens profondément engagés VIVRONT dans l'Esprit ET se DÉPLACERONT dans l'Esprit.

En effet, « c'est en lui que nous avons la vie, le mouvement et l'être... » (Actes 17:28)

Daniel a sans doute vu cela arriver dans l'Esprit car dans sa méditation, il a déclaré :

Nombre de gens voyageront partout. (Daniel 12:4, God's Word Translation)

Je pense d'ailleurs que cela deviendra essentiel, au fur et à mesure que les pays renforcent leurs frontières et que nous nous engageons encore plus profondément dans un monde hautement surveillé par l'électronique. La création « KAINOS » transcende les limites temporelles et géographiques.

La terre et ses richesses appartiennent à l'Eternel. L'univers est à lui avec ceux qui l'habitent. (Psaumes 24:1)

Admirons de nouveau avec amour notre schéma tel que Dieu l'a créé, pour ne pas oublier qui nous sommes et ce que nous pouvons faire. Jésus a été transporté dans une pièce, avec son corps que les disciples ont pu toucher :

Pendant qu'ils s'entretenaient ainsi, Jésus se trouva au milieu d'eux et leur dit : Que la paix soit avec vous ! Mais ils furent saisis de crainte et d'effroi, croyant voir un esprit. Pourquoi êtes-vous troublés ? leur dit-il. Pourquoi les doutes envahissent-ils votre cœur ? Regardez mes mains et mes pieds, et reconnaissez que c'est bien moi. Touchez-moi et regardez ! Car un esprit n'a ni chair ni os. Or, vous voyez bien que j'en ai. (Luc 24:36-39)

C'est un témoignage tellement extraordinaire. J'aurais aimé être là !

Ce n'est pas la seule téléportation de Jésus. Il a téléporté les disciples et le bateau dans lequel ils étaient tous, après être arrivé en marchant sur les eaux :

Ils voulurent alors le faire monter dans le bateau et AU MEME MOMENT, ils touchèrent terre à l'endroit où ils voulaient aller. (Jean 6:21)

Imaginez un peu cela : vous montez dans votre voiture, vous entrez votre destination dans votre système de navigation GPS, vous démarrez et hop, votre GPS déclare que vous êtes arrivé.

C'est comme ça que je veux voyager, instantanément !

Une fois Jésus remonté aux cieux, la première église a continué dans le miracle de la téléportation. Philippe a été transporté instantanément à 60 kilomètres d'où il était :

Aussitôt, il donna l'ordre d'arrêter le char ; Philippe et le dignitaire descendirent tous deux dans l'eau et Philippe le baptisa. Quand ils sortirent de l'eau, l'Esprit du Seigneur enleva Philippe et le dignitaire ne le vit plus. Celui-ci poursuivit sa route, le cœur rempli de joie. Philippe se retrouva à Ashdod, d'où il se rendit à Césarée en annonçant l'Evangile dans toutes les localités qu'il traversait. (Actes 8:38-40)

Dans l'Ancien Testament, cette faculté était parfaitement normale. Elie se déplaçait souvent tout autour d'Israël par l'Esprit. C'était tellement courant qu'on lui a demandé d'arrêter de voyager par l'Esprit (voir 1 Rois 18 :12). Il a fallu qu'Elie promette de ne pas disparaître. N'est-ce pas extraordinaire ?

C'est ce que pouvons tous faire si nous le voulons. La vie « KAINOS » est d'opérer par l'Esprit et le pouvoir d'Elie.

J'ai une immense admiration pour feu John-Paul Jackson. Il m'a grandement honoré et je ne l'oublierai jamais. John-Paul a vécu de nombreuses et curieuses expériences. Dans l'histoire qui suit, John-Paul raconte comment un homme au Mexique a été téléporté dans sa chambre d'hôtel en Suisse :

Je me trouvais à Genève, en Suisse. Je voyageais depuis déjà 21 jours et je ne me sentais pas très bien. En fait, j'étais vraiment malade... et c'était dur, très dur. J'avais décollé de l'aéroport de Los Angeles me disant que j'allais aller mieux... 21 jours plus tard, c'était pire.

Il était 2 heures et demie du matin. J'étais éveillé, souffrant terriblement. J'essayais de ne pas être plié en deux par les douleurs. Je regarde mon réveil qui indique 2h30 puis je regarde sur ma droite pour découvrir un homme debout, devant moi. Je me dis que je suis encore plus malade que je ne le pense, j'hallucine. Mais non, il n'y a personne dans ma chambre, c'est une hallucination.

Je déclare : « Mon Dieu, si cela vient de Toi, fais que l'homme me touche et prie pour moi... je veux qu'il mette sa main sur la mienne. Je ne veux pas le truc de l'Esprit qui passe partout en moi. Je veux sentir le poids de sa main sur la mienne et être guéri. »

L'homme doit avoir 70 ou 80 ans, buriné, l'air espagnol ou mexicain. Il me dit : « Je viens prier pour vous pour que vous alliez mieux. » Il pose les mains sur moi et prie. Je ressens comme un rouleau de papier qui me pénètre, couvert de miel et alors qu'il roule en moi, la douleur disparait. Il monte jusqu'à ma tête et descend à mes pieds. Je suis instantanément guéri. Je le regarde, il me sourit et disparait

d'un seul coup.

J'étais guéri ! J'étais tellement content, je me suis levé pour louer Dieu. Je L'ai remercié pour avoir envoyé un de Ses anges... Il m'a alors déclaré : « C'était un de Mes serviteurs au Mexique. Il vit dans un petit village et il Me demandait si je pouvais Me servir de lui d'une manière ou d'une autre. Alors Je te l'ai amené et Je l'ai ramené chez lui. »

John-Paul m'a raconté l'histoire en riant et m'a demandé :

Est-ce que cela te dirait de vivre une telle expérience ? Je sais que cela va arriver ![2]

C'est ce que je veux faire. Je pense que nous sommes prêts pour cette aventure, c'est dans notre ADN.

Matthew Nagy (Glory Company) est un très bon ami. Il lui arrive souvent lorsqu'il monte l'escalier le matin pour aller à son bureau, d'être téléporté d'un étage, pour le rapprocher. Il est toujours surpris. Il médite sur la gentillesse de Jésus et d'un seul coup, il est transporté ! Je suis pour.

J'aime les raccourcis. John et Ruth Filler sont de bons amis. Ils sont venus m'écouter lors d'une conférence en Oregon (États-Unis). Il leur a fallu trois heures en voiture. Au retour, ils ont mis la moitié du temps bien qu'ils aient conduit à la même vitesse ! C'est génial, n'est-ce pas ! J'appelle ce phénomène étrange « un temps riche » (voir Éphésiens 5:16).

Nombre de gens nous envoient des mails ou des messages témoignant du même genre d'expériences. Cette faculté « KAINOS » de donner une autre dimension au temps et à la réalité se développe. Chose amusante, certaines personnes ont témoigné avoir quitté leur domicile en retard et être arrivées à leur rendez-vous en avance. C'est fantastique, c'est extraordinaire et c'est drôle !

Je me souviens de vacances avec Ian Clayton et des amis dans ce pays magnifique qu'est la Nouvelle-Zélande. Nous venions juste de voir les célèbres piscines volcaniques. Ian conduisait sur une route très tortueuse. Nous nous trouvions en haut d'une colline donnant sur une vallée. En un instant, nous nous sommes retrouvés en bas dans la vallée ! Nous avons tous bien ri. J'aurais peut-être apprécié encore plus l'expérience si je n'avais pas été aussi effrayé par la manière de conduire d'Ian !

L'histoire nous montre que Dieu est toujours prêt à aider Ses amis. Il récompense l'amitié. L'un des plus anciens témoignages de la première église est celui de St Ammon voyageant avec Théodore, son disciple :

Lorsqu'ils arrivèrent à un ruisseau qu'ils avaient prévu de traverser à pied, ils s'aperçurent qu'il débordait et qu'ils ne pourraient le passer qu'à la nage. Ils se séparèrent pour se déshabiller. Mais St Ammon, qui était trop embarrassé de nager tout nu, réfléchissait à ce qu'il pourrait faire d'autre. Soudain, il se trouva transporté de l'autre côté. Théodore, une fois sur l'autre rive, découvrit que le saint avait traversé sans se mouiller. Il le pressa et insista tellement pour avoir une explication que le saint dû finalement confesser le miracle.[3]

Je suis certain que le britannique Bear Grylls, aventurier et présentateur télé, adorerait ce genre de miracle !

Il semble que le désir représente une puissante force pour initier les possibilités spirituelles. L'espérance produit la foi et la foi produit l'évidence de l'invisible. La foi forme la réalité.

Dans l'histoire qui suit, St Dominique (fondateur de l'ordre des Dominicains) voulait passer la nuit en prière dans une église. Malheureusement, cette dernière était fermée.

(St Dominique) voyageait un soir avec un frère cistercien lorsqu'ils arrivèrent à une église. Selon l'habitude du saint, il voulut passer la nuit en prière devant l'autel mais trouva malheureusement porte close, impossible d'entrer. Ils décidèrent donc tous deux de passer la nuit en prière sur les marches. Soudain « sans savoir comment, ils se retrouvèrent devant l'autel à l'intérieur de l'église. Ils restèrent-là en prière jusqu'au petit matin ».[4]

C'est le pouvoir du désir, cela touche notre Père Éternel. Avez-vous noté qu'ils n'avaient pas besoin de dormir ? C'est un « fruit » courant pour ceux qui vivent l'union mystique. La Vie est dans l'Union.

J'ai récemment eu le plaisir d'écouter Paul-Keith Davis témoigner sur feu le prophète Bob Jones qui avait toute mon admiration. J'aurais vraiment aimé le rencontrer.

Paul raconte qu'ils étaient à Moravian Falls (États-Unis). Ils venaient prier pour que le terrain soit vendu à l'église. Un matin de très bonne heure, un ange vint réveiller Bob, lui dit de s'habiller et de le suivre. L'ange a alors transporté Bob en haut de la colline afin de confronter un être démoniaque qui bloquait la vente du terrain. Bob a fait ce qu'il devait faire. C'est une histoire absolument fantastique.

Paul-Keith fut tout étonné en se réveillant de bonne heure de voir Bob descendre la colline tout seul. A l'époque, Bob attendait de subir une opération du genou et Paul-Keith trouvait curieux de le voir se promener ainsi. Bob lui raconta tout.

Paul-Keith l'écouta et insista pour que Bob le réveille la prochaine fois qu'un ange viendrait le chercher. Il riait en nous racontant l'histoire mais je suis certain qu'il était tellement déçu de ne pas avoir été là pour en apprécier toute la saveur.

Le Père Lamy était une autre personne âgée (comme Bob) qui avait été transportée pour épargner ses genoux. C'était un prêtre catholique qui faisait des miracles. Il vivait proche des anges qui l'aidaient souvent :

J'ai été soutenu de nombreuses fois par des anges divins lorsque j'étais épuisé. J'ai été transporté d'un endroit à un autre sans savoir comment. J'avais l'habitude de déclarer : « Mon Dieu, je suis si fatigué ! ». Je rendais visite à mes paroissiens, loin de chez moi, souvent la nuit et un jour, je me suis retrouvé sur la Place St Lucien. Comment c'est arrivé ? Je n'en ai aucune idée ![5]

J'adore ça : on se soucie de nous dans les cieux !

Ian Clayton est un précurseur en technologie spirituelle et expérience régulièrement des téléportations. Il s'est retrouvé dans une prison pour guérir un chrétien, en Chine pour enseigner sur le royaume des cieux, au Moyen-Orient pour sauver une famille d'une bombe. Chose étrange, certaines fois, il a été blessé et en porte les cicatrices en témoignage.[6]

De la même manière que nous avons appris à « susciter en nous des facultés » comme la prophétie et parler en langues, nous allons apprendre à susciter la téléportation, bilocation, passer d'une dimension à une autre et réaliser des prodiges. C'est la progression naturelle du processus de maturité d'un Être Spirituel.

Tout comme la technologie naturelle, ce qui semblait magique dans le passé va devenir, au fil du temps, quelque chose de courant et de normal. De nos jours, la technologie explose alors soyez prêts pour l'explosion spirituelle correspondante.

Croyez dans les transports miraculeux !

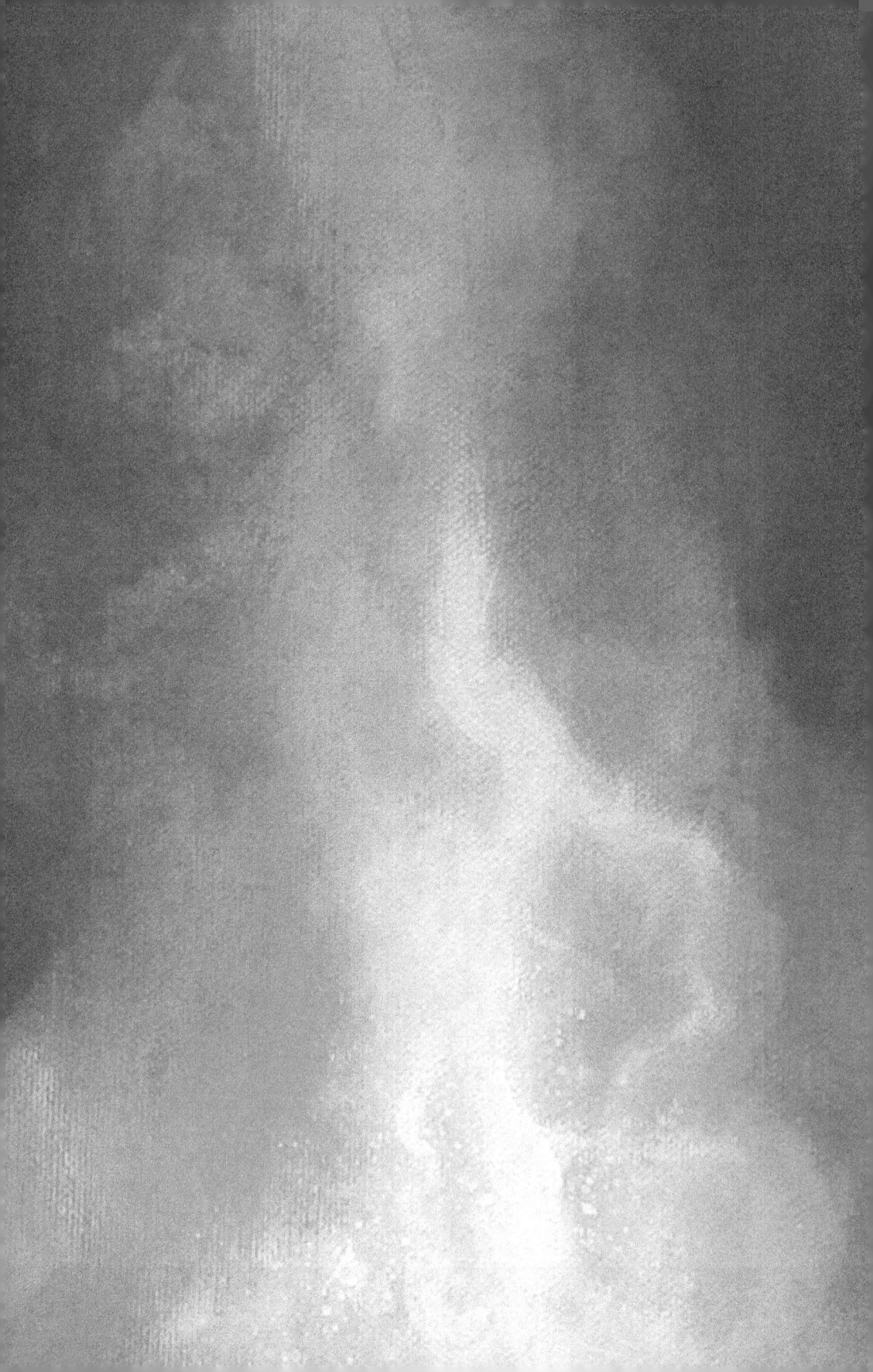

J'ai dû récemment renouveler mon passeport. J'ai donc fait faire de nouvelles photos et j'ai été sidéré de voir combien mon visage avait changé en dix ans. Incroyable !

Au fur et à mesure que vous vieillissez, vous réalisez que votre corps ne représente pas qui vous êtes réellement. Le corps est un cadeau extraordinaire et il sert à un but profond sur terre. Il nous permet d'opérer dans le monde visible mais ne peut en rien définir notre « nous » profond.

Dans ce chapitre, j'aimerais discuter d'un sujet assez étrange lié au corps. J'ai songé à ne pas le mettre dans ce livre parce que c'est quand même assez bizarre. Cependant, lorsque j'étais en la présence de Dieu j'ai ressenti qu'il fallait que je le fasse et j'espère ne pas m'être trompé. Il permettra sans doute à un lecteur de comprendre certaines de ses expériences. Dieu se soucie de chacun d'entre nous, en tant qu'individu. C'est peut-être tout simplement pour vous.

Je vais donc parler des changements d'apparence surnaturels. Les érudits bibliques appellent cela « métamorphoses » ou « transfigurations ». Cela veut simplement dire :

Changement d'un être en un autre, transformation totale d'un être au point qu'il n'est plus reconnaissable (Larousse).

Il semble que dans la vie « KAINOS », changer d'apparence physique est tout à fait possible. La plupart des gens connaissent l'histoire de la transfiguration de Jésus sur la montagne. C'est un témoignage extraordinaire où Jésus montre à ses plus proches amis qui Il est réellement dans sa nature divine. Il change soudain d'apparence.

Il fut transfiguré devant eux : son visage se mit à resplendir comme le soleil ; ses vêtements prirent une blancheur éclatante, comme la lumière. (Matthieu 17:2)

Je pense qu'à ce moment-là, Pierre, Jacques et Jean ont vu l'avenir de notre espèce.

Ce n'est d'ailleurs pas la seule fois où Jésus a changé son apparence physique. Il s'agit de quelque chose dont on ne parle pour ainsi dire jamais à l'église et pourtant, on le trouve dans les Évangiles donc c'est important. Réfléchissez sur ces curieux versets :

Mais leurs yeux étaient incapables de le reconnaître. (Luc 24:16)

… pensant que c'était le gardien du jardin… (Jean 20:15)

… Jésus se tenait debout sur le rivage. Mais les disciples ignoraient que c'était lui. (Jean 21:4)

… aucun des disciples n'osa lui demander: « Qui es-tu? »… (Jean 21:12)

Pour moi, c'est un mystère que Jésus puisse changer d'apparence dans les Évangiles. Je suppose qu'à chaque fois, cela montre un attribut différent de Sa Nature Divine. Peut-être voulait-Il enseigner à Ses amis de Le voir par l'esprit et non pas par la chair ou de Le reconnaître par cardiognosie puisque c'est ainsi qu'on opère dans les cieux.

On trouve de nombreux cas où Jésus apparaît « déguisé » aux saints. St Martin de Tours[1], célèbre pionnier monastique, a donné son dernier manteau à un mendiant dans la rue un jour de grand froid. Il a vu plus tard dans une vision, Jésus portant ce manteau dans les cieux et se réjouissant avec les saints et les anges. Jésus lui était donc apparu sous une autre forme, celle d'un simple mendiant. C'est assez extraordinaire !

Lorna, une de mes amies en Ecosse, a connu un honneur assez similaire. Le jour de ses 50 ans, elle a rencontré Jésus à la cafeteria de son supermarché. Jésus avait l'air d'un homme ordinaire. Il a entamé une conversation avec elle et ils ont mangé du poisson ensemble. Ils ont discuté un bon moment et Lorna était captivé par ce qu'Il lui disait. En fait, il lui a fallu un certain temps pour réaliser que c'était Jésus. Durant la conversation, cela lui a été caché. Quel merveilleux cadeau d'anniversaire ! Dieu a un sens de l'humour absolument extraordinaire !

Aimeriez-vous voir Jésus ? Je pense sincèrement que vous le pouvez (Jean 17:24).

On peut lire dans d'autres parties de la Bible des transformations de Jésus encore plus étonnantes et mystérieuses. Dans ce verset, Jean décrit comment il L'a vu avec des cheveux blancs et des yeux de feu :

Je me retournai pour découvrir... quelqu'un qui ressemblait à un homme. Il portait une longue tunique et une ceinture d'or lui entourait la poitrine. Sa tête et ses cheveux étaient blancs comme de la laine blanche, oui, comme la neige. Ses yeux étaient comme une flamme ardente. (Apocalypse 1:12-14)

Et comme si cela n'était pas suffisant, Jean le voit plus tard comme un agneau avec sept yeux et sept cornes. Vraiment bizarre et impressionnant !

Alors je vis, au milieu du trône et des quatre êtres vivants et au milieu des représentants du peuple de Dieu, un Agneau qui se tenait debout. Il semblait avoir été égorgé. Il avait sept cornes et sept yeux, qui sont les sept esprits de Dieu envoyés par toute la terre. (Apocalypse 5:6)

Plus nous admirons Jésus, plus nous devenons comme Lui. Est-il possible pour quelqu'un de s'engager tellement profondément avec Lui qu'il en prenne l'apparence ? C'est difficile à imaginer, pourtant selon la Bible c'est possible :

Et nous tous qui, le visage découvert, contemplons comme dans un miroir, la gloire du Seigneur, nous sommes transformés en son image dans une gloire dont l'éclat ne cesse de grandir. C'est là l'œuvre du Seigneur, c'est-à-dire de l'Esprit. (2 Corinthiens 3:18)

C'est peut-être ce qui est arrivé à Moïse après avoir passé de longs moments avec le Seigneur, face à face. On peut lire dans la Bible que son visage irradiait.

Puis Moïse redescendit du mont Sinaï, tenant en main les deux tablettes de l'acte de l'alliance. Il ne savait pas que la peau de son visage était devenue rayonnante pendant qu'il s'entretenait avec l'Eternel. (Exode 34:29)

Dans la Bible de Douay-Rheims, une ancienne traduction en anglais (1582), le verset a été mal traduit et on peut lire que Moïse ne savait pas qu'il avait des cornes ! Cela vient simplement du fait que le mot original

« quaran » veut dire « envoyer des rayons de lumière ou porter/voir pousser des cornes ». Certaines peintures anciennes présentent même Moïse avec les fameuses cornes.

Je ne cherche pas à être dogmatique, je trouve simplement cela intéressant. Cela prête à réfléchir. La Bible est bien plus bizarre qu'on ne le pense. Bill Johnson rit quand des pasteurs lui déclarent « Je veux simplement ce qui est dans la Bible ». Il a l'habitude de leur demander s'ils sont bien certains de ce qu'ils demandent. La Bible présente des choses extraordinaires.

Lorsqu'on lit la vie des saints, on trouve des centaines d'histoires de métamorphose, bien souvent mentionnant un visage irradiant ou une allure angélique. Dans l'histoire qui suit, le saint catholique Bernardino Realino tombe en ectasie et est transfiguré :

Une luminosité extraordinaire avait transformé son visage. Certaines personnes ont même déclaré qu'elles avaient vu des éclairs sortir de tout son corps comme des étincelles de feu. D'autres ont déclaré que l'éclat de son visage les a éblouis plus d'une fois, au point qu'ils ne pouvaient plus distinguer ses traits et ont dû se détourner de peur d'avoir les yeux abimés.[2]

A l'occasion, on trouve une histoire de métamorphose qui dépasse complètement l'entendement. La suivante est ma préférée et concerne St Patrick en Irlande. On ne peut qu'être inspiré !

On raconte que St Patrick et ses compagnons se rendaient à la cour du roi lorsque St Patrick découvrit que les druides (les prêtres celtiques) leur avaient préparé une embuscade pour les tuer. Tout en marchant, le saint entonna, suivi par ses compagnons, le Lorica sacré ou la complainte du cerf, devenu plus tard la prière protectrice de St Patrick (St Patrick Breastplate Prayer). On déclare avec une certaine incertitude que le saint l'a créée. Le mythe veut que les druides ne virent pas le saint et ses compagnons mais simplement une biche suivie d'une vingtaine de faons.[3]

J'avoue que j'ai vu moi-même une personne changer d'apparence mais pas aussi profondément que St Patrick. J'ai vu un jour un jeune prophète être métamorphosé devant moi. Son visage a commencé à se modifier pour prendre l'apparence du visage que Jésus avait sur terre. Ses cheveux ont commencé à pousser, la forme de ses yeux et de son nez a changé et une barbe est apparue. Absolument incroyable !

Avant que je ne comprenne ce qui se passait, il avait repris son visage normal. L'apparence de Jésus a disparu en un instant. J'étais tellement sidéré que je n'en ai parlé à personne sur le moment, même pas au jeune prophète. J'étais complètement abasourdi. Vous parlez d'un prodige !

Depuis, j'ai assisté à un certain nombre de phénomènes similaires et cela m'est même arrivé lors d'un de mes ministères au Pays de Galles. Durant un séminaire d'enseignement, à la grande surprise de certains visiteurs, mon visage a été transformé. Ils ont déclaré que je ressemblais à une toute autre personne. Ma mère en a été témoin et a déclaré que ce n'était plus moi. Elle avait du mal à Le décrire mais elle savait que c'était le Seigneur. Je n'ai rien ressenti, rien réalisé, j'étais complètement concentré sur Dieu.

C'est peut-être ce qui est arrivé à Etienne dans le livre des Actes.

Tous ceux qui siégeaient au Grand-Conseil avaient les yeux fixés sur Etienne et son visage leur apparut comme celui d'un ange. (Actes 6:15)

D'une manière ou d'une autre, le visage d'Etienne est devenu différent. Certaines traductions décrivent les témoins comme « fixant attentivement » leur regard sur lui, captivés par son apparence. C'est un verset très spécial dans la Bible.

Comme pour toutes les bonnes choses, Satan copie. Il aime voler, déformer et abuser le monde spirituel pour son propre plaisir. Grant Mahoney, un très bon ami ayant aussi son propre ministère, a vu un sorcier changer de forme sous ses yeux. Cette histoire a été enregistrée sur l'un de nos podcasts intitulé « Sonship » (disponible gratuitement en ligne. Uniquement en anglais).

Lors d'un voyage de mission en Afrique, nous avons entendu un rire à l'extérieur de la tente. J'ai ouvert la tente et vu une hyène à l'extérieur. Ça m'a fait un sacré choc ! Nous étions quatre ou cinq dans la tente et nous l'avons tous vue. Nous nous sommes tous mis à la conjurer et elle s'est d'un seul coup transformée en un sorcier qui s'est enfui. Ce genre de choses arrive, c'est un fait ![4]

Ces gens peuvent faire des prodiges spirituels comme les sorciers égyptiens (voir Exode 7:8-11) mais nous allons connaître une époque où les fils dépasseront ces facultés en tout domaine. Et tous seront forcés d'admettre :

C'est le doigt de Dieu ! (Exode 8:15)

Grant est un précurseur et il commence déjà à le faire. Avant de lire l'histoire suivante, j'aimerais déclarer que Grant est un homme de toute intégrité qui a une relation extraordinaire avec Dieu. Jésus est toute sa vie. C'est quelqu'un en qui j'ai toute confiance et que je crois sincèrement.

Nous allons faire des choses qui vont effrayer les gens... cela m'est arrivé six fois. A chaque fois pour la même raison, lorsque des femmes allaient être violées. Je me trouvais là dans l'esprit et j'ai été transformé en ours. Je me suis occupé des violeurs. Cela m'est arrivé aussi deux fois lorsque j'étais en danger de mort. Je me suis métamorphosé en ours et le danger a disparu. Est-ce que je peux l'expliquer ? Non, c'est simplement arrivé !

C'est ce que j'appelle faire justice, secourir, sauver, délivrer. C'est le paradis !

Grant n'est pas le seul à avoir connu des métamorphoses, j'ai rencontré d'autres gens à qui c'est arrivé. Ils demandent à garder l'anonymat. Ils ne veulent pas être connus, leurs histoires restent secrètes. Je respecte cela.

Je suppose que vous ne nous sentez pas vraiment à l'aise en lisant cela mais on trouve dans la Bible un témoignage des nouvelles choses qui vont arriver : « *Il s'agit de ce que l'œil n'a pas vu et que l'oreille n'a pas entendu, ce que l'esprit humain n'a jamais soupçonné mais que Dieu tient en réserve pour ceux qui l'aiment* (1 Corinthiens 2:9). Tout comme la colombe que Noé a lâchée après l'inondation, nous devons nous adapter progressivement aux nouveaux territoires que nous allons découvrir. N'oubliez jamais : « *... mais à Dieu TOUT est possible* » (Matthieu 19:26).

Lors d'expériences prophétiques, j'ai vu des changements futurs. J'ai vu que des missionnaires seraient téléportés instantanément dans des pays musulmans, apparaissant aux foules comme l'un des leurs, prenant leur apparence et parlant leur langue. Une fois de plus, ils seront les preuves vivantes convainquant les gens de la résurrection qui mène nombre de fils à la gloire de Dieu.

Lors d'une vision où j'étais en trance, Dieu m'a montré un être de lumière majestueux. Il avait la forme d'une personne mais étincelait d'énergie en couleurs. Il ressemblait à des étincelles d'ambre dotées de la grâce musicale. On aurait dit des rubans de lumière et de couleur. J'ai su dès l'instant où je l'ai vu qu'il était unique, que rien d'autre ne pouvait lui ressembler. J'étais en extase, sidéré.

Dieu m'a demandé si je savais ce que c'était. Je n'en avais aucune idée alors Il m'a déclaré : « C'est la beauté de l'esprit humain. » Il a fait une pause pour me permettre de digérer cette information. Puis il a ajouté : « L'esprit humain a une capacité de développement illimitée. » Ça décoiffe, non ?

Les implications ont pénétré mon cœur. J'ai vu au travers d'une révélation que nous allions continuer de nous développer, constamment, plus loin que tous les anges et les autres créations de Dieu. Nous sommes les joyaux du cosmos, Son épouse. Rien ne peut nous être comparé.

J'ai demandé à Dieu de me donner un verset pour étayer cela. Bien que ce soit hyper puissant, je voulais le voir confirmé dans la Bible. J'ai découvert que Papa est toujours content de me donner des versets. Il m'a dit : « C'est facile, 1 Jean 3:2 ».

Mes chers amis, dès à présent nous sommes enfants de Dieu et ce que nous serons un jour n'a pas encore été rendu manifeste.

On peut paraphraser ceci par :

A l'heure actuelle, nous sommes fils de Dieu... ce que nous allons devenir ? Aucune idée !

C'est fort, non ? Nous sommes Ses fils maintenant mais ce que nous allons être et faire, nous n'en avons aucune idée. Est-ce que vous vous rendez compte qu'aucun d'entre nous ne sait exactement ce qui nous attend. Notre avenir est tout simplement glorieux.

Il est intéressant de lire ces mêmes versets dans The Message :

Mes amis, c'est exactement qui nous sommes : les enfants de Dieu. Et ce n'est que le commencement. Qui sait ce que nous allons devenir ! Ce que nous savons c'est que lorsque Jésus-Christ va être révélé à tous, nous pourrons le voir. Lorsque nous le verrons, nous deviendrons comme Lui. Nous tous qui attendons Son retour avec impatience, nous sommes prêts et comme modèle, nous avons la pureté étincelante de la vie de Jésus.

Tout ce que nous savons c'est que notre corps actuel n'est qu'une graine. L'arbre sera tellement plus fantastique.

De même, nous distinguons les «corps» des astres de ceux des créatures terrestres ; chacun d'entre eux a son aspect propre. Le soleil a son propre éclat, de même que la lune, et le rayonnement des étoiles est encore différent. Et chaque étoile même brille d'un éclat particulier…

… Le premier homme, formé de la poussière du sol, appartient à la terre. Le « second homme » appartient au ciel. Or, tous ceux qui ont été formés de poussière sont semblables à celui qui a été formé de poussière. De même aussi, ceux qui appartiennent au ciel sont semblables à celui qui appartient au ciel. Et comme nous avons porté l'image de l'homme formé de poussière, nous porterons aussi l'image de l'homme qui appartient au ciel. (1 Corinthiens 15:40-49)

Cela dépasse l'entendement ! C'est tout à fait normal que nous débordions de joie en y pensant. Plus vous lisez et méditez les Évangiles, les absorbant comme du bon pain (Matthieu 4:4) et plus vous réalisez qu'il y a encore plus à manger !

… et vous vous êtes revêtus de l'homme nouveau. Celui-ci se renouvelle pour être l'image de son Créateur afin de parvenir à la pleine connaissance. (Colossiens 3 :10)

La version de The Mirror Bible est encore plus intéressante :

Nous trouvons notre réelle identité par notre nouvelle naissance. Elle est renouvelée par la connaissance de L'IMAGE EXACTE de notre créateur.

Nous ne sommes plus définis par nos corps.

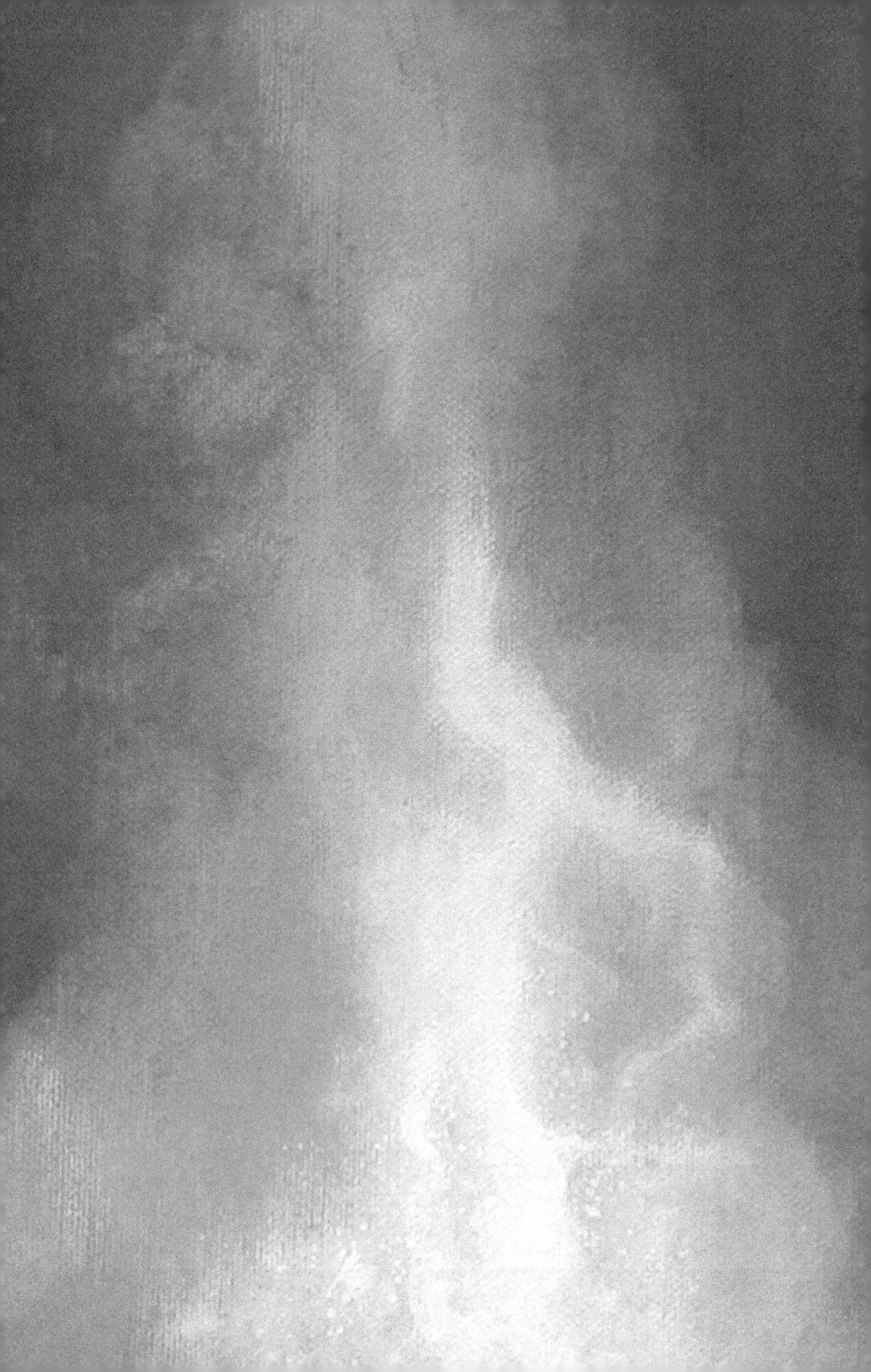

TRANSLATIONS DIMENSIONNELLES

> « Dieu désire que nous comprenions et croyons que nous sommes en fait bien plus dans les cieux que nous ne sommes sur terre »
> (Julienne de Norwich)

Conformément à la conception originelle de Dieu, toutes les limites humaines que nous avons imaginées vont être dépassées par les nouveaux pionniers spirituels. Nous avons connu la révolution industrielle, nous allons connaître la révolution technologique spirituelle. Elle mènera ultimement la terre entière dans une glorieuse époque de paix et d'avancement.

L'une des limitations à dépasser concerne notre corps physique, prisonnier de la dimension du visible. Jusqu'à présent, il était normal pour notre corps de rester ici sur terre pendant que notre esprit se déplaçait et opérait dans les cieux ou sur terre. Cela va changer.

Depuis toujours, nous avons été créés pour être multidimensionnels. Tout comme dans l'histoire de l'escalier de Jacob (Genèse 28:10-19), nous sommes des Portails et des Portes pour accéder à différents niveaux d'existence dimensionnelle :

Relevez vos frontons, ô portes, haussez-vous, vous, portes éternelles, pour que le Roi glorieux y fasse son entrée ! (Psaume 24:7)

Hénoch est un rôle modèle clé pour le temps présent. Il était la septième génération après Adam. Sept est un chiffre symbolisant la complétion, l'achèvement, le repos, le divin. Hénoch emmenait son corps en esprit. Il passait de longues périodes dans les cieux. Il a éventuellement disparu aux yeux des hommes. Il passait dans différentes dimensions par la foi.

PAR LA FOI, Hénok a été enlevé auprès de Dieu pour échapper à la mort et on ne le trouva plus, parce que Dieu l'avait enlevé. En effet, avant de nous parler de son enlèvement, l'Ecriture lui rend ce témoignage : il était agréable à Dieu. (Hébreux 11:5)

Hénoch a donc échappé à la mort et vit maintenant comme un « éternel ». Un ancien mais frais comme un jeune, transformé en corps, âme et esprit, transcendé.

Il est un parfait témoignage de ce que veut dire « au-delà de notre humanité » : immortel, perpétuellement jeune, transdimentionnel et rempli du Saint-Esprit. Hénoch prouve qu'il est possible de transcender la mort.

Jusqu'à présent, l'église a été confinée dans cette dimension inférieure, prisonnière du monde visible. Notre corps est resté limité. Cela va changer !

Explorons un peu ce sujet. Jusqu'où pouvons-nous aller ?

Regardons une fois encore le dessin original de Dieu, le modèle parfait : Jésus-Christ. Nous pouvons voir des choses vraiment intéressantes. Jésus pouvait passer d'une dimension à l'autre en esprit et en corps. Il pouvait faire disparaître Son corps du monde visible pour aller dans le monde invisible à Sa guise.

Dans l'histoire suivante de l'évangile selon St Jean, nous pouvons voir qu'une foule en colère désire Le tuer. Les gens étaient tellement furieux contre Lui qu'ils ramassaient des pierres pour le lapider à l'intérieur du temple. Il n'y avait aucun endroit pour se cacher, nulle part où se réfugier. Il était cerné de toute part. Comment s'en est-il sorti ?

A ces mots, ils se mirent à ramasser des pierres pour les lui jeter, mais Jésus DISPARUT dans la foule et sortit de l'enceinte du Temple. (Jean 8:59)

Il a échappé à la foule en colère en disparaissant. Il est passé dans une autre dimension. Il parlait au milieu même des gens qui voulaient le tuer. Comment aurait-Il pu disparaître dans la foule autrement qu'en devenant invisible ? Tout comme les anges, Il était toujours sur terre mais pas dans le même monde. Je parie que c'est arrivé tellement rapidement que les gens n'en sont pas revenus. Ils devaient être complètement sidérés !

Jésus pouvait non seulement disparaître mais Il pouvait passer au travers d'objets solides et chose extraordinaire, au travers des gens.

C'est là le pouvoir sans limite de vivre selon le « Registre de Dieu» (Psaume 139:16). Ce n'était pas l'heure de mourir pour Jésus, personne ne pouvait Le tuer avant la croix. Il vivait en convergence avec les cieux. Une vérité bien supérieure à ce que l'on pouvait voir.

Ce n'est pas la seule fois où Jésus a fait cela. Par ce qu'Il enseignait, Jésus provoquait énormément de colère parmi les hommes religieux. Il ne déclarait pas ce qu'ils voulaient entendre et Il les défiait au plus profond d'eux-mêmes. Il les enrageait par Sa vérité. Un jour ils L'ont attrapé et L'ont jeté hors de la ville. Voyez ce qui se passe ensuite :

En entendant ces paroles, tous ceux qui étaient dans la synagogue se mirent en colère. Ils se levèrent, firent sortir Jésus de la ville et le menèrent jusqu'au sommet de la montagne sur laquelle elle était bâtie, afin de le précipiter dans le vide. (Luc 4:28-29)

Vous ne pouvez pas passer nonchalamment au milieu d'une foule de gens religieux qui sont enragés contre vous et qui veulent vous tuer. Ils étaient montés au maximum contre Lui et décidés à Le tuer. Cela a dû être un moment très poignant. Est-ce que Ses disciples ont pensé que c'était la fin pour Lui ?

Imaginez leur tête quand Jésus est passé une fois encore dans une autre dimension. Etait-il complètement invisible ou partiellement visible ? Avait-Il l'air d'un fantôme ? Tout ce que nous savons c'est qu'Il est passé AU MILIEU d'eux.

Mais il passa au milieu d'eux et s'en alla (Luc 4:30).

Cela a l'air tellement extraordinaire : passer au milieu d'eux. Il a dû passablement les effrayer !

(Pourquoi Hollywood ne montre jamais cela dans les films sur Jésus ?)

Une autre fois, Jésus a changé de dimension et est devenu si éthéré qu'on aurait dit un fantôme et Il n'était plus soumis à la gravité. Elle était devenue une vérité inférieure.

Mais quand ils le virent marcher ainsi sur l'eau, ils crurent que c'était un fantôme et se mirent à pousser des cris. En effet, tous l'avaient aperçu et étaient pris de panique. Aussitôt, il se mit à leur parler : Rassurez-vous, leur dit-il, c'est moi, n'ayez pas peur! (Marc 6:49-50)

Au fur et à mesure que nous nous unissons avec la Divine Essence, notre corps va faire l'expérience de merveilles et de prodiges. Sa fréquence va changer et nous découvrirons que nous ne sommes « pas vraiment d'ici », nous ne sommes « pas de ce monde ».

J'appelle cela « Etre caché ici et révélé là ».

Vous comprenez pourquoi je suis d'accord quand Julienne de Norwich, la célèbre mystique anglaise, déclare : « Nous appartenons plus aux cieux qu'à la terre ».[1]

Disparaître, c'est faire passer notre corps dans une autre dimension. C'est là où les anges opèrent et où l'on peut voir « la nuée des témoins ». Cet autre monde nous entoure et enveloppe tout.

Cela va vous surprendre mais certains saints SAVAIENT comment PASSER DANS UNE AUTRE DIMENSION à volonté. Ils avaient compris la technologie divine à la base de cela. Francis de Paola en fait partie. Toute sa vie, il a été connu comme un faiseur de miracles. Dans l'histoire qui suit, Francis est assailli par une horde d'admirateurs après avoir rendu visite au gouverneur. Il se retrouve coincé dans une foule grouillante.

Alors qu'il s'apprêtait à partir, une foule grouillante s'était rassemblée autour du palais du gouverneur pour le voir et le toucher. Leur grand enthousiasme pour le saint se traduisait par lui arracher des morceaux de ses vêtements, ce que le saint leur permettait, chose surprenante.

Dieu renouvelait ses vêtements au fur et à mesure qu'on lui en arrachait des morceaux. Les spectateurs étaient sidérés de voir que malgré le nombre impressionnant de gens qui lui avait pris un bout de tunique ou de capuche, les deux étaient miraculeusement intactes.

Embarrassé par cette adulation et n'arrivant pas à se frayer un chemin dans cette foule intense rassemblée sur la place, le saint disparu d'un seul coup sous leur yeux, à leur grande surprise. Un instant il était là et l'autre, il avait disparu ! Ses compagnons, à leur grande surprise, le trouvèrent hors des murs de la ville, les attendant pour reprendre leur voyage.[2]

J'adore l'humilité des saints. Ils ne cherchaient pas la gloire mais de vivre pour la gloire de Dieu.

L'Italien Gérard Majella est un autre saint catholique célèbre et bien-aimé. Il a vécu une vie véritablement « KAINOS » et a manifesté de grands pouvoirs. Voici une autre histoire tirée du livre de Joan Cruz *Mysteries, Marvels and Miracles in the Lives of the Saints*. Je vous recommande chaudement ce livre, il est une source remarquable d'inspiration.

Un jour, au monastère de Caposele, le saint reçu la permission d'effectuer seul dans sa chambre une journée de retraite en prière et recueillement. Dans la journée, le Père Recteur eut besoin de lui et envoya quelqu'un le chercher. On ne le trouva pas bien que tout le monde se mit à sa recherche. Dr Santorelli, le docteur du monastère, s'écria finalement : « Nous avons perdu Frère Gérard ! »

Dr Santorelli prit avec lui un autre frère et, tous deux, commencèrent une nouvelle recherche. Ils allèrent dans la chambre du saint, une minuscule pièce meublée simplement d'un pauvre lit et d'une petite table. Rien qui ne puisse cacher le saint. Ils ne le trouvèrent pas.

A la fin, l'un des religieux réalisa que le saint reviendrait certainement pour la communion et ils attendirent donc.

J'adore ça, la communion est l'appât pour les saints ! Avec la garantie de les faire sortir de leur cachette.

Lisons la fin de l'histoire :

Exactement comme ils l'avaient prévu, le saint refit surface pour la communion. Questionné sur l'endroit où il était, le saint répondit : « Dans ma chambre ». Lorsque les religieux dirent au saint les différents endroits qu'ils avaient fouillés, il ne répondit pas. Ordonné de s'expliquer, le saint déclara : « J'avais peur d'être perturbé durant ma journée de retraite alors j'ai demandé à Jésus la grâce de devenir invisible ».

Le Dr Santorelli n'était toujours pas vraiment satisfait et poussait St Gérard à donner de plus amples explications.

Le saint prit le docteur par le bras et l'amena à sa cellule. Il lui montra le petit tabouret sur lequel il était assis pendant que tout le monde le cherchait. Le saint chuchota alors à l'oreille du docteur : « … des fois, je me fais tout petit. »

Ce miracle devint si connu localement que lorsque les enfants décidaient de jouer à cache-cache, ils déclaraient : « Jouons à Frère Gérard ». Est-ce que vous pouvez imaginer cela de nos jours ?

Je peux. Je suis convaincu que cela va revenir et nous serons de nouveau stupéfaits.

En fait, dans certaines parties du monde, ces merveilles ont déjà commencé. Vous avez peut-être entendu parler de Frère Yun en Chine ? Dans son livre *Le citoyen du ciel*, Yun raconte la manière extraordinaire dont il s'est évadé de prison :

D'une manière ou d'une autre, le Seigneur a dû aveugler le gardien. Il me regardait directement mais ses yeux ne semblaient pas me voir. Je m'attendais à ce qu'il dise quelque chose mais il se contentait de regarder au-delà de moi, comme si j'étais invisible. Il ne dit pas un seul mot. Je continuais de m'avancer et passais devant lui sans me retourner. Je savais que je risquais de recevoir une balle dans le dos à tout moment... je continuais mon chemin, descendant les escaliers. Personne ne m'arrêta et aucun des gardiens ne m'adressa la parole.[4]

C'est extraordinaire, il est passé devant plusieurs gardiens, en plein jour et est sorti par la porte principale. Personne ne s'était jamais évadé de cette prison de haute sécurité. Quel miracle !

Ce déplacement dimensionnel n'est pas limité à l'église persécutée en Chine. Cela arrive aussi dans le monde occidental. Dans son livre *Supernatural Transportation*, Michael Van Vlymen partage un moment fort, lorsqu'il a traversé une foule :

Un soir, alors que je méditais pour venir en la présence de Dieu, je me suis soudain retrouvé à un concert en plein air pas très loin de chez moi. Il y avait nombre de jeunes qui étaient de toute évidence saouls, drogués ou les deux. J'ai vu la foule dense venir vers moi et j'ai senti qu'il valait mieux que je me tourne pour aller dans le même sens que tout le monde. J'ai donc essayé de me retourner pour me frayer un chemin dans la foule lorsque j'ai soudain réalisé que je passais au travers de tout le monde. Ayant réalisé ce qui se passait, je n'ai même plus essayé de les éviter, j'ai poursuivi mon chemin au travers d'eux. Je voyais bien que nombre d'entre eux n'appréciaient pas ce qui se passait et je pense qu'ils ont dû mettre cela sur le compte de l'alcool ou de la drogue.[5]

Pourquoi Dieu a-t-Il décidé de faire quelque chose d'aussi bizarre ? Michael pense que c'était pour sortir les gens de leur intoxication/dépendance. Cela a certainement été une manifestation puissante de Sa grâce pour éveiller des cœurs endormis. Je le pense sincèrement !

Je suis convaincu que ce genre de miracles et de prodiges va aller en s'accroissant. Nous entrons dans une époque de surprises et de craintes révérencielles. La joie et la crainte révérencielle de Dieu sont sur nous de nouveau, tout comme Osée l'a prophétisé :

… Dans la suite des temps, ils viendront tout tremblants à l'Eternel pour bénéficier de sa bonté. (Osée 3:5)

En fait, cela a déjà commencé. Nancy Coen, la célèbre précurseuse chrétienne américaine, s'est retrouvée un jour par l'esprit dans un night-club satanique, un endroit horrible, rempli de personnes démoniaques. Tout le monde s'est retourné pour la regarder. Debout devant cette foule, Nancy a commencé à intercéder pour tous ces gens, en pleurant et gémissant. Elle déclare qu'elle ressentait la longue attente de la création résonner dans tout son être (voir Romains 8:22). Elle n'a fait que pleurer et est sortie du night-club pensant qu'elle n'avait rien achevé.

Deux ans plus tard, Nancy a eu l'occasion de rencontrer l'ancienne grande prêtresse de ce night-club. Cette dernière lui a raconté ce qui s'était passé. Pendant que Nancy pleurait et intercédait devant tous ces satanistes, elle a disparu et a réapparu sous la forme d'une lumière rayonnante aveuglant tout le monde. Cette lumière surnaturelle a rendu la grande prêtresse complètement aveugle.

Ses amis ont paniqué et ont voulu l'emmener aux urgences mais elle savait que c'était Jésus. Ils l'ont donc ramenée chez elle au lieu d'aller à l'hôpital et là, Dieu l'a guérie et l'a délivrée. Durant les deux années qui ont suivi, cette femme complètement transformée a amené la plupart des satanistes de son club à Jésus. Elle opère maintenant dans un ministère prophétique puissant. C'est absolument incroyable !

L'époque que nous venons d'entamer n'a rien à voir avec ce que nous avons toujours vécu. Attachez vos ceintures !

Le premier homme, Adam, devint un être vivant, doué de la vie naturelle. Le dernier Adam est devenu, lui, un être qui, animé par l'Esprit, communique la vie. (1 Corinthiens 15:45)

Le premier Adam a reçu la vie, le dernier Adam est un esprit qui donne la vie. (1 Corinthiens 15:45, The Message)

Les implications de cette déclaration sont massives.

… Ainsi ce qui est mortel sera absorbé par la vie. (2 Corinthiens 5:4)

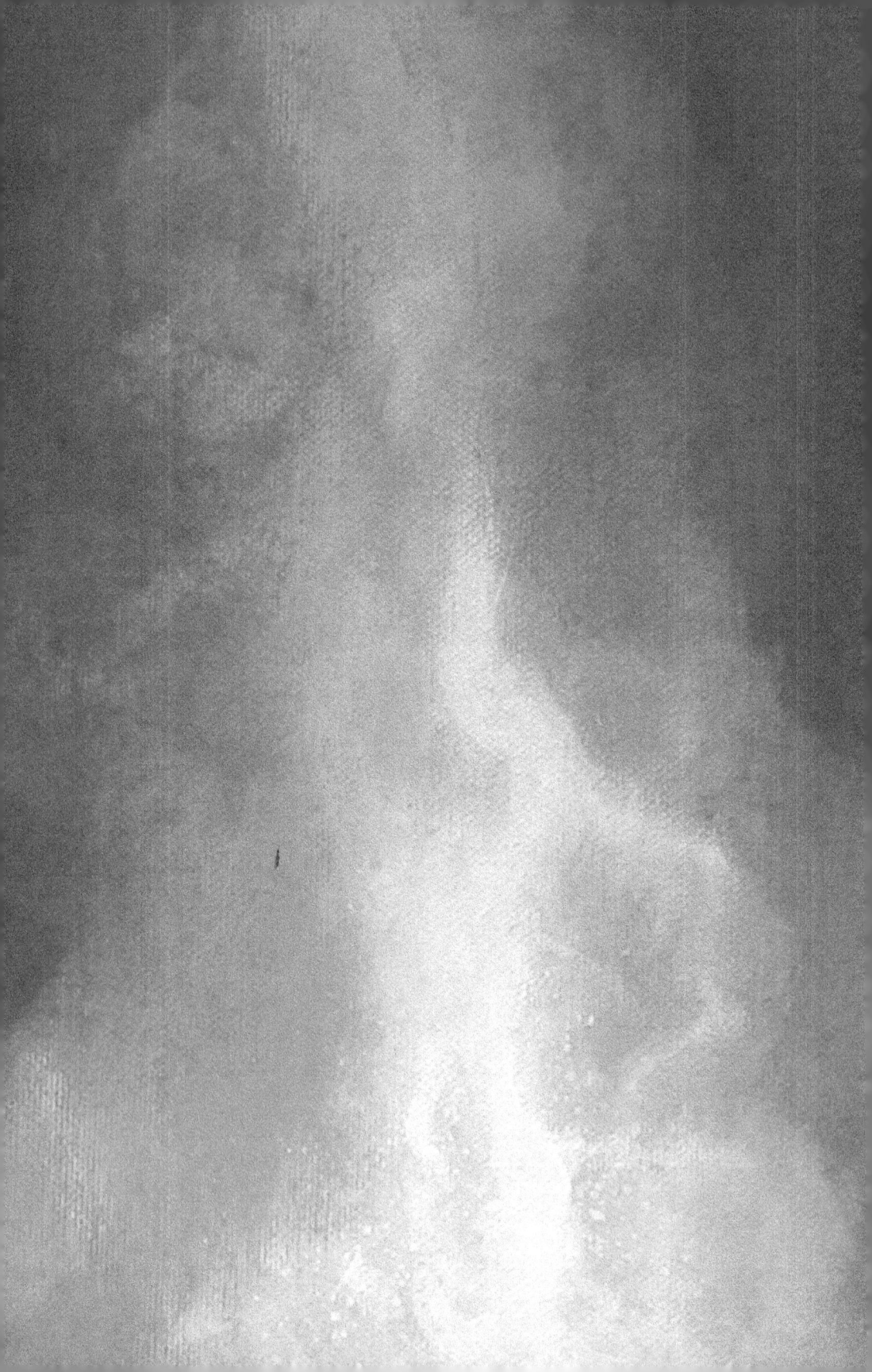

INÉDIE : LES JEUNES PROLONGÉS

> Entre-temps, les disciples pressaient Jésus en disant : Maître, mange donc ! Mais il leur dit : J'ai, pour me nourrir, un aliment que vous ne connaissez pas. Les disciples se demandèrent donc entre eux : Est-ce que quelqu'un lui aurait apporté à manger ?
> (Jean 4:31-33)

Est-ce que vous commencez à entrevoir les merveilles des Évangiles ? C'est fantastique, on ne peut pas s'en lasser, on n'arrête jamais d'explorer. Les anges en sont remplis de révérence.

Plus je pratique les prières mystiques et m'engage dans le royaume des cieux, plus je suis obligé de remettre en question de nombreuses suppositions concernant notre corps, intellect, esprit, les distances, les dimensions, l'intelligence et autres.

Dans notre Union avec Jésus, il nous arrive quelque chose d'extraordinaire et indescriptible. Nous commençons à peine à réaliser les implications des Évangiles, nous sommes complètement redéfinis en Christ. Méditez sur ceci :

Ce n'est plus moi qui vis, c'est Christ qui vit en moi. Ma vie en tant qu'homme, je la vis maintenant dans la foi au Fils de Dieu qui, par amour pour moi, s'est livré à la mort à ma place. (Galates 2:20)

Je suis défini par les termes « crucifié avec Lui » et « vivant en Lui ». Christ en moi et moi en Christ. (Galates 2:20, MIR)

Les définitions humaines ne sont plus pour nous. Ce que nous étions avant est passé et a disparu. Nous avons été crucifiés avec Lui. Le nouveau moi vivant en Lui a commencé. A la lumière des Évangiles, laissons Dieu délier nos anciennes manières de penser et renouveler notre intellect. La manière dont nous pensons change le monde que nous observons et il y a d'autres possibilités à explorer.

Voyons maintenant un autre défi qui nous empêche de changer :

dépendons-nous entièrement des ressources terrestres, boissons et aliments, pour survivre ?

Revenons à la signification de ce que veut dire vivre au-delà des limites humaines, « au-delà de notre humanité ». Commençons par l'histoire de Jésus et de la femme au puits. Nous en avons parlée dans le chapitre « Connaissances innées ». Cette fois-ci, j'aimerais examiner l'histoire d'un point de vue différent. Dans cette histoire, comme vous le savez, Jésus prend le temps de restaurer une femme brisée. Elle a été tellement étonnée qu'elle est allée tout raconter aux gens de son village.

Sur ces entrefaites, les disciples revinrent. Ils furent très étonnés de voir Jésus parler avec une femme. Aucun d'eux, cependant, ne lui demanda : « Que lui veux-tu ? » ou : « Pourquoi parles-tu avec elle ? »

Alors, la femme laissa là sa cruche, se rendit à la ville et la voilà qui se mit à dire autour d'elle : Venez voir un homme qui m'a dit tout ce que j'ai fait. Et si c'était le Messie? Les gens sortirent de la ville pour se rendre auprès de Jésus.

Entre-temps, les disciples pressaient Jésus en disant : Maître, mange donc ! Mais il leur dit : J'ai, pour me nourrir, un aliment que vous ne connaissez pas. (Jean 4:27-32)

Jésus est passé d'être « fatigué du voyage » (verset 6) à être soudain rempli d'une énergie surnaturelle divine. Les disciples connaissaient assez bien Jésus pour voir qu'Il était vraiment revigoré. Ils se demandent donc entre eux : « Est-ce que quelqu'un lui aurait apporté à manger ? ». Ils sont tout étonnés. (Jean 4:1-42)

Nous savons que Jésus aimait festoyer et était d'un tempérament heureux (Hébreux 1:9). Il aimait faire bonne chère et appréciait pleinement les repas. Des hommes religieux L'ont même accusé d'être un buveur (Luc 7:34). Cependant, manger pour Lui était de toute évidence pour la joie engendrée par un repas partagé et n'était nullement essentiel dans Sa vie. Il pouvait vivre sans :

J'ai, pour me nourrir, un aliment que vous ne connaissez pas.

Voilà un secret mystique, ne vous y trompez point.

Alors qu'Il était assis au bord du puits, faisant la volonté de Son Père, Jésus a été rempli de Vie par l'Esprit-Saint :

Ce qui me nourrit, leur expliqua Jésus, c'est d'accomplir la volonté de celui qui m'a envoyé et de mener à bien l'œuvre qu'il m'a confiée. (Jean 4:34)

Parce qu'Il avait fait la volonté de Son Père, Jésus était rassasié et rempli de joie.

C'est aussi possible pour nous. Nous pouvons vivre au-delà de la dépendance de la nourriture. Je sais que cela risque de vous choquer mais continuez de lire, je vais vous expliquer.

Cette possibilité « KAINOS » d'inédie ne couvre pas en fait le domaine de la privation mais de festoyer dans un autre royaume. Il s'agit de boire et de manger d'une source différente : une Réalité Cachée. Nous atteignons l'Arbre de Vie (Apocalypse 2:7 : *Au vainqueur, je donnerai à manger du fruit de l'arbre de vie qui est dans le paradis de Dieu*). Nous sommes HEUREUX et RASSASIÉS par l'Agneau du sacrifice.

… Car nous avons un agneau pascal qui a été sacrifié pour nous, Christ lui-même. C'est pourquoi célébrons la fête de la Pâque… (1 Corinthiens 5:7-8)

Ils se restaurent de mets généreux de ta maison. Au torrent de tes délices, tu leur donnes à boire. (Psaumes 36:9)

Ils se rassasient de l'abondance de ta maison, Et tu les abreuves au torrent de tes délices. (Psaumes 36:9, Louis Segond)

J'adore la richesse nourricière des Évangiles sur Jésus Christ. C'est l'un des messages que j'adore partager lorsque je voyage. Les Évangiles sont une FÊTE mystique pas un jeûne. Le corps du Christ est une véritable nourriture.

Et Jésus répondit : Moi, je suis le pain qui donne la vie. Celui qui vient à moi n'aura plus jamais faim, celui qui croit en moi n'aura plus jamais soif. (Jean 6:35) *… Car ma chair est vraiment une nourriture et mon sang est vraiment un breuvage. Celui qui mange ma chair et boit mon sang demeure en moi et moi je demeure en lui.* (Jean 6:54-56, NKJV)

Au fur et à mesure que les générations actuelles et nous-mêmes acquérons le message de l'œuvre achevée par Jésus Christ (plus que les précédentes ne l'ont jamais fait) et comprenons la promesse de l'Union mystique donnée dans les Évangiles, nous allons mûrir et commencer à vivre pleinement les merveilleuses conséquences d'être co-inclus en Christ.

Lorsque nous nous unissons à Lui, l'impossible devient possible.

Tout comme Moïse qui resta pendant des semaines dans le nuage de la présence de Dieu sur le mont Sinaï, nous allons découvrir que la présence de Dieu répond aux besoins de notre corps mieux que tout ce que le monde visible peut nous offrir.

Moïse pénétra dans la nuée et monta plus haut sur la montagne. Il y demeura quarante jours et quarante nuits. (Exode 24:18)

Notre Union avec notre Créateur engendre énergie et en Lui, nous pouvons accéder à une VIE SANS LIMITE.

J'ai eu un aperçu de ces expériences : une soudaine vague d'énergie surnaturelle m'emplissant et se poursuivant sur plusieurs jours. Je me suis déjà réveillé tellement rempli d'énergie qu'il a fallu que j'aille courir plusieurs kilomètres pour la calmer. Souvent, lorsque je prêche, cette énergie me pousse à marcher de long en large et parfois à courir tout autour de la pièce en poussant de grands cris de joie, essayant de libérer un peu de la félicité suprême qui me remplit. J'ai souvent fait l'expérience d'avoir plus d'énergie quand j'ai fini que lorsque j'ai commencé.

En prenant soigneusement les éléments mystiques de la communion dans l'esprit, je découvre que je deviens profondément conscient de Dieu. J'ai déjà ressentie une plénitude, un bien-être profond qui sont difficiles à exprimer en paroles. C'est comme une sensation croissante d'être rempli de perfection : la perfection de l'Amour.

Parfois, je perds toute envie de manger et cela ne me dit vraiment plus rien du tout. J'ai souvent décliné une invitation à dîner après une conférence. J'apprends à honorer cette sensation plutôt que de m'en débarrasser, poussé par une nature humaine programmée.

J'espère que ce flot de Vie va continuer de croître en moi jusqu'à ce que je puisse vivre pendant des semaines sous la simple énergie divine, comme les saints. Mais, il y a un prix à payer pour cela : il faut choisir de vivre en Christ, de se tourner vers Son amour, de vivre dans la conscience intentionnelle de Sa présence.

Nombre de saints avaient compris cela. Ils ont trouvé le « secret mystique de Dieu qui est en Christ » (Colossiens 2:2). Dans son livre fantastique *The Ectasy of Loving God* (L'extase d'aimer Dieu), John Crowder parle d'inédies surnaturelles dans l'histoire de l'Église.

Médicalement parlant, on ne peut pas vivre plus de quatre jours sans boire et ne pas souffrir de déshydratation entrainant la mort. Cependant, les mystiques de l'église, tout particulièrement ceux qui pouvaient faire l'expérience d'extase intense, ont vécu des inédies qu'il serait impossible de croire si elles n'étaient pas aussi bien documentées. Alexandria Maria da Costa ne s'est nourrie que du peu de la communion, du 27 mars 1942 au 13 octobre 1955, jour de sa mort. C'est-à-dire plus de 13 ans ! Thérèse Neumann (1898-1962), mystique allemande porteuse de stigmates, est sans doute l'exemple moderne le plus impressionnant. Elle n'a pas mangé pendant 40 ans et bu pendant plus de 35 ans, sauf le peu de la communion. Alexandria et Thérèse n'ont jamais connu de conséquences adverses à ces jeûnes et leur corps n'éliminait rien.[1]

J'ai lu de nombreux témoignages sur les Pères du Désert et les saints celtiques qui vivaient loin de tout sur des îles ou dans des endroits déserts, vivant du minimum, mangeant parfois un tout petit repas par jour, sans jamais en souffrir.

Dans cette histoire, St Brendan et ses amis, poussés par Dieu, se rendent sur une petite île. Ils y trouvent un vieillard qui vit là, soutenu par Dieu.

Lorsque Brendan arriva au sommet de l'île, il découvrit deux grottes derrière une chute d'eau. Comme il se tenait devant elles, un vieillard s'avança vers lui. Il lui dit : « Il est bon que les frères se retrouvent ensemble » et lui offrit de faire venir les autres qui étaient dans le bateau.

Lorsqu'ils arrivèrent, le vieillard les accueilla en les embrassant et en les appelant chacun par leur nom. Brendan fut si impressionné par le visage du vieillard, qui était glorieux, et par la connaissance de leur nom à tous, qu'il se mit à pleurer et sangloter en disant : « Je ne suis pas digne de porter l'habit de moine ».

Brendan demanda à Paul (l'ermite) comment il était venu vivre sur cette île et d'où il venait. Paul répondit : « J'ai été élevé au monastère de Patrick pendant 50 ans. J'étais responsable du cimetière des frères. Un jour, l'abbé supérieur me déclara en montrant la mer du

doigt : « Demain, va. Tu trouveras une barque qui t'emmènera là où tu finiras tes jours. »

« Je fis ce qu'il dit, ramais pendant trois jours puis délaissant les rames, me laissais aller à la dérive pendant sept jours, dirigé par Dieu. C'est ainsi que je suis arrivé sur cette île où j'ai vécu depuis, passant mon temps à prier et intercéder. Le premier jour, une loutre vint m'apporter un poisson que je mangeais. Après cela, la loutre vint tous les trois jours pour m'amener la même chose. Le ruisseau et la cascade me fournissent la boisson. Je suis ici depuis 90 ans, en plus des 50 ans à Patrick. J'ai 140 ans et j'attends toujours le jour de ma mort. »[2]

N'est-ce pas absolument incroyable ? Chaque fois que je lis ce genre de témoignages, je me remets complètement en question. Ces gens vivaient pour Dieu à 100%, complètement immergés en Lui, vivant en union avec les cieux et la terre.

Je pense que le temps de changer est maintenant venu. Je veux être LIBRE !

Durant les années 1980, Frère Yun (appelé gentiment « Le citoyen du ciel ») a été emprisonné et battu presque à mort. Dans les conditions les plus insalubres, il a jeûné (ni eau ni nourriture) pendant 74 jours. Toute la prison et les services de sécurité étaient au courant de ce miracle.[3]

Lorsque sa mère et sa famille ont enfin eu l'autorisation de le voir, Yun leur dit qu'il avait faim. Elles pensèrent qu'il voulait de la nourriture mais il répondit qu'il avait faim et soif d'âmes à sauver. C'est la faim et la soif que Jésus a connu sur la croix. Le désir ardent que l'humanité soit réconciliée.

Le schéma directeur est Jésus-Christ. En tant que Celui qui a été ressuscité, Jésus a-t-Il besoin de nourriture terrestre pour vivre ? Nous savons que Jésus mangeait et appréciait la nourriture. Nous pouvons lire dans la Bible qu'Il a mangé avec ses disciples après sa résurrection :

Mais ils étaient si heureux qu'ils ne parvenaient pas à croire et restaient dans l'étonnement. Alors il leur demanda : Avez-vous quelque chose à manger? Ils lui présentèrent un morceau de poisson grillé. Il le prit et le mangea sous leurs yeux. (Luc 24:41-43)

La nourriture est quelque chose de bon. Nous sommes libres d'en manger et de l'apprécier mais nous ne devons pas la laisser nous limiter.

Une nouvelle manière de vivre est en train d'émerger. Comme Dieu l'a permis, une génération va commencer à transcender les limites humaines, même les plus anciennes comme manger et dormir. Nous allons manifester un style de vie supérieur, divin et caché qui soutiendra notre vie naturelle inférieure et visible.

Pour moi, tu dresses une table aux yeux de mes ennemis, (Psaumes 23:5)

... Au vainqueur, je donnerai à manger du fruit de l'arbre de vie qui est dans le paradis de Dieu. » (Apocalypse 2:7)

... A celui qui a soif, je donnerai, moi, à boire gratuitement à la source d'où coule l'eau de la vie. (Apocalypse 21:6)

C'est la manière « KAINOS » de vivre et de penser : être convaincu qu'à l'heure actuelle, nous pouvons « *faire l'expérience des forces du monde à venir* » (Hébreux 6:5). Nous pouvons manifester l'avenir ici et maintenant.

Nous ne manifesterons sans doute pas encore tout ce que Dieu a prévu pour nous mais n'avez-vous pas envie de découvrir tout ce que nous pouvons voir et faire maintenant ? Jusqu'où pouvons-nous aller ? Je veux changer, c'est mon désir.

Je prophétise cela pour tous ceux qui lisent ce livre avec un cœur d'enfant.

... c'est lui qui me conduit au bord des eaux calmes. Il me revigore... (Psaumes 23:1-3)

La génération qui est tombée amoureuse du Bon Berger trouvera la Source de Vie. Un jour, il y aura tout une compagnie de gens qui vivront pour toujours.

Le Père qui m'a envoyé a la vie en lui-même et c'est lui qui me fait vivre ; ainsi, celui qui se nourrit de moi vivra lui aussi par moi. C'est ici le pain descendu du ciel. Il n'est pas comme celui que vos ancêtres ont mangé ; eux, ils sont morts mais celui qui mange ce pain-ci vivra pour toujours. (Jean 6:57-58)

L'inédie n'est pas possible en suivant les modèles humains, le jeûne naturel ou notre plus profonde volonté. N'essayez même pas. Jésus a déclaré :

Pour moi, je ne peux rien faire de mon propre chef... (Jean 5:30)

C'est en vivant en union mystique que les saints ont découvert le flot de vie qui les soutenait.

Car chez toi est la source de la vie. (Psaumes 36:10)

Et encore :

Mais celui qui boira de l'eau que je lui donnerai n'aura plus jamais soif. Bien plus : l'eau que je lui donnerai deviendra en lui une source intarissable qui jaillira jusque dans la vie éternelle. (Jean 4:14)

Saint Catherine de Sienne[4] était tellement remplie de Dieu qu'elle trouvait presque impossible de manger. En fait, si elle mangeait quelque chose, cela la rendait malade ! Elle a complètement perdu son appétit et a vécu du peu de la communion quotidienne.

Je crois au plus profond de moi-même qu'un important groupe de gens est un train d'émerger qui vivra et manifestera ce message. Pas à partir d'efforts humains traditionnels mais parce qu'ils seront puissamment attirés par la vie « KAINOS », derrière le rideau. Ils mangeront peut-être mais n'en seront pas soutenus de la même manière. Nous allons rompre les amarres !

Qui plus est, certains seront tellement remplis de vie qu'ils vivront sans être touchés par la mort.

Et maintenant elle (la grâce) a été révélée par la venue de notre Sauveur Jésus-Christ. Il a brisé la puissance de la mort et, par l'Evangile, a fait resplendir la lumière de la vie et de l'immortalité. (2 Timothée 1:10)

Tout comme Hénoch, ils découvriront le pouvoir d'une vie sans fin.[5]

Par la foi, Hénok a été enlevé auprès de Dieu pour échapper à la mort... (Hébreux 11:5)

Avec la nouvelle époque « KAINOS », la mort a perdu son emprise !

Préparez-vous à découvrir des gens qui vont pulvériser tous les records de longévité, manifester une régénération physique les ramenant à leur jeunesse et vivre immortels. Cela vous semble difficile à imaginer aujourd'hui mais cela va arriver et plus rapidement que vous ne le pensez.

En fait, cela a déjà commencé.

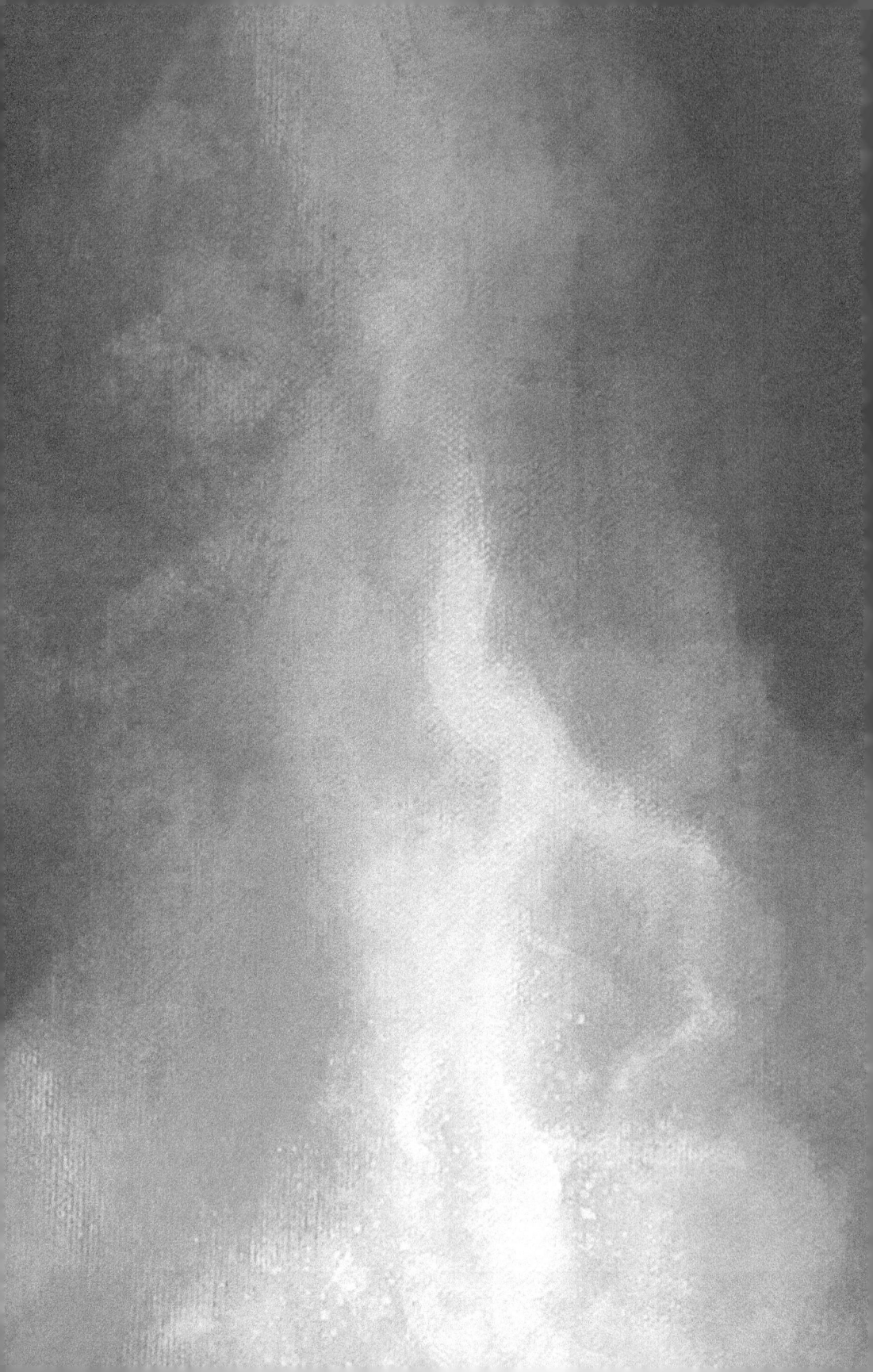

AU-DELÀ DU SOMMEIL : RÉCUPÉRER LA NUIT

« Lorsque vous restez en la présence du Père, vous n'avez pas besoin de dormir. »

Paul Keith Davis

Savez-vous que les gens dorment en moyenne huit heures par nuit ? Si vous vivez jusqu'à 75 ans, vous aurez dormi pendant environ 25 ans. Vous vous rendez-compte, 25 années avec les yeux fermés !

Je ne sais pas ce que vous en pensez mais personnellement, j'aimerais que le temps que je passe ici compte, même la nuit. Je n'aime pas perdre la notion de tout ce qui m'entoure et me réveiller le matin en me demandant ce qui s'est passé. Ce n'est pas juste !

Pendant que je dors, je veux être dans l'esprit, conscient et lucide, engagé dans le royaume de Père. Je ne veux plus être inconscient et déconnecté. Cela semble bien moins que ce que la Bible nous promet :

Toute sa joie il la met dans la Loi de l'Eternel qu'il médite jour et nuit. (Psaume 1:2)

Comment peut-on méditer jour et nuit ?

Je m'étais endormie, pourtant mon cœur veillait. (Cantique des cantiques 5:2)

Nous pouvons donc rester éveillés tout en dormant ! Parfait, c'est ce que je veux !

C'est là où nous introduisons dans notre vie une nouvelle et joyeuse vérité. L'Évangile ne change pas simplement nos journées en les remplissant de nouvelles possibilités, il change aussi nos nuits en un riche moment où nous pouvons engager les cieux et voyager dans l'esprit : passer des nuits entières dans le bonheur absolu de l'union mystique, avoir des aventures dans les nations et même parmi les étoiles.

J'ai commencé à en faire l'expérience. Certaines nuits, je me concentre profondément pour venir en la présence de Dieu. J'ai remarqué que lorsque je me concentre sur cette Union et être en Lui, d'une manière ou d'une autre, les cieux s'ouvrent à moi. C'est la loi du désir et de la concentration.

En Dieu, mets ta joie et il comblera les vœux de ton cœur. (Psaume 37:4)

Mon ami Ian Clayton a appris qu'il était tout à fait possible de vivre en dormant très peu et de rester conscient tout en dormant, par « hisser » son corps dans son esprit. Ian avait commencé à se lever de plus en plus tôt pour prier tellement il était affamé de Dieu. Pourtant, il trouvait toujours qu'il n'avait jamais assez de temps à passer avec notre Père. Il a compris qu'il était physiquement limité.

Il a finalement trouvé une solution. Il a appris à s'engager par l'Esprit et monter sur la Montagne de Dieu pendant la nuit. Il a maintenant certaines de ses expériences les plus profondes durant son sommeil. Lorsque nous servons ensemble, je lui demande toujours ce qui s'est passé durant la nuit. Il a toujours quelque chose de nouveau à partager. Souvent quelque chose de vital pour nos conférences.

Il peut aussi vivre pendant des semaines sans beaucoup dormir, au-delà de toute limite naturelle. Je l'ai vu servir pleinement durant toute une conférence alors qu'il arrivait directement de l'aéroport. C'est assez extraordinaire lorsque vous arrivez de Nouvelle-Zélande et que vous n'avez pas dormi durant le voyage. C'est ça la vie « KAINOS ».

Trop beau pour être vrai ? Lisez donc ce qui suit.

Revenons à Jésus, Celui qui nous donne l'espoir de meilleurs temps à venir.

Vers cette même époque, Jésus se retira sur une colline pour prier. Il passa TOUTE LA NUIT à prier Dieu. (Luc 6:12)

Il semble que le sommeil était assez optionnel pour Jésus. Il pouvait rester éveillé en prière, toute la nuit.

Ce qu'il y a de plus extraordinaire c'est quand on pense au style de vie hectique que Jésus avait. Il se rendait partout à pied, mentorait un groupe de disciples de manière assez intense, guérissait les malades, prêchait aux foules, faisait face aux religieux, etc…

Malgré cela, Il surpassait les lois naturelles et accédait à une réalité d'une plus haute dimension. Une réalité qui transcendait les besoins normaux de sommeil. Un style de vie complètement dévoué à la Vie.

Comment est-ce possible ? Pouvons-nous le faire aussi ?

Le prophète Paul Keith Davis a reçu une partie de la réponse. Il a eu une expérience extraordinaire durant une vision où il a vu Jésus priant sur la montagne. Au lieu de rester éveillé comme Paul Keith s'y attendait, il a vu Jésus être rempli d'énergie dans le bonheur absolu de la présence de Son Père. Il ne luttait pas contre le sommeil et ne comptait pas les heures. Il était tellement immergé dans la présence de Son Père, la nuit semblait sans fin pour Lui. Au petit matin, Jésus a dû faire un effort pour sortir de cette béatitude. Il avait passé la nuit entière en ravissement et s'était retrouvé frais et gaillard au petit matin, rempli de joie.

La présence de Dieu est la clé du mystère. S'engager en la présence de Dieu ouvre les portes de possibilités illimitées. Quand nous vivons en Lui, tout est possible.

« Lorsque vous restez en la présence du Père, vous n'avez pas besoin de dormir. » Paul Keith Davis[1]

J'ai trop souvent la sensation que la nuit est une véritable perte de temps. Je ne veux plus vivre comme cela.

Je connais un nombre croissant de gens qui reprennent la nuit. Ils brisent les limites des besoins humains de base. Nancy Coen en fait partie. Elle met au défi notre compréhension de ce que « vivre sur terre come au ciel » veut vraiment dire.

Voici un témoignage personnel de Nancy :

Depuis toujours, chaque fois que je voyage entre nations, je ne souffre jamais du décalage horaire. Pouvoir déclarer cela lorsque vous avez parcouru plusieurs millions de kilomètres est absolument extraordinaire. En fait, mon voyage pour me rendre ici (en Nouvelle-Zélande) a pris 64 heures, porte à porte. Durant ce temps, j'ai dormi une heure. Lorsque je suis descendu de l'avion, j'étais tellement excitée de voir tout le monde, si pleine d'énergie, que le manque de sommeil ne m'a absolument pas dérangée.

Je suis allée dans des grottes en Chine où j'ai prêché pendant cinq jours sans m'assoir ni faire une pause, sans la moindre petite sieste, sans m'arrêter pour dîner ou boire un verre d'eau, sans aller aux toilettes.

Comment est-ce possible ? Ce n'est pas *humainement possible*.

Pourquoi est-ce possible pour moi ? Parce que j'ai commencé à découvrir comment opérer afin que mon esprit contrôle mon corps et mon âme.[2]

En début d'année, lorsque j'ai commencé à écrire ce livre, je me suis heurté à un mur. Je réfléchissais à tout ce que Dieu nous a montré sur vivre « au-delà de notre humanité » et j'ai réalisé que certaines personnes allaient penser que nous étions tous cinglés. J'ai songé à laisser tomber.

Un ami m'a alors passé certains enseignements de Nancy Coen. J'ai été sidéré de lire qu'elle avait fait le même genre d'expériences que moi. J'étais tellement excité que j'ai écouté dix heures de son enseignement d'un seul coup. C'était comme de manger mon plat préféré, je ne pouvais plus m'arrêter. Non seulement elle confirmait ce que j'avais vu mais elle le vivait ! J'ai récemment passé quelques temps avec Nancy. Elle n'a pas dormi du tout pendant trois jours et pourtant, elle était pleine d'énergie. Absolument extraordinaire, surtout lorsque l'on songe qu'elle va avoir 70 ans.

Si vous avez écouté nos podcasts, vous savez que nous sommes profondément inspirés par la vie des saints celtes. Cette compagnie de croyants tout simples opérait dans une autorité réellement apostolique et a formé la destinée de l'Irlande, de la Grande-Bretagne et plus loin encore. Ils opéraient dans l'amour et la puissance avec une profonde humilité. Tout comme Nancy Cohen, ils transcendaient souvent le besoin naturel de dormir.

Cuthbert avait énormément de choses à faire. Entre sa responsabilité de diriger les prières et les périodes intensives d'enseignement, il aimait aller se promener pour se détendre. Au milieu de toutes les activités et bien qu'il louait le Seigneur avec la communauté, il recherchait souvent à s'isoler pour prier tranquillement. Dans ces cas-là, il descendait le long des falaises pour être au bord de la mer.

Une nuit, l'un des frères décida de le suivre secrètement, curieux de

voir ce que Cuthbert pouvait bien faire toute la nuit. Suivi de son espion, Cuthbert descendit vers la mer et s'avança dans l'eau afin d'être immergé jusqu'au cou. Là, dans l'eau, les bras tendus vers le ciel, il passa la nuit à louer le Seigneur et chanter au rythme des vagues. Lorsque le jour se leva, il revint sur la berge et se remit à prier, à genoux dans le sable.[3]

Je me suis tenu dans l'eau à cet endroit-là. Ce témoignage est encore plus étonnant lorsque vous découvrez à quel point la mer est froide au Royaume-Uni. Elle est en fait glaciale et l'histoire est incroyable.

François d'Assise est un autre saint qui vivait « au-delà de son humanité ». Jeune, il était profondément radical. Un jour, pour protester, il se déshabilla complètement et quitta sa famille très riche afin d'aider les plus perdus et les plus pauvres. Au début, il était sans abri et les gens se moquaient de lui. Un homme bon nommé Bernard eu pitié et l'emmena chez lui.

Et donc inspiré par le Seigneur, il invita saint François à venir manger avec lui dans la soirée : à quoi ayant humblement consenti, Saint François, un soir, vint souper avec lui. Or, le seigneur Bernard se proposa dans son cœur, de mettre à l'épreuve la sainteté du bienheureux François : ce pourquoi il l'invita à dormir dans sa maison, cette nuit-là. Et comme saint François y consentit humblement, le seigneur Bernard lui fit préparer un lit dans sa propre chambre, où il entretenait, toute la nuit, une lampe allumée. Or saint François, dès qu'il entra dans la chambre, afin de cacher la grâce divine qu'il possédait, aussitôt s'étendit sur le lit et fit semblant de vouloir dormir. Mais le seigneur Bernard résolut, dans son cœur, d'observer secrètement son attitude pendant la nuit et il mit à cela tant de précaution que, après avoir reposé quelques temps sur son lit, il feignit de dormir lui-même profondément et de ronfler à grand bruit. Or, saint François, fidèle à tenir cachés les secrets de Dieu, lorsqu'il pensa que le seigneur Bernard dormait profondément, parmi le silence complet de la nuit sauta à bas de son lit ; et, le visage levé vers le ciel, comme aussi élevant vers Dieu ses yeux et ses mains, tout absorbé dans sa pieuse prière et l'âme embrasée de ferveur, il disait : « O mon Dieu et mon tout ! ». Et il répétait ces mots avec tant de larmes et les multipliait avec tant de zèle pieux que, jusqu'au matin, il ne disait rien d'autre que : « O mon Dieu et

mon tout ! ».⁴

Avoir assisté à cette nuit surnaturelle, sans sommeil aucun mais remplie d'humilité, provoqua un changement massif dans la vie de Bernard qui devint le premier moine franciscain. Il devint un ami intime de St François, s'occupant des pauvres, créant des monastères et vivant selon un style de vie profondément mystique. Il lui arrivait souvent de passer plusieurs jours à marcher dans la forêt en transes d'amour extatique. Le bonheur parfait !

L'une de mes saintes préférées est Catherine de Sienne (Il y a tellement de saints que j'admire qu'ils sont comme des amis pour moi). Elle commença à vivre une vie consacrée à Dieu dès le plus jeune âge, avec des visions célestes de Jésus à cinq ou six ans. Elle était absolument captivée par l'Amour, à tel point que :

(Elle) dormait à peine une demi-heure tous les deux jours. Pourtant, elle n'était jamais lasse, agacée ou fatiguée.⁵

Elle était complètement ivre d'amour et l'amour peut vous faire oublier de manger, boire ou dormir ! L'Amour Divin, c'est la Vie !

De manière extraordinaire, certains saints ont même poussé cela encore plus loin. Sainte Colette, la franciscaine, est restée une année entière sans dormir. Pouvez-vous imaginer cela ? Que feriez-vous de tout ce temps libre ? Est-ce que vous pouvez imaginer n'être jamais fatigué !

Mieux encore, Agathe de la Croix, une dominicaine espagnole, n'a pas dormi du tout durant les huit dernières années de sa vie. C'est incroyable ! C'est ce que je veux faire. Je veux pouvoir être si proche de Dieu que mon corps participe à mon bonheur.

... mais ceux qui comptent sur l'Eternel renouvellent leur force : ils prennent leur envol comme de jeunes aigles ; sans se lasser, ils courent, ils marchent en avant et ne s'épuisent pas. (Ésaïe 40:31)

La version de The Voice donne :

Ils courent - jamais essoufflés, jamais lassés. Ils marchent en avant, jamais fatigués, jamais épuisés.

Le prophète Paul Cain a eu la vision que ce verset allait s'appliquer, littéralement, à des tas de gens dans les temps qui viennent. Il a vu, avec une clarté étonnante, la récolte à venir. Dans ces visions, se déroulant comme un film devant ses yeux, Paul a vu avec des détails exceptionnels que les gens rempliraient de gigantesques stades dans des tas de villes tout autour du monde. Durant ces puissantes assemblées de renouveau, des chrétiens inconnus prêcheront sur les mystères de Dieu pendant des jours entiers, sans jamais s'arrêter. Ils ne se reposeront pas, ne s'assiéront même pas pendant plusieurs jours, sans jamais montrer aucun signe de fatigue ou d'abattement.

Cela va arriver ! Je le crois et je vais vivre pour le voir. C'est pour cela que j'écris. Je crois qu'il faut que nous insistions et défions les limites. Nous devons grandir dans notre capacité à imaginer une vie plus surnaturelle, une vie absolument fantastique qui va changer le monde !

Nancy Coen, Ian Clayton et les saints nous ont montré que cela était possible. Mieux que cela, Jésus l'a fait et nous a invités à le faire. Si cela est possible, alors je veux le faire !

Je vous défie d'y croire fermement. Ce soir, lorsque vous irez vous coucher, engagez les lieux célestes. Pratiquez et pratiquez. Il ne manquera pas d'y avoir un résultat. Les grandes portes sont ouvertes avec de petites clés, Amen !

Discussion approfondie : Jésus dormait-il ?

J'aimerais vous suggérer quelque chose que notre Père Éternel m'a révélé. Si vous ne vibrez pas avec, vous être libre de penser différemment. Nous avons tous le pouvoir de penser.

Le Saint-Esprit m'a posé cette question : « **Penses-tu que Jésus dormait lorsqu'Il était dans le bateau ?** » (Luc 8:23)

J'ai réfléchi un moment. J'ai imaginé l'orage, les vagues furieuses, l'eau envahissant le bateau, la panique des disciples. Cela ne ressemble en rien à un moment de rêve, plutôt un cauchemar. Qui peut dormir durant une telle expérience ?

Le Saint-Esprit m'a alors dit : « Il était en présence du Père, en pleine extase ».

J'étais sidéré mais cela expliquait bien des choses.

J'ai passé plusieurs années à étudier la théologie mystique, les extases et les trances, lisant et relisant la vie des saints. Je sais que dans les moments les plus intenses d'une prière mystique, ces gens pouvaient perdre toute notion de leur corps. Ils étaient complètement coupés de leurs « sensations », totalement absorbés dans l'Amour Divin. Dans une telle situation, les saints pouvaient même paraître morts et dans certains cas exceptionnels, ils cessaient de respirer.

J'ai fait des recherches sur le mot utilisé par Luc lorsqu'il décrit Jésus « assoupi ou endormi ». Il a choisi un mot assez inhabituel dans les évangiles puisqu'il n'apparaît qu'une seule fois dans le Nouveau Testament. Il s'agit du mot « aphypnoō » (Strong G879).

Il dérive de l'association de deux mots : « apo » qui signifie « hors de » et « hypnos » qui a donné hypnotiser et ses dérivés, un état second proche du sommeil. Il veut aussi dire « torpeur spirituelle », un état de suspension du pouvoir et de l'activité physique. Ne soyez pas surpris si je vous dis que c'est la description donnée dans la théologie catholique pour les extases mystiques.

Je suggère donc que Jésus utilisait ce moment dans le bateau pour être complètement immergé dans le Père et je suis certain que cela Lui arrivait souvent. Un petit moment privé avec Abba, loin de la foule.

Je ne déclare pas catégoriquement que Jésus ne dormait pas et qu'Il était un enfant hors du commun. Ce que je veux dire est que Jésus, devenu un Fils dans toute sa maturité, transcendait le besoin naturel de dormir et n'en était pas esclave (voir Matthieu 26:40). Le sommeil n'était pas maître de Lui car Il venait d'un endroit où le sommeil est un serviteur.

Toute sa joie il la met dans la Loi de l'Eternel qu'il médite jour et nuit. (Psaume 1:2)

Jour et nuit, c'est fantastique ! Je désire reprendre le pouvoir de la nuit. Qui est avec moi ?

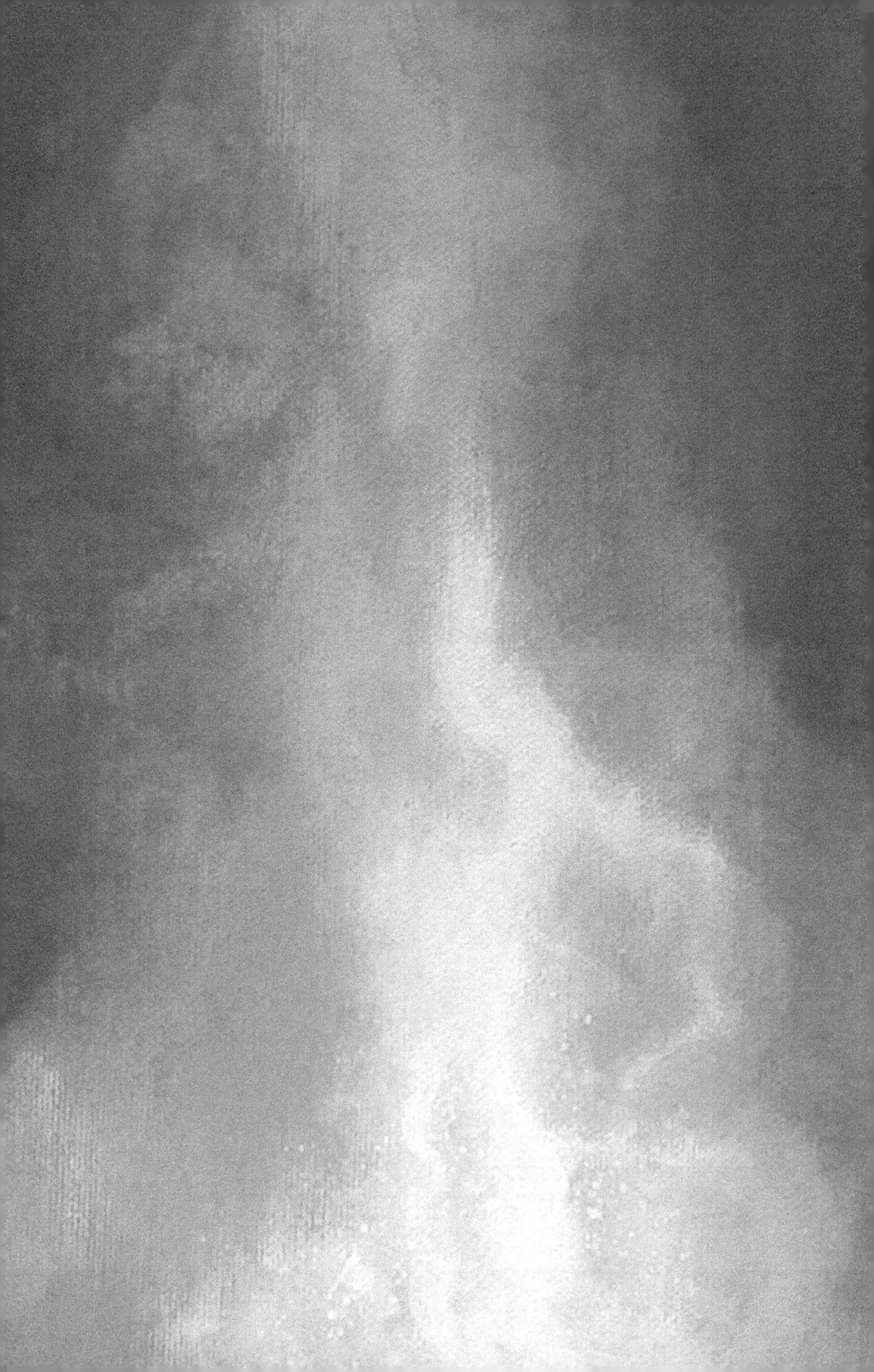

> **Mais la terre vint au secours de la femme : elle ouvrit sa bouche et absorba le fleuve que le dragon avait vomi de sa gueule.**
> **(Apocalypse 12:16)**

Adam et Eve, nos ancêtres, avait reçu un incroyable mandat pour la création. En tant qu'amis intimes du Divin, ils avaient été commissionnés pour maîtriser le chaos de la terre et reconstituer (régénérer et alimenter) la beauté et la joie d'Eden.

Dieu les béni et Dieu leur dit : Soyez féconds, multipliez, remplissez la terre et l'assujettissez ; et dominez sur les poissons de la mer, sur les oiseaux du ciel et sur tout animal qui se meut sur la terre. (Genèse 1:28, LS)

Quel plan extraordinaire ! Pouvez-vous imaginer de quoi la terre aurait l'air s'ils avaient rempli leur tâche ? J'imagine souvent la terre complètement guérie et les nombreux descendants d'Adam et Eve opérant dans le cosmos, redonnant forme et vie aux autres planètes et aux étoiles. J'aime à imaginer Mars restaurée et vivante. Cela aurait été incroyable de venir au monde à une telle époque.

Malheureusement, nous sommes nés dans une époque complètement différente. La chute de l'homme a engendré des conséquences tragiques : la distorsion de nos relations avec notre planète et tout ce qui y vit. Tout est corrompu, tout a tourné au pire : les animaux s'entretuent, il nous faut cultiver la terre et elle porte bien des épines.

Cette distorsion dans notre relation a été accentuée par le meurtre d'Abel par Caïn. Lorsque Caïn a répandu le sang de son frère, la terre a rétracté sa richesse.

Quand tu cultiveras le sol, il ne te donnera plus sa richesse. Tu seras errant et vagabond sur la terre. (Genèse 4:12, LS)

C'est un verset étonnant ! La terre est capable de nous aider ou de nous résister. Encore un grand mystère que l'église n'a jamais abordé. Nous avons une relation dynamique avec la terre et elle peut réagir à ce que nous faisons. En fait, nous avons du mal à comprendre qu'elle est vivante.

Paul déclare que toute matière créée sait que nous existons et attend que nous agissions. Lisez et relisez ce verset familier, méditez-le car il est assez incroyable.

En effet, la création attend, avec un ardent désir, la révélation des fils de Dieu. Car la création tout entière a été réduite à une condition bien dérisoire ; cela ne s'est pas produit de son gré, mais à cause de celui qui l'y a soumise. Il lui a toutefois donné une espérance : c'est que la création elle-même sera délivrée de l'esclavage, de la corruption pour accéder à la liberté que les enfants de Dieu connaîtront dans la gloire. Nous le savons bien, en effet : jusqu'à présent la création tout entière est unie dans un profond gémissement et dans les douleurs d'un enfantement. (Romains 8:19-22)

La création « attend avec un ardent désir » que nous comprenions notre véritable relation avec elle et la libérions. Je réalise que nous commençons seulement à comprendre le début de ce que cela signifie.

Peut-être ne sommes-nous pas prêts à apprendre. En tant que fils « KAINOS », il est sans doute grand temps de réaliser que nous avons été créés pour nous joindre à Dieu dans son initiative de création et aider la nature.

Le prophète Bob Jones avait l'habitude de déclarer que nous sommes les « boucliers de la terre ». C'est notre tâche, notre rôle : aider à protéger la terre des désastres.

… Car à Dieu sont les boucliers de la terre… (Psaume 47:9, LS)

… les gardiens de la terre appartiennent à Dieu… (Psaume 47:9, CEB)

Nous devrions avoir une relation intime avec notre planète et sa nature. La protéger fait partie de notre mandat.

Le prophète John Paul Jackson a déclaré :

Dieu ne nous a pas simplement créés par une déclaration comme

Il l'a fait pour la végétation, les animaux, la lune et les étoiles et il y a une bonne raison à cela. Il a choisi de nous donner forme, par ses mains, avec la poussière de la terre. Pourquoi ? Se pourrait-il que les humains aient une relation avec la terre et que la terre ait une relation avec nous que nous n'avons pas encore comprise ? Est-il possible que, tout comme pour Caïn, nos choix affectent notre planète ?[1]

La Bible est remplie d'histoires de relations dynamiques entre les humains et la création :

Matin et soir, les corbeaux lui apportaient du pain et de la viande et il se désaltérait de l'eau du torrent. (1 Rois 17:6)

Un couple de tout être vivant était venu trouver Noé pour entrer dans le bateau. (Genèse 7:15)

Moïse leva la main et, par deux fois, frappa le rocher avec son bâton. L'eau jaillit en abondance. Hommes et bêtes purent se désaltérer. (Nombres 20:11)

Il existe nombres d'autres exemples dans la Bible. Il semble qu'elle est remplie de ce que les théologiens catholiques appellent « les mystiques de la nature ». Notre destinée semble vraiment liée à la création.

Dès le début de son ministère, Jésus nous a montré que nous sommes supposés être un point de convergence de la nature et des lieux célestes. Voyons un autre verset :

Il y resta quarante jours et y fut tenté par Satan. Il était avec les bêtes sauvages et les anges le servaient. (Marc 1:13)

Durant une grande épreuve personnelle, les « bêtes sauvages » et les « anges » se trouvaient autour de Jésus. La terre et les cieux répondaient aux besoins d'un Fils.

C'est le modèle de notre nouvelle espèce. Nous sommes supposés apporter une harmonie entre les différents domaines, fusionner le visible et l'invisible. Il existe, au plus profond de nous, une force magnétique qui attire la création et le domaine angélique. C'est la loi de la Vie.

Jésus a aussi révélé que nous sommes supposés gérer le climat ou plutôt comme mentionné dans Genèse « Rendez-vous en maîtres ».

... Il se réveilla et parla sévèrement au vent et aux flots tumultueux : ils

s'apaisèrent et le calme se fit. Alors il dit à ses disciples : Où est donc votre foi ? Quant à eux, ils étaient saisis de crainte et d'étonnement et ils se disaient les uns aux autres : Qui est donc cet homme ? Voyez : il commande même aux vents et aux vagues et il s'en fait obéir ! (Luc 8:24-25)

Le fait que la nature soit en déséquilibre est notre faute. Pourquoi ?

Vous avez la réponse dans ces versets. Jésus commande au vent et aux flots de se calmer et demandent à Ses disciples pourquoi ils ne l'ont pas fait EUX-MÊMES. Ils avaient déjà fait des miracles. Où étaient donc leur foi ?

Bien souvent, demander à Dieu de faire quelque chose est plus facile que d'opérer dans la réalité de Son royaume. Nous sommes supposés protéger la terre. Si nous la portons dans notre cœur avec amour, nous pouvons lui donner forme.

Je crois sincèrement que nous pouvons faire la même chose avec la plupart des tremblements de terre, des ouragans, sécheresses, tempêtes de neige épouvantables et le reste. Les médias les appellent des « actes de Dieu ». Je les vois plus comme les « résultats de l'inaction de l'Ecclésia ». Après tout, nous sommes le gouvernement de la terre, son bouclier !

Nous vivons à une époque où la gestion du climat est quelque chose d'important. Certains d'entre nous ont été impliqués nombre de fois dans la gestion du climat, avec parfois des résultats surprenants.

Je me souviens d'une mission à Brisbane, en Australie. Le ciel était bleu sans aucun nuage. Les gens se plaignaient qu'il n'avait pas plu depuis trois mois. Je leur ai demandé pourquoi ils n'avaient pas changé cela. Ils m'ont regardé, interloqués à l'idée de faire pleuvoir.

Nous avons donc prié pour qu'il pleuve mais seulement trois jours plus tard, une fois que nous serions dans l'avion. Nous voulions profiter le plus possible du soleil !

Trois jours plus tard, alors que nous nous dirigions vers l'aéroport, les nuages précurseurs d'un bel orage ont commencé à envahir le ciel. C'était superbe ! Nous sommes montés dans l'avion et alors que je m'asseyais, la pluie a commencé à mouiller le hublot. Exactement comme nous l'avions demandé ! Nous avons ri, c'était parfait.

Au Royaume-Uni, Dieu nous a aussi demandé à des moments stratégiques de changer des courants de temps prévus par la météo. Je me souviens d'un hiver entier où nous avons empêché les tempêtes de neige de s'abattre sur le pays. C'était fabuleux ! La météo avait annoncé un hiver épouvantable. Du coup, la presse britannique ne comprenait pas ce qui se passait. Au lieu de tempêtes de neige, nous avions un soleil magnifique. En fait, les produits les plus vendus en janvier ont été les barbecues et les salades ![2] C'était tellement drôle.

Jésus ne se contentait pas simplement de gérer les orages, Il opérait de main de maître sur toute la faune.

Maître, lui répondit Simon, nous avons travaillé toute la nuit et nous n'avons rien pris. Mais, puisque tu me le demandes, je jetterai les filets. Ils les jetèrent et prirent tant de poissons que leurs filets menaçaient de se déchirer. Alors ils firent signe à leurs associés, dans l'autre bateau, de venir les aider. Ceux-ci arrivèrent et l'on remplit les deux bateaux, au point qu'ils enfonçaient. (Luc 5:5-7)

Pouvez-vous imaginer de faire une telle pêche ? Pourquoi pas ! Jésus est notre modèle.

Une autre histoire fantastique :

… Descends donc jusqu'au lac, lance ta ligne à l'eau, attrape le premier poisson qui mordra et ouvre-lui la bouche : tu y trouveras une pièce d'argent. Prends-la et donne-la aux agents en paiement de l'impôt pour nous deux. (Matthieu 17:27)

Jésus aurait pu faire apparaître une pièce dans le creux de Sa main. Pourquoi a-t-Il choisi de faire cela ? Peut-être pour démontrer le partenariat qui existe entre la nature et nous. Quelle qu'ait été Sa raison, je trouve l'histoire géniale !

Les miracles de la nature ne se sont pas arrêtés avec Jésus. Les saints adoraient la nature et elle le leur rendait bien. Vous avez sans doute vu des peintures où des saints étaient entourés d'animaux.

Les Franciscains étaient tout particulièrement conscients de la nature. Ils l'adoraient et Dieu s'est servi de cet amour nombre de fois pour transformer des communautés entières. Dans l'histoire qui suit, St Antoine prêchait dans la ville de Rimini. Les gens étaient têtus et difficiles. Après plusieurs jours de prêche laborieux, ils refusaient toujours d'écouter.

Or saint Antoine, sous l'inspiration Divine, s'approcha un jour de l'embouchure du fleuve, tout près de la mer et, se tenant sur le rivage qui était voisin à la fois de la mer et du fleuve, il se mit à appeler les poissons, au nom de Dieu, en manière de prédication, leur disant : « Ecoutez la parole de Dieu, ô poissons de la mer et du fleuve, puisque ces infidèles hérétiques dédaignent de l'entendre ! »

Et voici que sur le champ, apparut devant saint Antoine une telle multitude de poissons, petits et grands, que jamais on n'en avait vu de semblables dans ces régions ! Et tous tenaient la tête un peu soulevée au-dessus de l'eau...

... Et à mesure que saint Antoine continuait de prêcher, d'autant plus s'accroissait la multitude des poissons et aucun d'eux ne se retirait de la place où il s'était installé. Et comme le peuple de la ville, et même les susdits hérétiques, étaient accourus pour assister à un tel miracle, en voyant un prodige aussi insolite et aussi justement admirable que celui de ces bêtes occupées à écouter saint Antoine, tous furent touchés dans leurs cœurs et s'assirent aux pieds de saint Antoine, afin qu'il leur prêchât à leur tour.[3]

Les saints celtes d'Irlande et de Bretagne sont sans doute ceux qui comprenaient le mieux cette symbiose avec la nature. Ils se voyaient intrinsèquement liés à la nature. Ils appelaient même le Saint-Esprit : l'Oie Sauvage !

Dans cette histoire, St Cuthbert se trouvait dans un lieu éloigné de tout. Il venait prêcher les Évangiles à des gens extrêmement isolés. On appelle cela « une randonnée sauvage », le saint suivait des chemins inconnus. Son jeune disciple, affamé, se sentait misérable.

Cuthbert lui dit de se réjouir et d'avoir foi : « Le Seigneur pourvoira à nos besoins aujourd'hui comme Il le fait toujours. » Il lui montra alors un aigle passant au-dessus d'eux et dit : « Tu vois cet oiseau volant loin au-dessus de nous. Et bien Dieu peut nous rafraichir par le ministère de cet aigle. » Le jeune homme n'était pas certain de ce que Cuthbert voulait dire. Alors qu'ils continuaient leur chemin le long de la rivière, ils virent l'aigle debout sur la berge, tenant un poisson entre ses serres. Cuthbert lui dit : « Va voir quelle nourriture Dieu nous envoie par cet aigle. » Le jeune homme s'exécuta et ramena le gros poisson que l'aigle avait péché dans la rivière. Cuthbert lui dit :

« Mon fils, qu'as-tu fait ? Pourquoi n'as-tu pas donné sa part à notre avitailleur ? Coupe vite ce poisson en deux et va lui donner la part qu'il mérite pour nous avoir servis. »[4]

Les Celtes respectaient la création et comprenaient notre relation sacrée avec elle.

On trouve des miracles impliquant la nature dans toute notre histoire. Je pourrais écrire un livre rempli de témoignages absolument fascinants. En voici un plus récent, tiré du livre de Mark Sandford « *Healing the Earth* » (Guérir la Terre). Mark était en mission en Thaïlande avec son équipe et ils souffraient tous horriblement des insectes qui les piquaient. Mark avait besoin d'aide urgente :

Les membres de l'équipe se plaignaient qu'ils ne pouvaient pas dormir à cause des moustiques. Je réfléchissais au problème lorsqu'une idée me vint à l'esprit : le plan original de Dieu n'était surement pas que ces insectes nous tourmentent ! Et si Jésus commandait au vent et aux vagues de se calmer, en Son nom, je devrais pouvoir ordonner aux moustiques de cesser de nous piquer. Je ne voulais pas agir de manière présomptueuse et j'ai donc tout d'abord demandé à Dieu la permission de le faire. Le lendemain matin, je me suis levé sans aucune piqûre après avoir dormi d'un seul trait. L'un de mes collègues, qui dormait dans la chambre à côté, est apparu couvert de piqûres et se grattant de la tête aux pieds, avec les yeux hagards de quelqu'un qui n'a pas beaucoup dormi.[5]

Mark aurait peut-être dû prier pour toute l'équipe ! Nous avons tant à apprendre mais nous sommes en train de mûrir et je pense que nous allons être sidérés de tout ce que nous pouvons faire. Sachons rêver grand !

Il est intéressant de lire dans l'ouvrage hébreu « Le livre des Jubilés »[6] qu'au commencement, les animaux pouvaient parler aux humains et entre eux. Ils parlaient d'une seule voix. Malheureusement, ce même ouvrage précise que cela s'est arrêté avec le péché originel. Lorsqu'Adam et Eve ont chuté, les animaux ont chuté avec eux.

Cependant, au sein de notre nature « KAINOS », je pense que nous avons toujours cette connexion linguistique avec les animaux et que nous pouvons réveiller nos sens.

Mais interroge donc les animaux sauvages, ils t'instruiront et les oiseaux du ciel, ils te renseigneront.

Ou bien parle à la terre et elle t'instruira, les poissons de la mer pourront t'en informer. (Job 12:7-8)

Je suis certain qu'un jour les animaux seront restaurés, ils retrouveront leur conception originelle et les relations qu'ils devaient avoir avec nous. Ils forment une partie importante de la transformation de notre planète qui a commencée. Les enfants joueront avec les serpents et les lions mangeront de la paille (voir Ésaïe 11:7-9 et 65:25). Extraordinaire !

Il faut que nous récupérions TOUTE la Bonne Nouvelle. Jésus est venu pour sauver ce qui était perdu. Ceci comprend notre planète, la faune et la flore.

En effet, Dieu était en Christ, réconciliant les hommes avec lui-même, sans tenir compte de leurs fautes et il a fait de nous les dépositaires du message de la réconciliation. (2 Corinthiens 5:19)

Ou comme The Message le présente : *Dieu, au travers du Messie, a réconcilié le MONDE avec Lui-même, lui offrant un nouveau départ...*

St Maxime comprenait parfaitement que nous sommes connectés à l'avenir de notre planète :

L'être humain n'est pas isolé du reste de la création, de par sa nature même, il est lié à tout l'univers... dans son union avec Dieu, l'être humain n'ignore absolument pas la faune et la flore mais rassemble dans Son amour, le cosmos entier détraqué par le péché, afin qu'il soit transfiguré par la grâce.[7]

Quelles paroles magnifiques : transfiguré par la grâce ! J'adore ça.

Au fur et à mesure que nous allons nous éveiller, notre planète va bourgeonner et répondre de manière visible.

Car vous sortirez pleins de joie, vous serez conduits dans la paix. Montagnes et collines éclateront en cris de joie devant vos pas. Tous les arbres des champs applaudiront. (Ésaïe 55:12)

Au fur et à mesure que nous porterons la création dans notre cœur, nous découvrirons qu'elle est vivante, vibrante et prête à répondre !

Le défi est de changer notre relation avec la nature. C'est quelque chose à faire MAINTENANT. Cela va faire la différence entre l'ordre et le chaos, la pluie et la sécheresse, les tempêtes et le calme.

Nous sommes les « Gardiens de la Terre ».

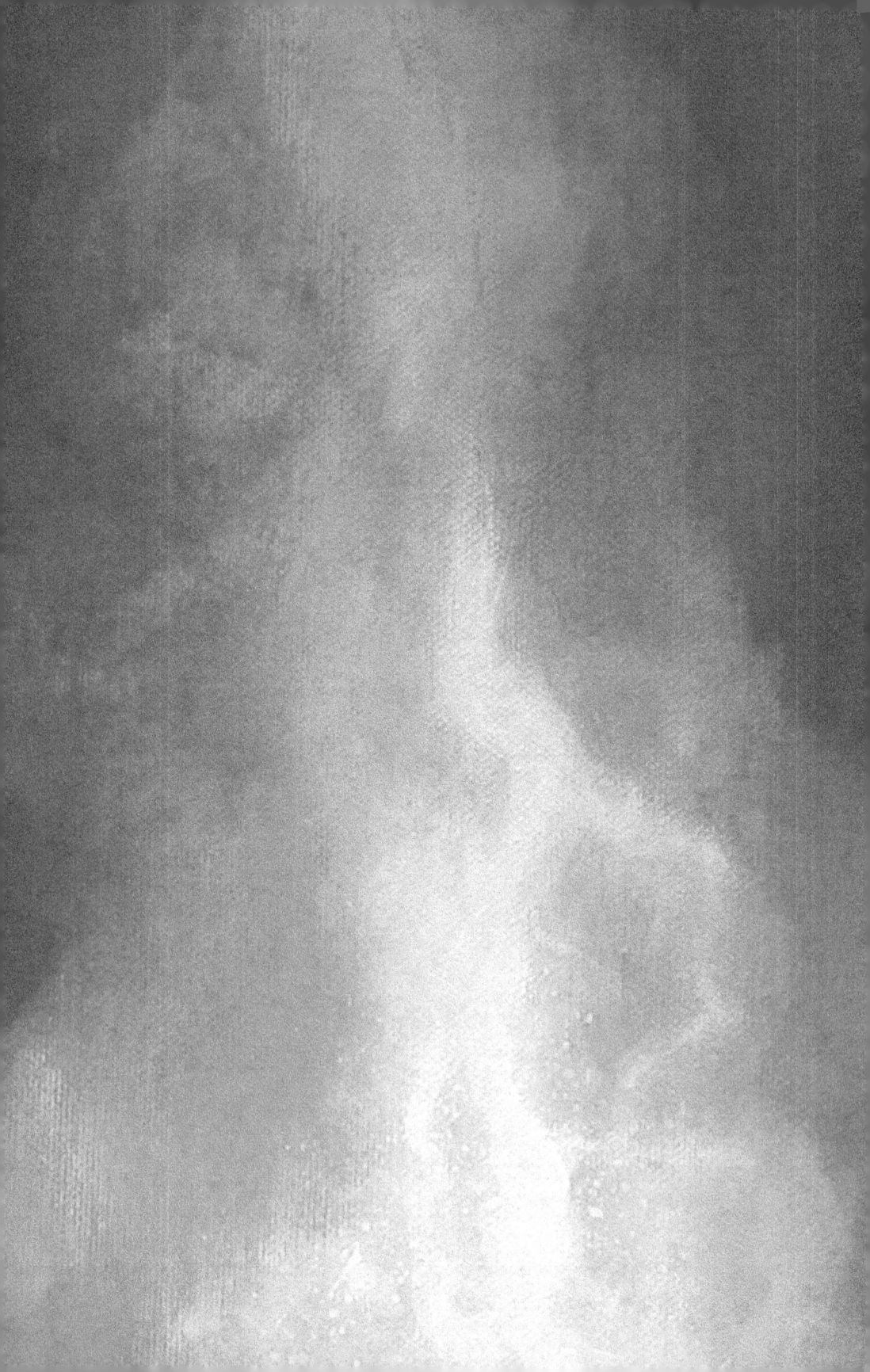

> **Alors une bataille s'engagea dans le ciel : Michel et ses anges combattirent contre le dragon et celui-ci les combattit avec ses anges. (Apocalypse 12:7)**

Nous approchons de la fin de ce livre et j'espère qu'il vous a plu. Dans les deux chapitres suivants, j'aimerais vous aider à vous préparer pour le combat à venir. Dans notre joie, il nous faut aussi être fort dans Sa puissance. Oui, il va y avoir un combat mais Jésus a déclaré :

Il fallait que je vous dise aussi cela pour que vous trouviez la paix en moi. Dans le monde, vous aurez à souffrir bien des afflictions. Mais courage ! Moi, j'ai vaincu le monde. (Jean 16:33)

La vérité est que nous sommes nés de nouveau pour un conflit céleste, un combat qui dure depuis bien avant qu'Adam ne voit le jour. Ce combat a dévasté le cosmos et réduit le système solaire à l'ombre de lui-même.

Dans ce chaos dantesque, Dieu a choisi un endroit tout simple, pour ainsi dire insignifiant, afin de commencer le processus de recréation. Un endroit qui est devenu un pivot pour l'avenir de toutes choses : la Terre.

Adam et Eve ont été plantés dans une zone de guerre !

Nous connaissons la suite : l'être humain a chuté et le chaos a de nouveau régné, la faune et la flore sont redevenues sauvages. L'ordre naturel de paix a dû faire place à la survie et la compétition. Satan s'est de nouveau assis tout en haut de sa toute petite montagne, fier et bien trop sûr de lui.

D'autres créatures célestes, inspirées par la fierté de Satan, ont rejoint la rébellion sur terre. On les appelait les Veilleurs, certains les appellent les anges de Dieu. On ne sait pas d'où ils venaient réellement. Ce que l'on sait, c'est qu'ils ont quitté la dimension où ils opéraient et sont venus sur terre, en complète contradiction à la volonté de Dieu. Ils ont enseigné aux gens des arts occultes et des technologies non-appropriées. On peut lire leur histoire dans le livre éthiopien d'Hénoch :

Tu as vu ce qu'a fait Azazel (le Veilleur), comment il a enseigné toute injustice sur la terre et dévoilé les secrets éternels qui s'accomplissent dans les cieux… ils s'en sont allés vers les filles des hommes, sur la terre et ils ont couché avec elles et ils se sont souillés avec ces femmes et ils leur ont découvert tout péché. Or ces femmes ont mis au monde des géants par qui la terre entière a été remplie de sang et d'injustice.[1]

Ceci s'est multiplié jusqu'à l'époque de Noé où tout est devenu épouvantable. La terre était ravagée par des forces démoniaques, des êtres à l'ADN corrompu, des guerriers puissants et des cannibales géants. Partout sur terre, il n'y avait qu'injustice, occultisme et malfaisance perpétuelle.

L'Eternel vit que les hommes faisaient de plus en plus de mal sur la terre : à longueur de journée, leur cœur ne concevait que le mal. Alors l'Eternel eut des regrets au sujet de l'homme qu'il avait fait sur la terre, il en eut le cœur affligé.

Alors Dieu envoya le déluge. Certains estiment qu'il devait y avoir six milliards d'habitants sur terre avec un ADN corrompu et des technologies sophistiquées. Noé et sa famille furent les seuls survivants suite à l'intervention divine.

C'est impressionnant de penser que Jésus a déclaré qu'Il reviendrait à une époque similaire à celle de Noé. C'est choquant de lire le live d'Hénoch et de comprendre ce qui se passait à cette époque : un conflit épouvantable entre la lumière et les ténèbres.

L'audience hébraïque à laquelle Jésus s'adressait connaissait le Livre d'Hénoch et les histoires anciennes. Ils en connaissaient les implications et ils savaient qu'il y aurait des jours épouvantables à venir.

Au fur et à mesure que nous grandissons en sagesse divine et que nous investissons notre temps dans la gloire de Dieu, les cieux commencent à nous mentorer et nous enseigner ce qu'il faut apprendre de ce conflit caché. Le voile est retiré de devant nos yeux et nous pouvons alors voir qu'il y a plus en ce monde que ce que nous avions vu jusqu'à présent.

J'ai eu les yeux soudainement ouverts en 2003. Tout a commencé par une série de rêves.

J'ai eu la vision détaillée d'un certain nombre d'événements futurs. J'ai vu la crise économique de la dernière décade, la propagation de la loi sharia islamique en Occident, la légalisation par les gouvernements du cannabis et de nombreuses autres drogues et les mariages homosexuels suivis par des mariages collectifs. J'ai vu aussi la pornographie s'insinuer dans les principaux médias et même destinée à captiver les enfants. J'ai vu bien d'autres choses y compris un faux renouveau islamique et une version occidentale de l'Islam qui allait impacter la culture de la mode et des personnes célèbres. Je ne pouvais pas continuer comme si tout était OK parce que cela ne l'était absolument pas !

Ces expériences me poussent toujours à donner l'alarme. Je déteste l'apathie et la complaisance de notre culture télévisée pourrie. Nous sommes en vitesse de croisière mais je pense qu'il y a bien plus que cela dans notre vie. Je le sens et je ne peux plus vivre sans, je veux ce plus.

Paul Keith Davis est un prophète respecté. Il a eu nombre de visions et rêves profonds sur cette époque critique. Un soir, alors qu'il était assis dans son lit, il a eu comme une transe visionnaire :

Durant cette expérience, j'ai vu l'enfer. Je regardais d'une hauteur, droit dans l'enfer. Je pouvais voir des forces invisibles... qui retiraient ce qui avait l'air d'être un couvercle de regard. Je pouvais voir comme une large porte ronde en métal dans les entrailles de l'enfer. J'utilise le terme entrailles pour cette expérience. J'ai crié quelque chose comme : « Que quelqu'un arrête tout cela ! » J'étais en train de hurler pour que quelqu'un referme cette « porte ».

J'ai vu des esprits malfaisants en sortir et j'en ai reconnu certains. J'ai vu ce qui ressemblait à Adolf Hitler, Joseph Staline et d'autres tyrans oints du démoniaque. Je les ai vus sortir de l'enfer.

Je ne sais pas comment mais j'ai pu voir ces esprits maléfiques se manifester de manière réelle et visible dans la chambre de gens... que cela soit en rêve ou en expérience, j'ai vu à l'œuvre des esprits malfaisants d'un haut niveau comme je ne l'avais jamais vu auparavant. Ils ont commencé à se manifester dans les chambres des gens. Je les ai vus former ces gens à opérer dans le royaume des ténèbres comme je ne l'avais jamais vu auparavant.

Regardez le journal télévisé et permettez-moi de vous suggérer que cela a déjà commencé. Qui aurait cru que des groupes comme ISIS en Syrie et en Irak imposeraient des actes aussi inhumains et les diffuseraient tout autour du monde ? Les vidéos et histoires sont choquantes.

Paul Keith poursuit :

Lorsque cela est devenu trop, j'ai déclaré : « Je ne peux plus regarder cela ! » J'ai alors entendu une voix venant du ciel qui déclarait : « Les fils de Lumière doivent répondre de la même manière. » J'ai vu ces anges descendre des cieux, des anges spéciaux qui ont été préparés pour cette époque finale de confrontation. Ils se tenaient jusqu'à présent en la présence de notre Dieu Tout Puissant… j'ai vu ces anges sortir des cieux et se manifester dans les chambres des gens… Je les ai vus former les gens à opérer dans le royaume de gloire, comment accéder aux domaines spirituels, à devenir comme Jean lorsqu'il déclare : « Je fus ravi en esprit ». Jean savait des choses : le secret d'opérer dans l'esprit.[2]

N'est-ce pas quelque chose que vous aimeriez connaître ?

J'ai eu récemment une vision-rêve de cette bataille comme si je regardais un film en 3D. Des forces démoniaques se battaient contre nous sur le sommet d'une montagne. Ils avaient l'apparence de l'horrible armée d'orques du Seigneur des Anneaux. Ils se battaient si furieusement que cela en était presque irréel. Nous étions en plein milieu de la bataille, luttant violemment.

D'un seul coup, j'ai vu la situation d'en haut comme si j'étais un aigle. J'ai vu pourquoi cela était si violent : les orques étaient en haut de la montagne, entièrement cernés, la fin du combat. Ils étaient terrorisés et paniquaient. Il n'y avait aucune échappatoire. Ils allaient tous être exterminés.

Soudain, j'entendis une voix crier sur tout le terrain de combat : « Il est temps de passer à L'ASSAUT FINAL ». J'ai vu alors que si les forces de Lumière poussaient ensemble, le combat serait rapidement fini. Si nous convergions et opérions comme une seule force, la bataille était gagnée. J'ai trouvé plus tard ce que l'assaut final veut réellement dire stratégiquement et c'est ce que nous devons faire : nous lancer tous ensemble puissamment comme un seul homme.

Mon ami Ian Clayton adore le combat. Il n'a pas peur du tout des esprits démoniaques et s'est souvent battu contre eux, remportant généralement la victoire. Il aime à appeler cela « broyage ». Voici ce qu'il a déclaré lors de l'une de nos conférences au Royaume-Uni :

Notre plus gros problème est ce que nous avons enseigné aux gens (dans la vie de l'église) en matière de salut : un enseignement visant à les habiliter à vivre sur terre. C'est ce qui se passe principalement dans la vie de l'église.

Mon plus gros problème est que la seule manière de vivre (véritablement) sur terre est de comprendre comment on vit dans les cieux. Parce que ce qui se passe dans les cieux influence et domine complètement tout ce qui se passe sur terre.

Ce qui se passe dans le royaume des cieux change ce qui se passe dans le royaume de la terre. L'influence qui prédomine dans les cieux va dicter ce qui arrive sur terre.

Tant que nous ne comprendrons pas que nous sommes supposés prendre notre place et régner dans les lieux célestes, nous conserverons la nature pécheresse qui réside sur terre.[3]

Le nouveau monde ne va pas arriver sans résistance. Cette bataille est gagnée ou perdue dans les multiples dimensions de notre existence visible et invisible. Il est temps d'apprendre à suivre les chemins des cieux, à nous occuper des affaires de notre Père qui sont justice, paix et joie !

Il leur répondit : Je voyais Satan tomber du ciel comme l'éclair. Ecoutez : je vous ai donné le pouvoir de marcher sur les serpents et les scorpions et d'écraser toutes les forces de l'Ennemi, sans que rien ne puisse vous faire du mal. (Luc 10:19)

La gloire de la Bonne Nouvelle est que maintenant Dieu vit victorieux en nous et au travers de nous. Nous participons maintenant dans la joie de la justice, la joie de détruire les œuvres des ténèbres car les forces maléfiques sont maintenant bien au-dessous de nous en Christ. Leurs pouvoirs sont limités. En bref : la Lumière est vainqueur !

Jésus est le parfait exemple. Il a écrasé l'ennemi et l'a humilié.

Là, il a désarmé toute Autorité, tout Pouvoir, les donnant publiquement en spectacle quand il les a traînés dans son cortège triomphal après sa victoire à la croix. (Colossiens 2:15)

Nous devrions suivre Son exemple. N'en avez-vous pas assez d'être poussé de tous les côtés ? Comme Bill Johnson le déclare :

Satan est limité de toutes les manières possibles. Dieu lui a donné ses talents et facultés lors de sa création. Il n'y a jamais eu de bataille entre Dieu et Satan. Le royaume entier des ténèbres pourrait disparaître en un instant mais Dieu a choisi de le vaincre par ceux qu'Il a créés à Son image : ceux qui ont décidé de Le vénérer.[4]

Nous sommes ceux qui ont été habilités à former l'avenir. Si le monde est dans le pétrin, c'est parce que nous ne comprenons pas encore la Bonne Nouvelle. Nous n'avons pas encore totalement compris que :

La mission principale de Jésus est résumée dans ce verset : « *Le Fils de Dieu est précisément apparu pour détruire les œuvres du diable* **»** **(1 Jean 3:8). C'était sa tâche, celle de Ses disciples et c'est la nôtre. Le but de Dieu en nous sauvant n'était pas de nous secourir et de bien nous occuper jusqu'à ce qu'Il nous reprenne dans les cieux. Son but était bien plus grand : Il nous a commissionnés pour démontrer Sa volonté «** **sur terre comme au ciel** **», pour aider à transformer cette planète en un endroit radieux, saturé de Son pouvoir et de Sa présence. C'est la racine même de notre grande commission. Cela devrait définir votre vie comme la mienne.**[5]

Godfrey Birtill, chrétien célèbre et auteur de chansons, a déclaré :

Assez c'est assez ![6]

Il est temps de reprendre les rênes. Le ressentez-vous dans l'esprit ?

Notre génération a été créée pour le combat, pour la victoire.

Au jour où tu ranges tes forces en ordre de bataille, ton peuple est plein d'ardeur... (Psaumes 110:3)

Ou comme The Amplified Bible le traduit :

Ton peuple s'offrira de lui-même et de plein gré (pour participer à Ta bataille) au jour de Ta puissance.

Un grand combat est à venir, n'ayez pas peur, Dieu vit en vous !

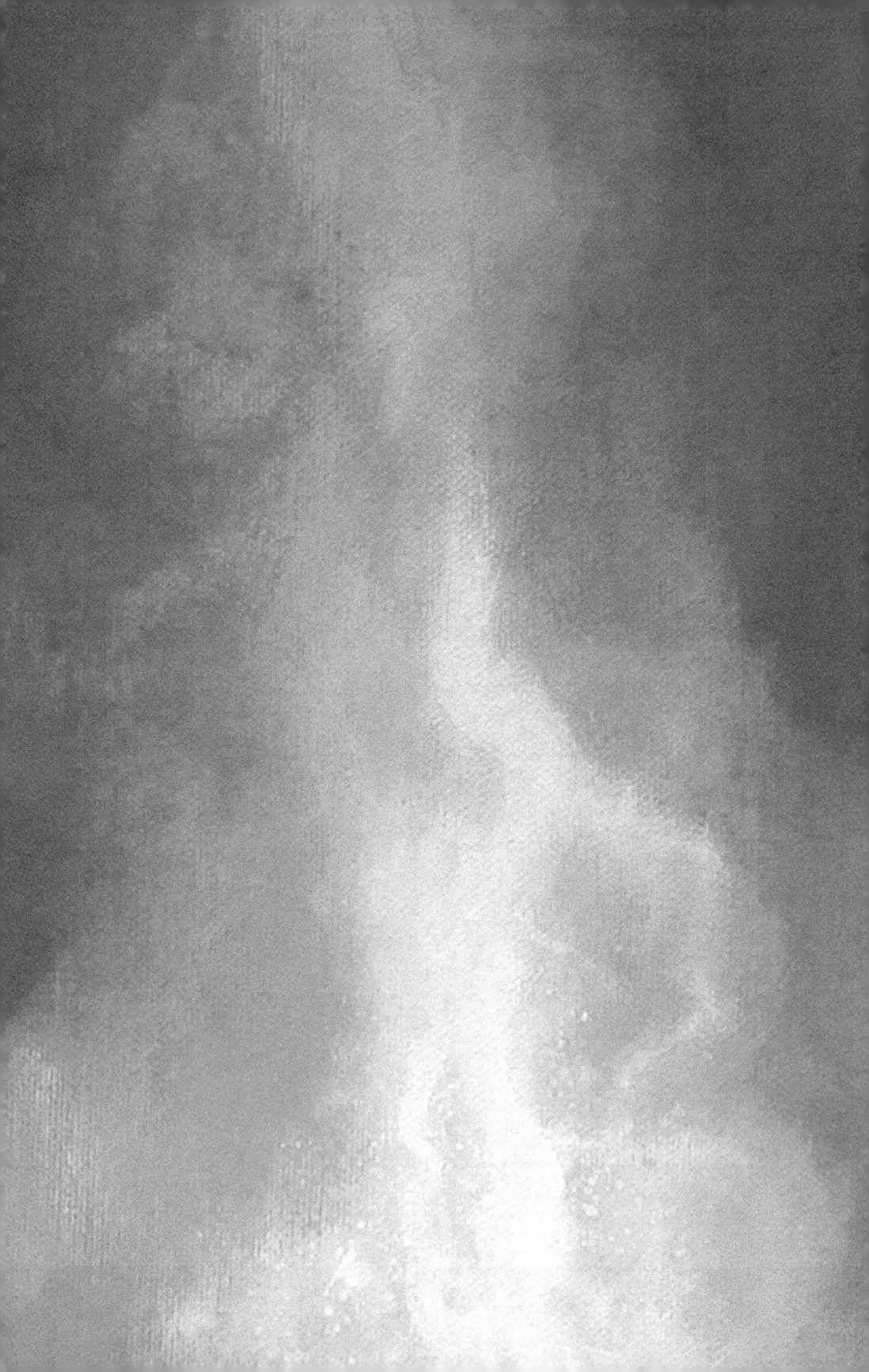

> **Car nous n'avons pas à lutter contre des êtres de chair et de sang mais contre les Puissances, contre les Autorités, contre les Pouvoirs de ce monde des ténèbres et contre les esprits du mal dans le monde céleste. (Éphésiens 6:12)**

Dans le chapitre précédent, nous avons vu que le monde « KAINOS » ne va pas arriver sans une lutte mais nous sommes prêts à nous battre. La justice bouillonne dans nos veines et notre foi sort par tous les pores de notre peau. La croix nous « condamne » à la victoire, il n'y a pas d'autre issue !

Comme l'aurore qui se répand sur les montagnes, voici un peuple très nombreux et puissant.

Il n'y en a pas eu de semblable par le passé et après lui, il n'y en aura plus...

Les voilà qui bondissent, oui, sans se bousculer : les uns les autres, ils vont chacun sur son chemin. Ils se ruent à travers les projectiles, rien n'interrompt leur marche. (Joël 2:2-8)

Êtes-vous prêts ? Je le suis et je désire vous aider. Je vais vous présenter quelques exemples de combats spirituels réels. A vous de remplir les vides. Mais surtout, gardez-bien à l'esprit que notre combat n'est pas contre les humains et n'est pas limité au monde physique.

Car nous n'avons pas à lutter contre des êtres de chair et de sang mais contre les Puissances, contre les Autorités, contre les Pouvoirs de ce monde des ténèbres et contre les esprits du mal dans le monde céleste. (Éphésiens 6:12)

Pour pouvoir discuter de cela, nous allons devoir aborder le bizarre.

Soyons francs et sincères, si nous vivons dans l'esprit, nous allons voir des choses vraiment bizarres. Certaines personnes déclarent que c'est un mythe, une invention. Elles ne savent pas encore à quel point elles ont tort !

Là-dessus, un autre signe parut dans le ciel et voici : c'était un grand dragon, couleur de feu. Il avait sept têtes et dix cornes. Chacune de ses sept têtes portait un diadème. (Apocalypse 12:3)

Apocalypse me rappelle les mythologies grecques et romaines, vous aussi sans doute. C'est assez impressionnant.

Quand l'Agneau ouvrit le quatrième sceau, j'entendis la voix du quatrième être vivant dire : Viens ! Et je vis venir un cheval blême. Son cavalier s'appelle « La Mort » et il était suivi du séjour des morts. (Apocalypse 6:7-8)

Si vous paniquez facilement, peut-être ce chapitre n'est-il pas encore pour vous. Revenez-y quand vous vous sentirez prêts.

Je vais être honnête avec vous, je n'ai jamais recherché des visions sur ce chapitre, je recherchais simplement Dieu. J'ai passé des années à m'immerger en Sa présence et au fur et à mesure, j'ai commencé à voir comment le monde fonctionnait réellement.

Il a fallu, petit à petit et comme tant d'autres, que j'affronte toute cette bizarrerie : les entités étranges que sont les dragons, les créatures transdimentionnelles, les esprits des eaux, les possessions démoniaques, les tempêtes, les orbes des ténèbres, les créatures qui ont l'air de grands ogres maigres, les sorcières humaines, etc… je ne les ai pas recherchés, ils sont venus à moi.

Dans mon ministère, au niveau physique, les amis avec qui j'opère et moi-même avons été cernés par des foules en colère, nous avons vu des gens religieux devenir rouge de colère, on a failli nous arrêter dans la rue, quelqu'un a même essayé de me tuer en France, lors d'un rassemblement de jeunes. Mais tout cela était animé par des esprits démoniaques. Je ne raconte pas des histoires, cela s'est réellement passé !

Le monde est rempli de problèmes, c'est malheureusement l'époque dans laquelle nous vivons.

Tant que tout n'a pas été restauré (Actes 3:21), nous avons un combat à mener et un monde à transformer. Si vous voulez régner sur vos montagnes, vous devez vous débarrasser de toutes les idoles qui les occupent. Il n'y a pas d'autres choix.

Ces forces maléfiques résistent au royaume des cieux depuis si longtemps, elles sont trop sûres d'elles-mêmes et tellement orgueilleuses. Elles sont convaincues qu'elles sont là pour toujours. J'ai visité dans l'esprit une « cabale ». L'arrogance et la certitude de ces êtres sont les pires que l'on puisse imaginer. L'orgueil qui les rempli est indescriptible. Ces êtres sont habillés de manière très élégante, ils sont fiers et pompeux, vivant sur le dos de l'humanité.

Cela va être tellement fantastique de les voir disparaître. Pouvez-vous imaginer cela : la disparition totale des êtres démoniaques ?

Pour comprendre comment nous allons remporter la bataille, il nous faut encore une fois suivre l'exemple de Jésus. Il suivait toujours l'Esprit dans Ses combats. Souvenez-vous bien que c'est Dieu Lui-même qui nous a désignés comme vainqueurs.

Jésus, rempli de l'Esprit Saint, revint du Jourdain et l'Esprit le conduisit dans le désert où il fut tenté par le diable durant quarante jours... (Luc 4:1-2)

Vivre par l'Esprit : l'ultime place en matière de sécurité, de joie et de mûrissement dirigé.

Car ceux qui sont conduits par l'Esprit de Dieu sont fils (mûrs) de Dieu. (Romains 8:14)

Que va-t-il arriver maintenant ? Rick Joyner, l'écrivain américain prophétique, en a une idée. Il a reçu en vision une série d'expériences de ce qui allait arriver. Il les raconte dans son livre « *Lorsque Dieu était sur terre* »[1].

Jésus marchait dans le désert sous un nuage de ténèbres comme personne n'en a jamais été témoin sur terre auparavant. Des démons de toutes sortes pullulaient entre ciel et terre, tout autour et au-dessus de l'étendue sauvage.

Rick a vu des hordes de démons grouiller dans cette région, apportant lourdeur et dépression à toute cette contrée, brassant désaccords et tempêtes. Finalement, Satan apparut. Il n'avait qu'un seul objectif, convaincre Jésus par n'importe quel moyen d'abandonner la volonté de Dieu.

Lucifer se tenait là dans ses plus beaux atours, plus époustouflant qu'aucun roi sur terre puisse imaginer. Son visage semblait si doux et attirant, tout enfant serait facilement venu à lui. Jésus le reconnut immédiatement et se leva pour lui faire face.

Jésus n'a pas été impressionné par l'apparence ou la séduction. Il est resté fidèle à Son père en toute humilité, solidement ancré dans Son amour, prêt à souffrir pour le bien de l'humanité. Il a vu en nous quelque chose qui valait la peine de mourir. Il a vu ce que nous allions devenir : son épouse.

J'adore ce que Rick a vu ensuite, c'est magnifique. Enthousiasmés par la victoire de Jésus, l'archange Michel et les anges ont envahi le désert pour l'honorer et le réconforter. Les cieux se sont ouverts.

Sur des milliers de kilomètres à la ronde, le ciel brillait de l'éclat des épées des anges qui venaient lui rendre hommage. Dans les cieux, la célébration était la plus glorieuse jamais connue. Tous les anges, tous les chérubins, tous les êtres dans les cieux chantaient, dansaient et se réjouissaient avec toute leur énergie. La Vérité avait gagné !

Comme Jésus commençait à marcher le long du chemin poussiéreux du désert, Il pouvait maintenant ressentir le ravissement de Son Père. Tous les anges des deux côtés du chemin, un genou au sol, leurs épées levées en garde d'honneur, pouvaient aussi ressentir le ravissement du Père. Ils s'en nourrissaient. Quelques heures auparavant, c'était le plus sombre des temps mais maintenant, c'était le plus clair ! Tout avait changé si rapidement.

Quelle vision fantastique ! Mes amis, si vous connaissez des temps difficiles, soyez inspirés et réconfortés par cette vision, tenez bon, la tempête passera. Dieu est fidèle et souvenez-vous qu'Il marche toujours avec vous dans ces moments-là, vous témoignant joie et honneur.

... Si, le soir, des pleurs subsistent, au matin, la joie éclate. (Psaume 30:6)

Suivant l'exemple de Jésus, la première église a remporté d'immenses territoires. Rien ne pouvait arrêter les 120. Plus les ténèbres résistaient et plus l'expansion se propageait. Chaque martyr était une source d'inspiration. Le feu de la foi s'est propagé dans tout l'empire romain en une seule génération.

Des petites communautés courageuses ont émergé, rejetant la corruption de Rome. Parmi elles, les « Pères du désert ». Vous en avez peut-être entendu parler. Dans le désert, ils ont trouvé Eden.

L'un des premiers Pères du désert a été St Antoine d'Egypte[2]. Il dévouait son temps à la prière et au jeûne. Dans son foyer tout simple, seul, Antoine se battait contre les forces démoniaques.

Il y eut soudain un grand bruit qui fit tout trembler violemment. Des trous apparurent dans les murs et une horde de différents types de démons en sortit. Ils prirent la forme d'animaux sauvages et de serpents, remplissant en un instant toute la pièce de spectres à la forme de lions, taureaux, loups, vipères, reptiles, scorpions et même des léopards et des ours. Ils poussaient tous des cris selon leur espèce... L'expression de leur face était des plus sauvages et le son de leurs voix féroces était terrifiant.

Antoine, mordu et lacéré... n'avait pas peur, son intellect en alerte... bien que ses blessures le fassent gémir, il conservait la même attitude et parlait à l'ennemi comme s'il se moquait de lui : « Si vous avez une quelconque influence, si Dieu vous a donné pouvoir sur moi, je suis là, dévorez-moi. Si vous ne le pouvez pas, pourquoi tant d'efforts inutiles ? Le signe de la croix et la foi en Dieu forment pour nous un mur qu'aucun de vos assauts ne peut détruire.»

Malgré ses grandes parades, l'ennemi est limité. La croix a déjà remporté toutes les batailles. Le saint, touché par l'Amour, a continué à prier et réciter des psaumes, ses pensées concentrées sur Jésus.

Antoine leva les yeux et vit le toit s'ouvrir au-dessus de lui. Comme les ténèbres commençaient à s'estomper, un rai de lumière vint l'envelopper. Dès que cette lumière éclatante le toucha, les démons disparurent et les douleurs de ses blessures cessèrent immédiatement. De plus, le bâtiment qui avait été détruit quelques instants auparavant fut restauré. Antoine comprit tout de suite que Dieu était présent. Soupirant du plus profond de son cœur, il s'adressa à la lumière qui lui était apparue et lui demanda : « Où étais-tu mon doux Jésus ? Où étais-tu ? Pourquoi n'étais-tu pas là dès le commencement pour guérir mes blessures ? » Il entendit une voix lui déclaré : « Antoine, j'étais là mais je voulais observer ton combat.

Maintenant que tu as bravement lutté et résisté, je serai toujours là pour t'aider et je te rendrai célèbre dans le monde entier... Antoine avait 35 ans à l'époque.

Jésus, bien sûr, tint parole et la vie d'Antoine a engendré de grandes choses. Il a inspiré un nombre incalculable de gens à former des communautés monastiques de prière. Son exemple a inspiré les saints celtes, les Franciscains et nombre d'autres personnes. Même Rome fit appel à ses conseils.

En fait, Satan fut si écrasé par Antoine qu'il est venu frapper à sa porte (sous la forme d'un moine) pour le supplier d'arrêter, en lui déclarant :

Ayez pitié de moi. Je vous en conjure, n'avez-vous pas appris que les épées de l'ennemi ont été brisées pour toujours et que vous avez détruit ses villes. Je n'ai plus de place où vivre maintenant, je ne détiens aucune ville, je n'ai plus aucune arme. Dans toutes les nations et les provinces, le nom de Jésus retentit partout, même le désert est rempli de moines.

Rien d'étonnant à ce que Dieu rit de lui (Psaume 2:4). Vous voyez comment Jésus l'a humilié ? Je laisse Antoine vous raconter ce qui est ensuite arrivé :

Je me réjouissais et m'émerveillais devant la grâce de Dieu puis répondit au démon : « Bien que vous soyez expert en déception, vous avez dû avouer cela sans mentir. En vérité, je vous le dis, Jésus a réellement détruit tous vos pouvoirs et vous a dépouillé de toutes vos distinctions d'ange, vous êtes dans la fange. » Je n'avais pas fini de parler que cette haute silhouette disparut à la mention du nom de Jésus.

Pourquoi ai-je choisi ce témoignage ? Parce que vous connaissez sans doute un combat à l'heure actuelle. Les attaques ne sont pas un signe que vous n'êtes plus sur le bon chemin. Il semble qu'elles soient encore plus fortes lorsque nous sommes sur le chemin de notre destinée. Tenez bon et rapprochez-vous encore plus de Jésus. Vous êtes destiné à faire des éclats !

Peut-être trouvez-vous que cela vous dépasse complètement et que vous êtes perdu. Ne vous inquiétez pas, je sais par expérience que Jésus vous fait grandir petit à petit pour faire face au combat, au fur et à mesure que vous Lui faites confiance et avez foi en Lui. Il est le Bon Berger qui s'occupe bien de Ses brebis.

Pour moi, tu dresses une table aux yeux de mes ennemis, tu oins d'huile parfumée ma tête, tu fais déborder ma coupe. (Psaume 23:5)

Notre plus grande arme est le repos. Lorsque nous nous reposons en Lui, Il se repose en nous et nous sommes complets. C'est la victoire ultime, nous assoir avec Lui sur Son trône.

Le vainqueur, je le ferai siéger avec moi sur mon trône, comme moi-même, je suis allé siéger avec mon Père sur son trône après avoir remporté la victoire. (Apocalypse 3:21)

J'espère que vous avez trouvé ce chapitre ou certain de ses passages utiles. Il y a tant de choses à dire mais je suis certain que Jésus vous enseignera tout ce dont vous avez besoin. Vous êtes entre bonnes mains !

Je vais conclure sur cette citation fantastique du Seigneur des Anneaux. Une histoire où des gens minuscules appelés hobbits et leurs amis hétéroclites ont vaincu les plus profondes ténèbres qui soient.

C'est comme toutes les grandes histoires, Monsieur Frodo, celles qui ont vraiment de l'importance. Celles qui étaient remplies de ténèbres et de dangers. Parfois, on ne voulait pas en connaître la fin parce que comment serait-il possible que tout se termine bien ? Comment pourrait-on vivre de nouveau comme autrefois après tout ce qui s'était passé ? Mais à la fin, ce n'est que passager, c'est une ombre, même les ténèbres finissent à un moment ou à un autre. Demain, il fera jour et lorsque le soleil luira, il le fera avec encore plus de force.[3]

J'adore les histoires qui se terminent bien !

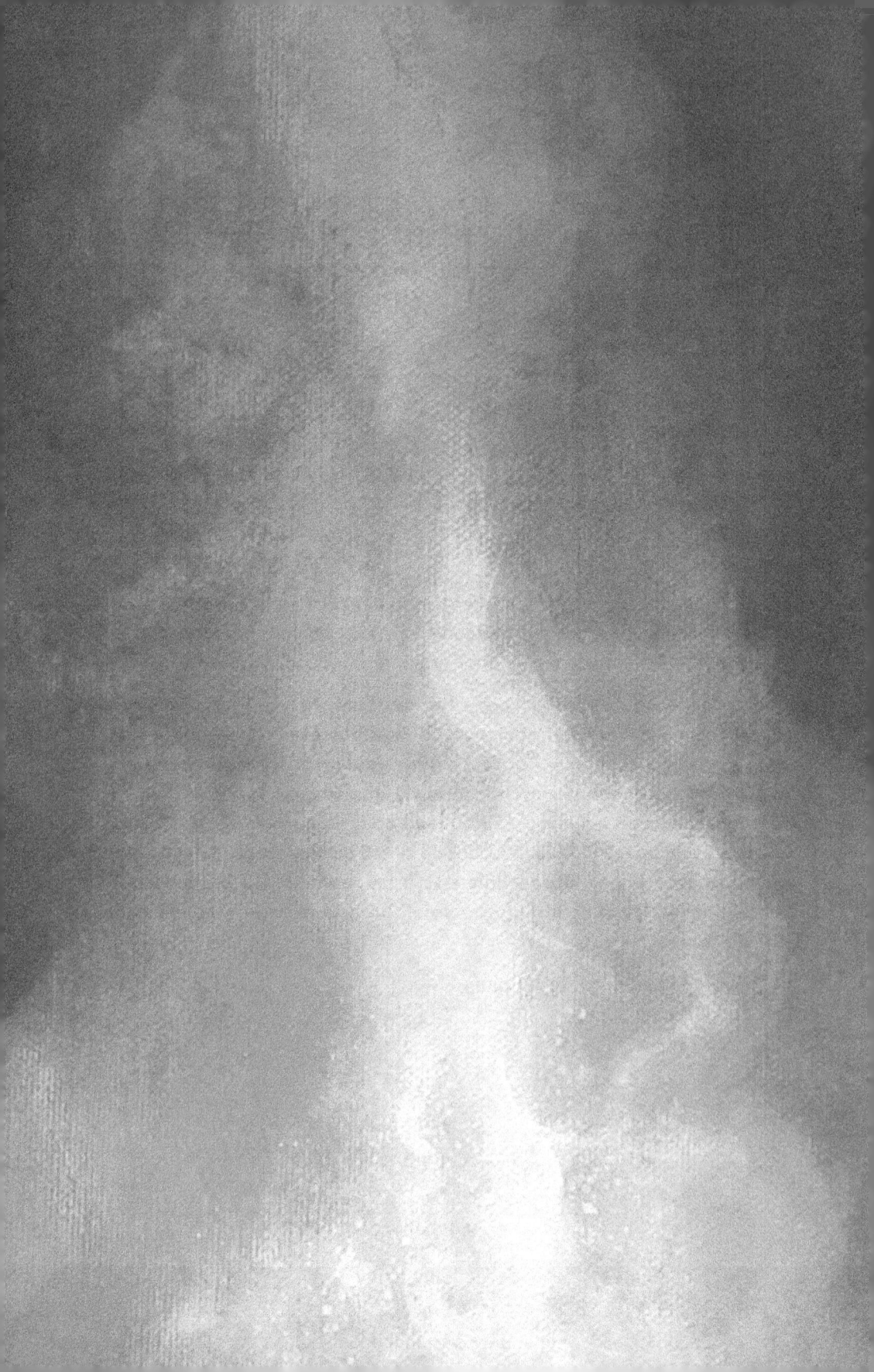

ÉPILOGUE

Au-delà de la terre : les implications cosmiques

Je ne peux pas finir ce livre sans vous taquiner avec un dernier mystère.

C'est un mystère sur lequel je médite depuis des années. C'est une idée amusante sur l'avenir, pour vous pousser à aller encore plus loin. Abordons donc le sujet de vivre « au-delà de la terre : les implications cosmiques de la Bonne Nouvelle ».

J'adore la terre, le berceau de l'humanité. Elle est fantastique maintenant mais nous savons qu'elle le sera encore plus dans l'avenir. Elle va renaître dans toute sa gloire.

Puis je vis un nouveau ciel et une nouvelle terre ; car le premier ciel et la première terre avaient disparu et la mer n'était plus. Et je vis descendre du ciel, d'auprès de Dieu, la ville sainte, la nouvelle Jérusalem, préparée comme une épouse qui s'est parée pour son époux. Et j'entendis du trône une forte voix qui disait : Voici le tabernacle de Dieu avec les hommes ! Il habitera avec eux et ils seront son peuple et Dieu lui-même sera avec eux. (Apocalypse 21:1-3, LS)

Nous allons être catapultés dans une époque extraordinaire où nous pourrons voir Dieu et où tout va changer.

Mais, une fois de plus, voici un mystère de l'âge « KAINOS », quelque chose que notre Père Éternel porte au plus profond de Son cœur. Il s'agit du rôle de l'Ecclésia dans le gouvernement du cosmos tout entier. Nous sommes cohéritiers avec Christ de tout ce qui appartient au Père.

L'Esprit Saint lui-même témoigne à notre esprit que nous sommes enfants de Dieu. Et puisque nous sommes enfants, nous sommes aussi héritiers : héritiers de Dieu et donc cohéritiers de Christ... (Romains 8:16-17)

Le Nouveau Testament en anglais moderne par J.B Philips donne la version suivante :

Tout ce que le Christ déclare comme étant Son héritage, l'est aussi pour nous.

Vous pouvez penser différemment mais suivez la logique de la Bonne Nouvelle :

En effet, la création attend, avec un ardent désir, la révélation des fils de Dieu. Car la création tout entière a été réduite à une condition bien dérisoire ; cela ne s'est pas produit de son gré, mais à cause de celui qui l'y a soumise. Il lui a toutefois donné une espérance : c'est que la création elle-même sera délivrée de l'esclavage, de la corruption pour accéder à la liberté que les enfants de Dieu connaîtront dans la gloire. (Romains 8:19-21)

J.B Philips donne la version suivante :

La création toute entière est dressée sur la pointe des pieds pour apercevoir la merveilleuse vision des fils de Dieu prenant leur place. Elle ne peut toujours pas voir cette réalité, non pas qu'elle soit aveugle mais parce que cette vision dépend du plan de Dieu et pourtant elle a reçu un espoir. Cet espoir réside dans le fait qu'à la fin, la totalité de la création sera délivrée de la tyrannie du changement et de la flétrissure et jouira de la superbe liberté qui n'appartient qu'aux enfants de Dieu.

C'est assez extraordinaire si l'on y réfléchit bien, toute la création, partout, attend d'être libérée de la corruption par les enfants de Dieu. Réfléchissez bien aux implications de ces versets. Méditez sur ces mots. La Bible est incroyable car elle ne nous restreint pas à une zone de confort, elle nous invite à pénétrer la beauté des mystères de Dieu, à aller au-delà de nos rêves les plus fous.

A celui qui, par la puissance qui agit en nous, peut réaliser bien au-delà de tout ce que nous demandons ou même pensons. (Éphésiens 3:20)

J'aimerais parler un peu du cosmos. Comme vous le savez, notre planète « flotte » dans l'espace. La nuit, nous pouvons voir la lune et les étoiles. L'espace a un rôle vital dans notre vie.

A l'heure actuelle, si nous examinons l'espace, nous pouvons voir jusqu'à 13,8 milliards d'années-lumière rien que pour la partie de l'univers que nous connaissons. Cette partie est remplie de galaxies, composées chacune de milliards d'étoiles, planètes et lunes. Impressionnant et magnifique !

Maintenant, tenez-vous bien ! Les scientifiques déclarent que si l'on « marque » le cosmos avec une pointe d'épingle, ce tout petit point couvre à lui seul près de 10 000 galaxies !

Que contiennent donc toutes ces galaxies ? La création « KAINOS » a-t-elle un but au-delà de la terre, parmi les étoiles ? Est-ce une pensée qui retient parfois votre attention ? Je n'en avais absolument pas l'habitude mais en 2013, alors que j'étais en Afrique du Sud, j'ai vu en rêve un livre de révélations que l'on ouvrait devant moi. J'ai vu des vérités qui étaient à l'époque scellées et qui sont maintenant connues par nombre de gens. Le Saint-Esprit nous éveille à des réalités absolument glorieuses.

Dieu nous les a révélées par l'Esprit. Car l'Esprit sonde tout, même les profondeurs de Dieu. Lequel des hommes, en effet, connaît les choses de l'homme, si ce n'est l'esprit de l'homme qui est en lui ? De même, personne ne connaît les choses de Dieu, si ce n'est l'Esprit de Dieu. Or nous, nous n'avons pas reçu l'esprit du monde, mais l'Esprit qui vient de Dieu, afin que nous connaissions les choses que Dieu nous a données par sa grâce. (1 Corinthiens 2:10-12, LS)

Autrefois, les savants pensaient que l'espace était noir et vide. De nos jours, la science nous permet de découvrir qu'il est encore plus merveilleux que nous ne pouvions l'imaginer. Il est rempli d'étoiles géantes, de trous noirs, de nébuleuses virevoltantes, de couleurs extraordinaires et de matière noire (la substance mystérieuse composant principalement l'univers). Et pourtant, nous n'en avons découvert qu'une infime partie.

Il n'y a pas si longtemps, les scientifiques pensaient que seule la terre pouvait soutenir la vie. Ils ont maintenant découvert plusieurs autres planètes possibles. Seth Shostak, astronome américain émérite connu pour ses recherches dans le cadre du programme SETI (recherche d'intelligence extraterrestre), déclare :

Le nombre de planètes habitables dans notre galaxie se chiffre par dizaines de milliards au minimum, sans compter les lunes. Elles peuvent aussi être habitées, vous savez. Le nombre de galaxies que

nous pouvons voir, autre que la nôtre, est d'environ 100 milliards. Donc 100 milliards de fois 10 milliards donne 1000 milliards (de planètes habitables) dans l'univers visible.[1]

Tout cela dans notre petite bulle d'espace que nous appelons notre univers. Il y a sans doute encore plus au-delà !

L'univers dans lequel nous vivons n'est sans doute pas unique. En fait, notre univers peut être simplement l'un d'un nombre infini d'univers composant un « multi-univers ».[2]

Nous pouvons lire dans la Bible que Dieu a créé nombre d'endroits divins.

*Au commencement, Dieu créa **LES CIEUX** et la terre.* (Genèse 1:1)

Le mot utilisé en hébreux traduit par les cieux peut aussi être traduit par espace. On le retrouve dans les versets suivants :

Quand je contemple LE CIEL que tes doigts ont façonné, les étoiles et la lune que tes mains ont disposées, (Psaume 8:4)

Puis Dieu le fit sortir de sa tente et lui dit : Contemple LE CIEL et compte les étoiles, si tu en es capable. Et il ajouta : Tes descendants seront aussi nombreux qu'elles. (Genèse 15:5)

N'allez pas lever les yeux vers LE CIEL et regarder le soleil, la lune, les étoiles et tous les astres du ciel, pour vous laisser entraîner à vous prosterner devant eux et leur rendre un culte. (Deutéronome 4:19)

Il existe certainement d'autres dimensions que la nôtre :

La Bible parle de réalités encore invisibles (2 Corinthiens 4:18), d'un troisième ciel (2 Corinthiens 12:2), d'un ciel dans toute son immensité (2 Chroniques 6:18), de nombreuses demeures dans la maison du Père (Jean 14:2), du ciel, de la terre et de sous la terre (Apocalypse 5:3), dans le soleil (Apocalypse 19:17), du séjour des morts (Luc 16:23).

Certains théoriciens des cordes quantiques suggèrent qu'il y a dix dimensions, la plupart étant au-delà des capacités présentes d'étude de la science. D'autres déclarent qu'il pourrait y en avoir encore plus. J'ai un jour entendu Ian Clayton déclarer qu'il y en avait 32 mais je ne lui ai pas encore posé de questions à ce sujet !

Il y a tellement plus de merveilles extraordinaires et tout cela attend que

Jésus soit révélé au travers des fils « KAINOS ». Tout cela attend notre révélation dans la gloire de Christ.

En effet, la création attend, avec un ardent désir, la révélation des fils de Dieu. (Romains 8:19)

The Passion Translation traduit ainsi ce verset :

L'univers entier attend perché sur la pointe des pieds (en intense anticipation), avec un ardent désir, la révélation des glorieux fils et filles de Dieu !

Ce plan, le Dieu qui a créé toutes choses l'avait tenu caché en lui-même de toute éternité. Par cette mise en lumière, les Autorités et les Puissances dans le monde céleste peuvent connaître, par le moyen de l'Église, les aspects infiniment variés de sa sagesse. (Éphésiens 3:9-10)

Nous portons ce désir d'aller au-delà dans notre ADN, tout comme Hénoch, l'ami de Dieu.

Hénoch a vu « tous les secrets des cieux » et a été le premier à exposer par écrit le système solaire. On peut le lire dans le Livre d'Hénoch Éthiopien[3] que Jude mentionne dans le Nouveau Testament. Hénoch était la septième génération après celle d'Adam. Le chiffre sept est le symbole de la fin d'une époque.

J'aimerais suggérer que la terre n'est que le commencement d'une re-création. C'est le berceau de l'humanité, le début d'un périple rempli de merveilles où nous allons propager l'ordre merveilleux des cieux pour remplacer le chaos, en réconciliation avec Christ, pour ramener toute la création dans la splendeur de sa conception originelle.

Il étendra sa souveraineté et il instaurera la paix qui durera toujours au trône de David et à tout son royaume. Sa royauté sera solidement fondée sur le droit et sur la justice, dès à présent et pour l'éternité. (Ésaïe 9:6)

Donner à l'empire de l'accroissement, Et une paix sans fin au trône de David et à son royaume, L'affermir et le soutenir par le droit et par la justice, Dès maintenant et à toujours... (Ésaïe 9:6, LS)

On peut penser que ceci ne concerne que l'avenir, cependant des chrétiens comme Rick Joyner pensent qu'il y a des saints dans les cieux qui ont déjà commencé à apprendre à gouverner dans le cosmos. Dans son livre remarquable « *L'ultime assaut* », Rick raconte ce qu'il a vu :

Comme j'approchais le siège de jugement de Christ, ceux qui faisaient partie des plus hauts rangs étaient aussi assis chacun sur leur trône et tous faisaient partie de Son trône. Même le plus simple de ces trônes était maintes fois plus glorieux que n'importe quel trône sur terre. Certains de ces saints régnaient sur les affaires du royaume des cieux et d'autres sur celles de la création physique comme les systèmes stellaires et les galaxies.[4]

Je pense que la plupart des gens qui ont lu ce livre profond n'ont pas vraiment saisi les implications de ce que Rick Joyner a vu. Peut-être sommes-nous maintenant prêts à véritablement écouter ! Dieu est en train de briser toutes les barrières.

Un jour, alors que j'étais profondément absorbé en la présence de Dieu pendant que je priais avec des amis, j'ai vu une lumière éclatante. En l'espace d'un instant, je me suis senti monter le long de ce rayon lumineux, à toute vitesse.

Sans aucun avertissement, je me suis retrouvé avec Jésus quelque part dans l'espace. Nous nous tenions debout, tous les deux, sur ce qui semblait être une lune en face d'une nébuleuse magnifique. C'était extraordinaire !

Je pouvais voir des anges, sous forme de sphères de lumière vivante, aller et venir dans les nuages nébuleux, louant Dieu. La poussière qui formait les nuages brillait de mille feux rouges et oranges. Il y avait tout près, une extraordinaire planète dans les tons de bleu, entourée d'anneaux comme Saturne. Tout cela remplissait presque entièrement le ciel. C'était époustouflant de beauté !

Quelques instants plus tard, je me suis senti descendre, toujours sans avertissement quelconque, revenant là où je priais, rempli du Saint-Esprit et me demandant pourquoi cela m'était arrivé. Je pense que comme tous les grands artistes, Jésus voulait me montrer un aperçu de ce qu'Il avait composé. Tout cela avait été créé par Lui et pour Lui. C'est absolument extraordinaire qu'Il aime tant partager Sa création avec nous. Il nous aime !

Car c'est en lui qu'ont été créées toutes choses dans les cieux comme sur la terre, les visibles, les invisibles, les Trônes et les Seigneuries, les Autorités, les Puissances. C'est par lui et pour lui que Dieu a tout créé. (Colossiens 1:16)

Jésus a tout créé. Nous ne devrions être effrayés de rien. Tout cela fait partie de Sa vie et maintenant de la nôtre au fur et à mesure que nous nous unissons à Lui. Je sais que c'est un peu différent de ce que vous avez l'habitude d'entendre mais plus vous mûrissez dans l'esprit et plus vous découvrez. C'est une conception divine !

Pour conclure, tout ce que j'ai écrit dans ce livre me fait penser sincèrement que ce qui va arriver n'a absolument aucun précédent historique. Ce n'est pas simplement une répétition des vagues ou renouveaux spirituels du passé (ce qui ne nous empêche pas de les apprécier et de les honorer). Aucun intellect doté de barrières ne peut contenir le Christ sans limite.

L'apôtre Paul avait compris cette vérité lorsqu'il déclare :

Je ne cesse de dire ma reconnaissance à Dieu à votre sujet quand je fais mention de vous dans mes prières. Je demande que le Dieu de notre Seigneur Jésus-Christ, le Père qui possède la gloire, vous donne, par son Esprit, sagesse et révélation, pour que vous le connaissiez ; qu'il illumine ainsi votre intelligence afin que vous compreniez en quoi consiste l'espérance à laquelle vous avez été appelés, quelle est la glorieuse richesse de l'héritage que Dieu vous fera partager avec les membres du peuple saint et quelle est l'extraordinaire grandeur de la puissance qu'il met en œuvre en notre faveur, à nous qui plaçons notre confiance en lui. (Éphésiens 1:16-19)

Chacun de nous peut devenir :

intersidéral,

transdimentionnel

et immortel !

Quoi qu'il arrive dans l'avenir, cela impliquera le cosmos. Que ce soit par le développement de la technologie de la physique quantique et de l'espace, par la téléportation « KAINOS » ou simplement en apprenant à opérer plus profondément dans le domaine spirituel, au-delà de notre corps, je sais que nous allons mûrir dans quelque chose de bien plus important. Dieu nous dirige vers un monde complètement nouveau et nous ne reviendrons jamais en arrière.

Les dernières générations sur terre vont vivre la plus grande

aventure que le monde ait jamais connue.[5]

Et nous pourrons déclarer que Dieu a vraiment réservé le meilleur vin pour la fin !

Épilogue - 178

CITATIONS BIBLIQUES

Sauf contre-indication, les citations bibliques sont extraites de la Bible du Semeur (Texte copyright © 2000, Société Biblique Internationale. Avec permission).

ATTENTION : Dans les citations bibliques, tous les mots en capital, en gras ou soulignés sont le choix de l'auteur.

Autres versions de la Bible utilisées dans cet ouvrage :

En français :

LS   Louis Segond (domaine public)

En anglais uniquement :

AMP - Amplified Bible   Copyright © 2015 by The Lockman Foundation, La Habra, CA 90631

AMPC - Amplified Bible, Classic Edition Copyright © 1954, 1958, 1962, 1964, 1965, 1987 by The Lockman Foundation

CEB - Common English Bible Copyright © 2011 by Common English Bible

DRB - Douay-Rheims Bible 1899 American Edition, Public Domain

MIR - The Mirror Bible Copyright © 2012 by Francois du Toit.

MSG - The Message	Copyright © 1993, 1994, 1995, 1996, 2000, 2001, 2002 by Eugene H. Peterson
NKJV	New King James Version®. Copyright ©1982 by Thomas Nelson. Used by Permission. All rights reserved. »
PHI - The New Testament	in Modern English by J.B Philips copyright ©1960, 1972 J. B. Phillips. Administered by The Archbishops' Council of the Church of England.
PAS – The Passion Translation®	Copyright © 2017 by BroadStreet Publishing® Group, LLC. Used by permission. All rights reserved. thePassionTranslation.com
VOI - The Voice	The Voice Bible Copyright © 2012 Thomas Nelson, Inc. The Voice™ translation © 2012 Ecclesia Bible Society

RÉFÉRENCES

Prologue :

(1) Larry Randolph, *Spirit Talk, Hearing the Voice of God*. MorningStar Publications (2005).

(2) C. S. Lewis, Mere Christianity *(1952)*. *Les fondements du christianisme*. https://parolesdesage.wordpress.com/tag/c-s-lewis/

(3) Rick Joyner, Vision prophétique pour le 21ème siècle. Editions Menor

(4) Patricia King, *Spiritual Revolution: Experience the Supernatural in Your Life*. Destiny Image (2006).

PREMIERE PARTIE - INTRODUCTION

La récolte à venir

(1) Rick Joyner, Visions de la moisson - Edition mise à jour et augmentée. Editions Menor.

The "KAINOS" Sons

(1) James Strong. *Strong's Biblical Dictionary* publié en anglais en 1800. Accessible via www.blueletterbible.org, en anglais.

Co-Mission mystique

(1) Patricia King, *Spiritual Revolution, Experience the Supernatural in Your Life Through Angelic Visitations, Prophetic Dreams, Visions, and Miracles*. Destiny Image (2006).

(2) Rick Joyner : www.morningstarministries.org.

DEUXIEME PARTIE : AU-DELÀ DE NOTRE HUMANITÉ

Chapitre 1 - Vivre à partir de Sion

(1) Paul Keith Davis, www.whitedoveministries.org pour en savoir plus.

(2) Roland H. Buck, *Les Anges en mission*. Impact du Plein Evangile (1er juillet 2003).

(3) Rick Joyner, *Le Flambeau et L'Epée*. Editions Menor

(4) James Maloney, *Ladies of Gold: The Remarkable Ministry of the Golden Candlestick*, Volume One: 1. Answering the Cry Publications (2011).

(5) Rick Joyner, Le Flambeau et L'Epée. Editions Menor

(6) Martin Luther King, Jr. http://lesbeauxproverbes.com/tag/martin-luther-king/

(7) Les ressources publiées par Ian Clayton sont disponibles sur www.sonofthunder.org.nz. (En anglais uniquement)

Chapitre 2 - Une communauté d'anges

(1) Bobby Connor. www.bobbyconner.org

(2) Richard Sharpe, *Adomnan of Iona - Life of St Columba*. Penguin Books (1995).

(3) Randy Clark, *Kingdom Foundations* - a conference in Cardiff, Wales (2013).

(4) John Paul Jackson, citations tirées d'un enregistrement en direct lors d'une conférence en Angleterre. Pour plus d'informations sur John Paul : www.streamsministries.com.

(5) Roland H. Buck, Les Anges en mission. Impact du Plein Evangile (1er juillet 2003).

(6) Gary Oates, *Open My Eyes, Lord: A Practical Guide to Angelic Visitations and Heavenly Experiences*. Open Heaven Publications (2004).

Chapitre 3 - La nuée des témoins

(1) C. S. Lewis, via www.goodreads.com.

(2) Rick Joyner, *L'ultime assaut. Editions Menor*

(3) Roberts Liardon, *We Saw Heaven*. Destiny Image (2000).

(4) Godfrey Birtill, *Two Thousand Years Ago*. 2012 © Thankyou Music UK.

(5) James Innell Packer and Thomas C. Oden, *One Faith: The Evangelical Consensus*. InterVarsity Press (2004).

(6) Rev. Fr. Angelo Pastrovicchi, *St. Joseph of Copertino*. TAN Books (1980).

(7) Saint Francis of Assisi, via www.goodreads.com.

(8) Paul Keith Davis, citations tirées d'une séance d'enseignement lors d'une conférence. Pour plus d'informations sur l'enseignement de Paul Keith teachings : www.whitedoveministries.org.

Chapitre 4 - Télépathie intrinsèque

(1) Upton Sinclair, *Mental Radio*. Read Books Ltd (2013).

(2) Hans Berger, quoted from http://news.discovery.com/human/life/love-telepathy-is-it-real-120212.htm.

(3) Quote accessed via http://www.spiritscienceandmetaphysics.com/scientific-proof-our-minds-are-all-connected/.

(4) https://www.ouest-france.fr/societe/telepathie-premiere-experience-reussie-entre-linde-et-la-france-2800978.

Chapitre 5 - Un seul corps en un noyau télépathique

(1) David Humphries, The Lost Book of Enoch. Cambridge Media Group (2006). Livre d'Hénoch : Hénoch Ethiopien. Edition Vivre Ensemble. Edition d'origine 1906. Revu et corrigé 2015.

(2) Jan Johnson, Madame Guyon. Bethany House Publishers (1998). La vie de madame J. M. B. de la Mothe-Guyon, écrite par elle-même : Qui contient toutes les expériences de la vie intérieure, depuis ses commencements avec toutes les directions relatives. Elibron Classics 2005. Adamant Media Corporation.

(3) et (4) Joan Carroll Cruz. *Mysteries, Marvels, Miracles in the Lives of the Saints*. Tan Books and Publishers (1997).

Chapitre 6 - La vision à distance

(1) https://fr.wikipedia.org/wiki/Vision_%C3%A0_distance

(2) Richard Sharpe, *Adomnan of Iona - Life of St Columba*. Penguin Books (1995).

(3) Lyrics available at: http://www.metrolyrics.com/a-whole-new-world-lyrics-aladdin.html

Chapitre 7 - Connaissances innées

(1) Definition of "Infused Knowledge" obtained from http://www.catholicculture.org/culture/library/dictionary/index.cfm?id=34207

(2) Kathie Walters, *Celtic Flames*. Good News Ministries (1999).

(3) John G. Lake, *John G. Lake: His Life, His Sermons, His Boldness of Faith*. Kenneth Copeland Publishing (1995).

(4) David Humphries, *The Lost Book of Enoch*. Cambridge Media Group (2006).

Chapitre 8 - Les transports miraculeux

(1) et (2) John Paul Jackson, citations tirées d'un enregistrement en direct lors d'une conférence en Angleterre. Pour plus d'informations sur John Paul : www.streamsministries.com.

(3), (4) et (5) Joan Carroll Cruz. *Mysteries, Marvels, Miracles in the Lives of the Saints*. Tan Books and Publishers (1997).

(6) You can find out more by listening to our FREE Podcast called "*Transrelocation with Ian Clayton*".
Available at http://companyofburninghearts.podomatic.com or iTunes.

Chapitre 9 - Les métamorphoses

(1) David Adam, *Walking the Edges, Living in the Presence of God*. Society for Promoting Christian Knowledge, Bookmarque Ltd (2003).

(2) Joan Carroll Cruz. *Mysteries, Marvels, Miracles in the Lives of the Saints*. Tan Books and Publishers (1997).

(3) Cassandra Eason, *Fabulous Creatures, Mythical Monsters, and Animal Power Symbols: A Handbook*. Greenwood Publishing Group (2008).

(4) Available FREE at: http://companyofburninghearts.podomatic.com.

Chapitre 10 - Translations dimensionnelles

(1) Julian of Norwich. Quote accessed via:

http://jordandenari.com/2013/11/08/more-in-heaven-wisdom-from-julian-of-norwich/.

(2) et (3) Joan Carroll Cruz. *Mysteries, Marvels, Miracles in the Lives of the Saints*. Tan Books and Publishers (1997).

(4) Brother Yun with Paul Hattaway, *The Heavenly Man: The Remarkable True Story Of Chinese Christian Brother Yun*. Monarch Books (2002). Frère Yun, Le citoyen du ciel, Haavald Slaatten, Edition Philadelphie

(5) Michael Van Vlymen, *Supernatural Transportation, Moving Through Space, Time and Dimensions for the Kingdom of Heaven*. Ministry Resources (2016).

(6) Nancy Coen's teachings are available through Benji Fiordland at www.revivalschoolnz.com.

Chapitre 11 - Inédie : les jeûnes prolongés

(1) John Crowder, *The Ecstasy of Loving God: Trances, Raptures, and the Supernatural Pleasures of Jesus Christ*. Destiny Image (2008).

(2) Kathie Walters, *Celtic Flames*. Good News Ministries (1999).

(3) Brother Yun with Paul Hattaway, *The Heavenly Man: The Remarkable True Story Of Chinese Christian Brother Yun*. Monarch Books (2002). Frère Yun, Le citoyen du ciel, Haavald Slaatten, Edition Philadelphie

(4) Joan Carroll Cruz. *Mysteries, Marvels, Miracles in the Lives of the Saints*. Tan Books and Publishers (1997).

(5) For more on this listen to our Podcast teaching - *Life and Immortality*. Available FREE at: http://companyofburninghearts.

podomatic.com. (March 2015)

Chapitre 12 - Au-delà du sommeil : récupérer la nuit

(1) Paul Keith Davis, speaking at the "Promised Land" workshop in Chester UK with MorningStar Europe (Nov 2015). Visit www.morningstareurope.org for more info.

(2) Nancy Coen's teachings are available through Benji Fiordl and at www.revivalschoolnz.com. Highly recommended!

(3) David Adam, *Aidan, Bede, Cuthbert: Three Inspirational Saints*. Society for Promoting Christian Knowledge, Bookmarque Ltd (2006).

(4) Les petites fleurs de St François d'Assise (Fioretti). Traduction nouvelle d'après les textes originaux par T. de Wyzewa. Source gallica.bnf.fr / Bibliothèque nationale de France

(5) Montague Summers, *Physical Phenomena of Mysticism*. Kessinger Publishing Co (2003).

(6) James Strong. Strong's *Biblical Dictionary* published in 1800. Accessed online via www.blueletterbible.org.

Chapitre 13 - Maîtrise de la création

(1) John Paul Jackson. Quoted from: http://www.streamsministries.com/resources/discipleship/some-thoughts-about-the-earth-and-righteousness.

(2) Supernatural weather miracle - http://www.telegraph.co.uk/finance/newsbysector/retailandconsumer/8985975/Shops-feel-the-chill-as-country-basks-in-mild-winter.html.

(3) Les petites fleurs de St François d'Assise (Fioretti). Traduction nouvelle d'après les textes originaux par T. de Wyzewa. Source gallica.bnf.fr / Bibliothèque nationale de France

(4) David Adam, *Aidan, Bede, Cuthbert: Three Inspirational Saints*. Society for Promoting Christian Knowledge, Bookmarque Ltd (2006).

(5) et (7) John Sandford and Mark Sandford, *Healing the Earth... A Time for Change*. BT Johnson Publishing (2013).

(6) Le livre des jubilés, Copyright @ 2010, Filbluz éditions. Version française intégrale, http://olivier-franc-romains11.com/pdf/livre_des_jubiles.pdf

Chapitre 14 - Le conflit céleste

(1) David Humphries, The Lost Book of Enoch. Cambridge Media Group (2006). Livre d'Hénoch : Hénoch Ethiopien. Edition Vivre Ensemble. Edition d'origine 1906. Revu et corrigé 2015.

(2) Paul Keith Davis, *The Days of Noah* audio teaching series. Available to purchase at www.whitedoveministries.org.

(3) Ian Clayton from a live teaching at "*Beyond the Veil*" with COBH. Find teaching resources at: www.sonofthunder.org.nz.

(4) Bill Johnson, *Accueillir sa présence Manuel d'étude. Dévoiler les priorités du Ciel.* Edition Hermeneia

(5) Bill Johnson, *Spiritual Java*. Destiny Image (2010).

(6) Godfrey Birtill, *Hijacked into Paradise*. Whitefield Music (2009).

Chapitre 15 - S'attaquer aux puissances maléfiques

(1) Rick Joyner, *When God Walked the Earth*. MorningStar Publications (2007).

(2) Carolinne White, *Early Christian Lives*. Penguin Books (1998).

(3) J. R. R. Tolkien, via http://www.councilofelrond.com/moviebook/4-07-the-stories-that-really-matter/.

Épilogue : Au-delà de la terre, les implications cosmiques

(1) Seth Shostak. Quoted from: http://www.huffingtonpost.com/2014/06/24/habitable-planets-seth-shostak_n_5527116.html.

(2) Clara Moskowitz. Quoted from: http://www.space.com/18811-multiple-universes-5-theories.html.

(3) David Humphries, *The Lost Book of Enoch*. Cambridge Media Group (2006). Livre d'Hénoch : Hénoch Ethiopien. Edition Vivre

Ensemble. Edition d'origine 1906. Revu et corrigé 2015.

(4) Rick Joyner, *L'ultime Assaut*. Editions Menor

(5) Rick Joyner, *The Apostolic Ministry*. MorningStar Publications (2004).

Chapitre bonus : Marcher sur des nuages

(1) John Crowder, The Ecstasy of Loving God, Trances, Raptures and the Supernatural Pleasures of Jesus Christ. Destiny Image (2009).

(2) et (3) Vie de sainte Thérèse écrite par elle-même de Thérèse d'Avila (Auteur), Marcel Bouix (Traduction) Edition Ars&litteræ; Vie écrite par elle-même de Thérèse d'Avila (Auteur), Grégoire de Saint Joseph (Traduction). https://gallica.bnf.fr/ark:/12148/bpt6k6227342s/f1.image.textelmage

(4) et (6) Joan Carroll Cruz. Mysteries, Marvels, Miracles in the Lives of the Saints. Tan Books and Publishers (1997).

(5) Raymond da Capua, La vie de St. Catherine de Sienne. Domaine public.

(7) Rev. Fr. Angelo Pastrovicchi, St. Joseph of Copertino. TAN Books (1980).

(8) John G. Lake, John G. Lake: His Life, His Sermons, His Boldness of Faith. Kenneth Copeland Publishing (1995).

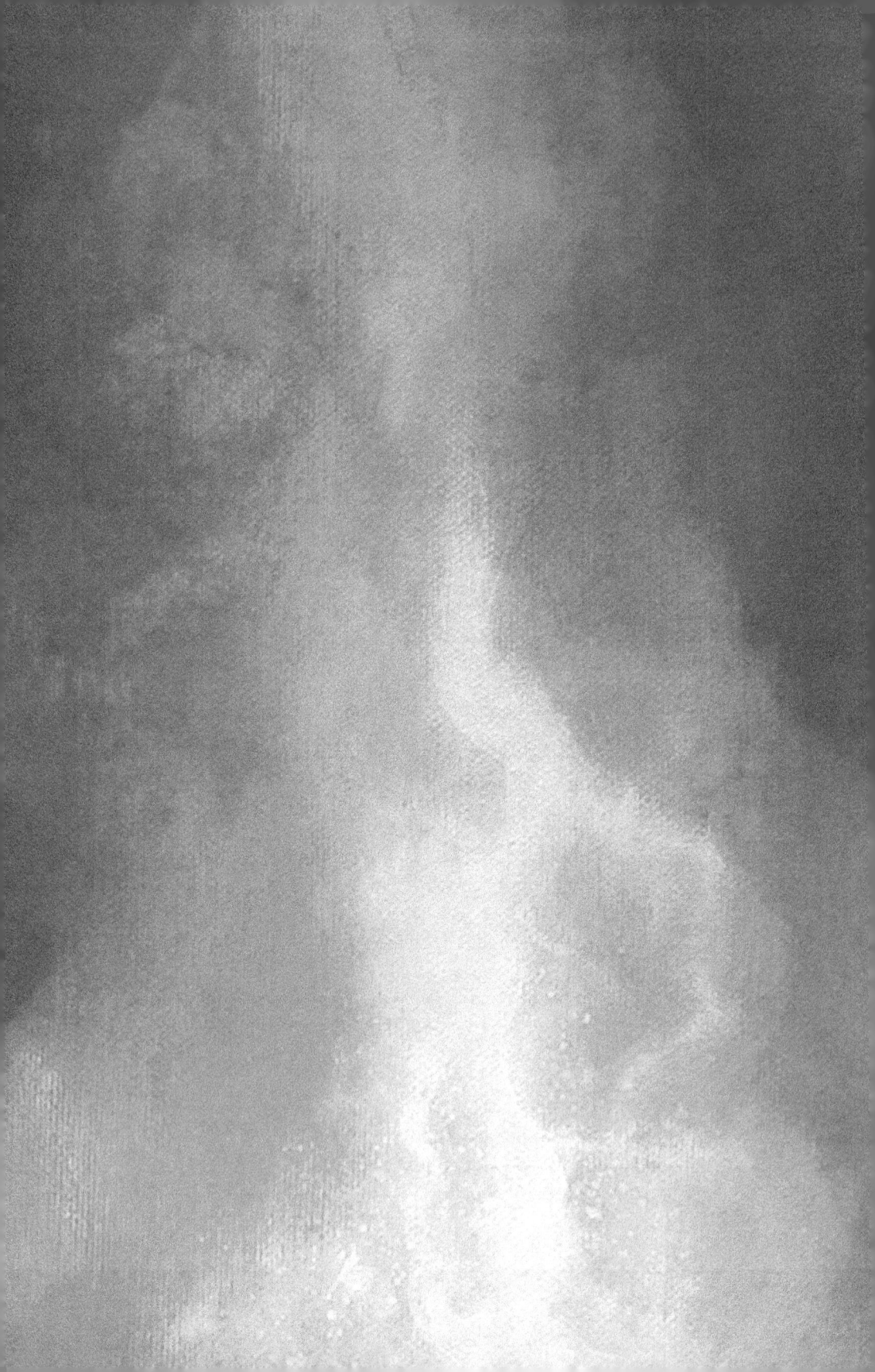

CHAPITRE BONUS
MARCHER SUR DES NUAGES

Ta beauté vibrante est maintenant en nous, Tu es tellement bon envers nous. Nous marchons sur des nuages !
(Psaume 89:5-18, The Message)

Ah, vous avez trouvé le chapitre tenu secret !

Comme dans les films où vous découvrez des scènes surprises à la fin, j'ai pensé que cela serait amusant d'ajouter une autre idée « KAINOS ».

J'ai écrit d'autres chapitres que je n'ai pas conservés pour ce livre mais je ne pouvais pas abandonner celui-là. Il est trop « KAINOS » drôle !

LA LÉVITATION !

Vous voulez encore plus de sensations fortes ? Alors continuez de lire ! Attachez vos ceintures, on y va…

Jésus est venu pour nous restaurer « physiquement » selon les plans de Dieu. La dernière chose qu'Il a faite sur terre a été de décoller du sol, de s'élever dans les airs et de disparaître complètement.

Après ces mots, ils le virent s'élever dans les airs et un nuage le cacha à leur vue. (Actes 1:9)

Je pense que Jésus a fait cela pour montrer au monde que les cieux appartiennent aux fils de Dieu. Quiconque domine les cieux gagne la guerre.

Nombre de chrétiens ont suivi l'exemple de Jésus et se sont élevés dans les airs. Des centaines de saints catholiques ont été vus en train de s'élever dans les airs mais combien d'autres l'ont fait sans aucun témoin ?

Avez-vous déjà médité sur ce verset ?

Qui sont ceux-là qui viennent volant comme un nuage ou comme des colombes qui regagnent leur colombier ? (Ésaïe 60:8)

Ce miracle s'appelle « lévitation » ou « ascension ». C'est l'un des phénomènes de la prière mystique le plus souvent associé à l'ectasie et l'enlèvement.

Il semble que l'enlèvement divin se joue de toute gravité. Voyons le témoignage de Maria Villani, une sœur dominicaine :

Un jour, je me suis retrouvée vivant une nouvelle expérience, pleinement consciente. Je me suis sentie attrapée et enlevée, hors de mes sens et de manière si puissante que j'ai bien senti que mes pieds ne touchaient plus le sol. C'était comme l'effet d'un aimant attirant un morceau de fer mais avec une douceur merveilleuse et enchanteresse. Au début, j'ai eu très peur mais rapidement, je me suis retrouvée dans le plus grand état possible de plénitude et de joie dans l'esprit. J'étais profondément troublée mais malgré cela, j'acceptais de me trouver bien au-dessus du sol et d'être entièrement suspendue dans les airs pendant un bon moment. Depuis la veille de Noël dernier (1618), cela m'est arrivé cinq fois.[1]

L'une des plus grandes influence dans ma vie a été Sainte Thérèse d'Avila, une théologienne mystique qui a mis par écrit ses propres expériences. Elle a longuement décrit les sensations perçues lors des différents niveaux de prière et d'ectasie. J'ai lu et relu son autobiographie[2]. Je l'emmène partout avec moi.

Dans le témoignage suivant, Ste Thérèse prêche lorsqu'elle sent qu'elle va entrer en phase de lévitation divine. Elle avait déjà demandé à ses amies de l'aider si cela recommençait parce que cela la gênait terriblement.

Je sentais que le Seigneur allait m'enlever une nouvelle fois. Je me souviens tout particulièrement d'une expérience durant un sermon (c'était la fête de notre saint patron et de nobles dames étaient présentes), je me suis couchée au sol et les sœurs essayaient de m'y maintenir. Cela n'a servi à rien et tout le monde a été témoin de mon enlèvement.[3]

Pouvez-vous imaginer cela, tout un groupe de sœurs grimpant sur elle ? Je me demande ce que les nobles dames qui étaient présentes ont dû penser. Cela devait avoir l'air tellement drôle ! Malgré tout cela, elle a été enlevée dans l'esprit.

St Thérèse a décrit très précisément les sensations ressenties lors d'un enlèvement.

Les effets d'un enlèvement sont absolument fantastiques. Le premier est la manifestation de l'immense puissance de Dieu. Nous pouvons sentir que nous ne pouvons rien contrôler, que ce soit l'âme ou le corps, lorsque Dieu décide de faire quelque chose. Nous ne sommes pas maîtres de soi, que nous le voulions ou non, il y a quelqu'un de bien plus puissant que nous. Nous réalisons qu'Il nous donne ces faveurs et que de nous-mêmes, nous ne pouvons rien faire.

Elle poursuit en déclarant :

Ceci imprègne en nous une grande humilité. Je confesse que j'ai connu une grande peur la toute première fois, une immense peur. On se sent physiquement décoller du sol et bien que ce soit l'esprit qui attire le corps à lui et de la manière la plus douce qui soit si l'on ne résiste pas, on ne perd pas conscience. Tout du moins en ce qui me concerne, j'étais suffisamment consciente pour réaliser que j'étais enlevée. La majesté de Celui qui peut faire cela est tellement manifeste que l'on peut sentir nos cheveux se dresser sur la tête et l'on ressent une grande peur d'offenser en quoi que ce soit un Dieu aussi puissant.

C'est merveilleux, n'est-ce pas ?

Ce que j'aime le plus avec Ste Thérèse, c'est qu'elle n'essayait pas de léviter ou quoi que ce soit. Elle était simplement tellement amoureuse, si profondément amoureuse de Dieu. C'est la manière mystique, le chemin de l'Amour.

St François était un homme d'une intégrité incroyable. Lui aussi a essayé de cacher ses lévitations. Souvent, alors qu'il priait dans un endroit isolé, ses amis le trouvaient flottant dans les airs. Parfois, il lévitait si haut qu'on ne le voyait plus :

(Frère Léo) a trouvé St François à l'extérieur de sa cellule (sa chambre), flottant dans les airs, parfois à près d'un mètre du sol, parfois plus et parfois même à mi-chemin des hêtres ou tout en haut, or certains de ces arbres étaient très hauts. D'autres fois, il trouvait le saint si haut dans les airs et entouré d'une telle lumière radiante qu'il pouvait à peine le voir.[4]

Catherine de Sienne lévitait aussi souvent et ce depuis sa plus jeune enfance. Aussi étrange que cela puisse paraître, elle flottait au-dessus des marches de sa maison ! Raymond de Capoue, son biographe, déclare :

Sa mère m'informa et Catherine fut obligée de l'admettre devant moi, que lorsqu'elle voulait monter, elle se retrouvait entraînée en haut des escaliers sans avoir touché une marche. Cela se passait si vite que sa mère tremblait de peur qu'elle ne tombe.[5]

Le dominicain St François de Posadas s'envolait souvent durant la messe :

Il déclara un jour, une fois retourné au sol : « Je ne pourrai pas dire si j'ai quitté la terre ou si c'est la terre qui s'est dérobée sous moi. » Un jour, après avoir récité les paroles de consécration, il s'est envolé et est resté suspendu dans les airs. Lorsqu'il est finalement redescendu, la congrégation a pu voir qu'il était entouré d'une grande lumière et que son visage était transformé : ses rides avaient disparu, sa peau était transparente comme du cristal et ses joues étaient d'un rouge profond.[6]

Joseph de Cupertino est certainement l'un des saints les plus amusants en matière de lévitation. Il était totalement intoxiqué de Dieu et des choses toutes simples déclenchaient des enlèvements et des ectasies : admirer une peinture de Noël avec Jésus ou prendre la communion quotidienne. Il lévitait entre deux et trois heures par jour. Je comprends qu'il soit le saint patron des aviateurs !

Durant ces explosions de joie intense, il criait, se redressait, volait de ci de là et dansait même dans les airs. Sa biographie par le Père Angelo Pastrovicchi prend souvent des airs de la « Divine comédie ». Trop drôle !

Joseph assistait un jour à la consécration de plusieurs nonnes dans l'église de St Clare à Cupertino. Dès que le chœur entonna l'antienne « Veni sponsa christi » on le vit se lever du coin où il était agenouillé et se précipiter vers le confesseur du couvent, un membre de l'ordre des Reformati. Il l'attrapa par la main, le leva du sol par un pouvoir surnaturel et se mit à danser rapidement avec lui dans les airs.[7]

Cela me rappelle Mary Poppins ! Je pense que Dieu aime la comédie. Pensez un peu au pauvre Ézéchiel !

Cet être tendit une forme de main et me saisit par une mèche de mes cheveux et l'Esprit me souleva entre ciel et terre... (Ézéchiel 8:3)

C'est incroyable, non ? Dans les années qui vont venir, nous allons voir un grand nombre de choses drôles arriver. Ce n'est pas toujours profond, c'est souvent tout simplement pour la joie ! Dieu est le Dieu bienheureux (1 Timothée 1:11).

La lévitation n'est pas réservée uniquement aux catholiques. John G. Lake, le célèbre apôtre guérisseur, a vu des ascensions divines dans ses réunions. Il en témoigne :

Un soir, alors que je prêchais, l'Esprit de Dieu vint se poser sur un homme au premier rang. Il s'agissait du Dr E.H. Cantel, un prêtre anglais de Londres. Tout en conservant sa position assise, il décolla de sa chaise. Il redescendit graduellement puis recommença tout aussi lentement à s'élever, cette fois-ci un peu plus haut, puis redescendit lentement. Cela se répéta trois fois. La gravité avait-elle changé dans la pièce ? Je ne pense pas. A mon avis, son âme était tellement en union avec l'Esprit Divin que la puissance attractive de Dieu était devenue profondément intense et l'attirait à Lui.[8]

Bobby Conner, le célèbre prophète américain, a aussi connu une expérience amusante de lévitation. Il était à l'étranger dans une conférence rassemblant des milliers de personnes. Il n'avait pas fait attention à la longueur de la scène où il se tenait et la dépassa allègrement. De manière extraordinaire, il se mit à flotter. Réalisant soudain ce qui se passait, il revint brusquement sur la scène. Plus tard, Bobby demanda à Dieu pourquoi un tel miracle. Dieu lui répondit qu'il l'avait fait pour lui éviter le ridicule. C'est tellement drôle ! Dieu est vraiment son ami !

J'ai aussi eu quelques moments drôles avec la lévitation. J'étais à Melbourne, en Australie, en ministère avec Ian Clayton. Au matin, rien qu'à l'expression de son visage, je savais qu'il avait dû passer une nuit très spéciale. Il avait une fois de plus un air éternel sur le visage. Ian nous raconta son expérience. Il s'était réveillé en plein milieu de la nuit pour découvrir que son lit flottait au-dessus du sol. Cela l'avait surpris. Nous avons bien ri. C'était tellement drôle. Ian n'avait aucune idée pourquoi !

Quoi que nous pensions de la lévitation, notre race « KAINOS », NOUS TOUS, un jour saurons comment léviter. L'avenir est déjà écrit dans la Bible. Nous rencontrerons Jésus dans les airs :

En effet, au signal donné, sitôt que la voix de l'archange et le son de la trompette divine retentiront, le Seigneur lui-même descendra du ciel et ceux qui sont morts unis à Christ ressusciteront en premier lieu. Ensuite, nous qui serons restés en vie à ce moment-là, nous serons enlevés ensemble avec eux, dans les nuées, pour rencontrer le Seigneur dans les airs. Ainsi nous serons pour toujours avec le Seigneur. Encouragez-vous donc mutuellement par ces paroles. (1 Thessaloniciens 4:15-18)

Cela va être une sacrée journée ! Rendez-vous dans les nuages !

L'AUTEUR

Justin Paul Abraham est un podcasteur très apprécié au Royaume-Uni et un conférencier international. Il est célèbre pour son enseignement toujours plein de joie de l'heureuse Bonne Nouvelle, des domaines mystiques de Dieu et des réalités de la nouvelle création KAINOS. Il vit au Royaume-Uni avec ses quatre enfants (Josh, Sam, Beth, Oliver) et Rachel, son extraordinaire épouse.

www.companyofburninghearts.com

Seraph Creative est un rassemblement d'artistes, d'écrivains, de théologiens et d'illustrateurs qui désirent voir le corps de Christ atteindre sa pleine maturité et les fils de Dieu entrer pleinement dans leur héritage sur terre.

Inscrivez-vous pour recevoir notre newsletter (uniquement en anglais pour l'instant) et en savoir plus sur les livres de Justin Abraham et d'autres auteurs.

www.seraphcreative.org

www.ingramcontent.com/pod-product-compliance
Lightning Source LLC
Chambersburg PA
CBHW071615080526
44588CB00010B/1149